高职高专教育旅游与饭店管理专业精品课程教材新系

21世纪新概念教材：多元整合型一体化系列
省 级 精 品 课 程 教 材

前厅客房服务与管理

——理论、实务、案例、实训

（第二版）

秦承敏　王常红　主编

东北财经大学出版社
Dongbei University of Finance & Economics Press

大连

图书在版编目（CIP）数据

前厅客房服务与管理：理论、实务、案例、实训 / 秦承敏，王常红主编.
—2版. 一大连：东北财经大学出版社，2015.7（2018.8重印）
（高职高专教育旅游与饭店管理专业精品课程教材新系）
ISBN 978 - 7 - 5654 - 1951 - 5

Ⅰ. 前… Ⅱ. ①秦… ②王… Ⅲ. ①饭店-商业服务-高等职业教育-
教材 ②饭店-商业管理-高等职业教育-教材 Ⅳ. F719.2

中国版本图书馆CIP数据核字（2015）第121429号

东北财经大学出版社出版

（大连市黑石礁尖山街217号　邮政编码　116025）

教学支持：（0411）84710309
营 销 部：（0411）84710711
总 编 室：（0411）84710523
网　　址：http://www.dufep.cn
读者信箱：dufep@dufe.edu.cn

大连图腾彩色印刷有限公司印刷　东北财经大学出版社发行
幅面尺寸：185mm×260mm　　　字数：276千字　　印张：12.5
2015年7月第2版　　　　　　　2018年8月第4次印刷

责任编辑：许景行　王　斌　责任校对：刘咏宁　王　娟
封面设计：冀贵收　　　　　　版式设计：钟福建

定价：26.00元

总序："多元整合型"课程与教材建设的新探索

"多元整合型"课程是反映当代世界职业教育课程观发展的综合化趋势，通过"博采当代多种课程观之长"而"避其所短"产生的一种新型职业教育课程模式。在我国，职教界近年推广的"宽基础、活模块"课程，是将基础课的"学科结构"与专业课的"模块结构"整合起来的一种尝试。专业课程自身领域的"多元整合"及其教材建设，则是继此之后的进一步探索，这种探索有着深刻的历史与逻辑反思背景。

一、职业课程改革历史回眸

1.职教界对"工作导向课程"的诉求

近半个世纪以来，国外职业课程改革浪潮此起彼伏，"关注职业活动，培养企业急需人才"，是这些浪潮发出的一致呼声。世界劳工组织的MES课程要求"从职业工作需要出发"；加拿大等北美国家的CBE课程要求"从包括知识、技能和态度的职业分析出发"；澳大利亚的TAFE课程要求"以作为'职业资格标准'的'培训包'为依据"；英国的BTEC课程将"职业核心能力"与"专业能力"一并置于"教学目标"中；德国的"学习领域"课程提出"以工作过程为导向"；如此等等。

世纪之交的我国，职教界通过借鉴国外职业课程的改革经验，也相继提出了有中国特色的"模块课程"、"项目课程"和"工作过程系统课程"。

此等课程改革以曲折的方式展现了职业课程理论与实践的提升。称之为"提升"，是因为这些课程模式的推出，在克服传统"学科导向课程"的片面性上有所建树；称之为"曲折"，是因为它们都以"学科导向课程"的"反题"自居，都认定"学科导向课程"在自己的领域不适用，都想极力摆脱"学科导向课程"的束缚，都以"工作过程导向课程"的"横向串行结构"与"学科导向课程"的"纵向并行结构"相对峙。

两种课程改革浪潮之间也存在显著差别，即：发达国家职业课程开发的立足点是"职业培训"；我国职业课程开发的立足点是"职业教育"，包括中等职业教育和高等职业教育。

2.高等教育和学位新类型的推出

近年来，在国家教育部"就业导向"口号的感召下，国内外职业教育课程改革的这股浪潮也波及我国普通高等教育本科以上层次，冲击了"研究型课程"或"学术型课程"及其教学资源建设。我国本科和研究生教育正在部分地融入"高等职业教育"范畴。更受职场欢迎的区别于"研究型本科"的"应用型本科"的推出，区别于"学术型研究生"的面向应用的"专业型研究生"的出台等等，便是此种融入的证明。在这里，如何摆正"学科导向课程"与"工作导向课程"的关系，是继续搞"学科导向"的一统天下，还是应当借鉴"工作导向"的某些要素，或者在更高的框架中整合这两种课程模式，既是广大高校教育工作者不得不面对的理论热点问题，也是其亟待解决的重大课改实践难题。

二、"工作过程导向课程"模式的所长与所短

"工作过程导向课程"系借鉴德国"学习领域课程"而来,代表我国职业教育课程改革此前试点的主流。职业教育课程改革的一切再探索,都应以对它的逻辑反思为前提。

1."工作过程导向课程"模式的可取之处

进行以"学科导向课程"为"正题"的"反题"探索,深入、系统地发掘那些被"学科导向课程"所忽视的"职业工作要素",据以建构完全不同于"学科体系"的"基于工作过程"的职教课程体系,是数十年来世界职业课程改革的战略取向。它要求人们关注"职业活动领域",以实现专业课程设计与企业岗位群工作对接为己任,将"工作过程系统"作为职业教育课程的"参照系",关注职业教育课程中的"横向组织结构要素",提出不同于"知识本位"的"能力本位"教育——这一切作为对"学科导向课程"的"矫枉"都功不可没,是我们在高等职业教育课程与教材建设的新探索中应当借鉴的。

2."工作过程导向课程"模式的局限性

任何课程模式都有它的局限性。从"问题思维"的视角看,"工作过程导向课程"模式的主要局限性何在呢?

1)"工作过程导向课程"对"学科导向课程"矫枉过正

"工作过程导向课程"模式的局限性根源于其对"学科导向课程"的矫枉过正。一方面,"工作过程导向课程"拒斥"知识本位",独尊"能力本位",从而将"知识本位"与"能力本位"对立起来;另一方面,它还将"学科导向课程"诉诸的"纵向组织结构"这个"婴儿"当做无用的东西,连同"洗澡水"一同泼了出去。这种做法忽略了两个基本事实:其一,高等应用型职场不仅需要基于"职业能力"的"技能操作",也需要基于"职业知识"的"职业认知";其二,一切"发生学"意义上的事物,其主导性的组织结构都是纵向组织结构。

2)"工作过程导向课程"是"非发生学"意义上的课程

"工作过程导向课程"以"职业成体"的"工作过程系统"为参照系,以"横向串行组织结构"为主框架,属于"非发生学"课程体系。然而,高等职业技术教育的对象不是"高等职业成体",而是"发生中的高等职业个体";为"发生中的高等职业个体"开设"非发生学"意义上的高等职业教育课程,总体上是一种自相矛盾。

直面"工作的现实具体性"(即工作过程)的课程也许适用于两种学员:一种是作为"继续教育对象"的在职"高等职业成体",其任务是顺应新的"工作过程"以调整自我的原格局,无须重新经历"发生学"意义上的"高等职业教育课程"铺垫;另一种是面向最基层、从事简单技能操作的未来从业者,他们作为"职业培训"的对象,其未来岗位是企业急需的经验层面的简单操作,没有必要进行"发生学"意义上的"高等职业教育课程"铺垫,授之以直面简单"工作过程"的课程就可以了。

3)"工作过程系统"不宜作为课程的"过程模式"

"工作过程系统"不宜作为高等职业教育课程的"过程模式"。高职院校学生"认知结构"的建构程序与高等职业"工作过程"的展开程序是不同的。要求"将每门课程都设计成一个完整的工作过程",要求"每门课程的内容序化都以工作过程为参照",亦即要求将"工作过程系统"作为课程的"过程模式",其做法不仅违背认知规律和学习过程规律,而且有"预成论"课程观之嫌。

4）"工作过程系统"不宜作为课程的"目标模式"

在"工作过程系统课程"中，学生只扮演"工具理性"的角色，重"功利"而轻"人本"。不仅如此，将"工作过程系统"作为"目标模式"，让学生围绕"工作过程"旋转，还会导致主体的缺失。高等职业技术教育的"课程目标"应当与其"人才培养目标"相一致，亦即应依据专业的"人才培养目标"来确立"课程目标"。相对于"人才培养目标"，"工作过程"只能作为活动中介、桥梁和手段，而建构更为充实、更具稳定性、兼顾"功利"与"人本"的"职业学力"才是根本。

5）"工作过程系统"只有短期时效性

"工作流程"具有较强的个别性、相对性与可变性。在校期间以之为参照的专业"工作过程系统"，到了学生毕业走向工作岗位的时候，可能已经面目全非。届时，经历过该"工作过程系统"的"主体自我"中除了"结构相对固定"的"具有普适性的思维过程"，即"资讯、决策、计划、实施、检查、评价"六步骤外再没有别的，即便加上"社会能力"和"方法能力"，其"职业学力结构"也还是单薄了点。由于没有"纵向结构知识的系统铺垫"，学生的"职业认知"缺乏渐进性和系统性，可迁移性差；由于知识面过窄，学生的发展后劲不足；由于作为参照系的"工作过程系统"只有短期时效性，学生无法应对今后的职场变化。

6）关于"工作过程导向课程"的研发团队

"工作过程导向课程"和作为其源头的"学习领域课程"，其研发团队仅限于教育界和企业界专家，该模式的"所长和所短"莫不与此相关。今天看来，如果此种研发能同时邀请其他领域的成员，特别是发生认识论、认知心理学和教育心理学等领域的专家介入，或者充分借鉴其优秀代表的相关理论，情况会大不相同。

三、高等职业教育课程改革的未来取向

高等职业学历教育既不同于"高等职业成体"的"继续教育"，也不同于培养"简单技能操作者"的"职业培训"，影响其课程改革取向的因素要复杂得多。

1.区别两类"职业个体"

在高等职业教育课程改革的探索中，有必要区分两类"职业个体"，即"发生中的职业个体"与"职业成体"。前者指高等职业学历教育的在校学生；后者指企业现实工作岗位的高等从业人员。高等职业学历教育的对象不是"高等职业成体"，而是"发生中的高等职业个体"。

2.三种"本位"相互补充，缺一不可

高等应用型职场既需要"业务操作"，也需要"职业认知"和"行为自律"，三者分别基于高等职业成体的"职业能力"、"职业知识"与"职业道德"。因此，在高等职业教育中，"职业知识"和"职业道德"同"职业能力"一样具有"本位"意义；三种"本位"相互补充、缺一不可，需要一个更具包容性的框架来整合"职业学力"的这三个基本内涵。

3.不是"预成的"，而是"渐成的"

"发生中的高等职业个体"在高等职业教育中不是"预成的"，而是"渐成的"。如皮亚杰所说：人的认知结构既不是在客体中预先形成了的，也不是在主体中预先形成了的，

每一个结构都是"'文化—心理'发生"的结果①。人的"技能结构"和"道德行为结构"也是如此。应当将"渐成论"的课程观,作为高等职业教育课程研发的一个指导性理念。

4.关注"高等职业个体发生"机制

高等职业教育课程改革应关注"高等职业个体发生"的机制。高等职业教育课程(包括职业公共课程、职业大类核心课程和专业课程)设计为之服务的"高等职业个体发生",是一个以高中阶段的"基础学力结构"为原格局,通过"职业知识"、"职业能力"和"职业道德"等"职业学力"的全面建构,向"职业胜任力"目标发展的完整过程。在这个过程中,"发生中的高等职业个体"通过"高等职业课程"的"教学"、"训练"与"考核",借助于"同化"、"调节"、"适应"等发生机制,以循环渐进的方式不断从较低水平的"职业学力"平衡状态过渡到较高水平的"职业学力"平衡状态,直至达到"职业胜任力"水平的平衡状态。

5.在"学科体系"与"工作体系"之间做"亦此亦彼"的选择

高等职业教育课程的组织结构既不应等同于单纯"学科导向课程"的"纵向并行结构",因为它的"目标模式"不适合于"应用性职业需求";也不应等同于单纯"工作过程导向课程"的"横向串行结构",因为它的"过程模式"不适用于"发生中的高等职业个体"。另一方面,高等职业教育的课程结构既不能缺少"纵向结构",因为无论是"渐成论"课程观的"发生学原则",还是布鲁纳"学科结构"的"过程模式"②,都一致地指向它;也不能缺少"横向结构",因为没有它,就无法融入"职业工作要素"。既然如此,高等职业教育课程改革的未来取向就不应当在"学科体系"与"工作体系"之间作"非此即彼"的选择。沿着"'学科—工作'体系"的方向,围绕以"健全职业人格"为整合框架的"'职业胜任力'建构"这个中心,将"多元整合型课程"作为"你中有我、我中有你"的课程来探索,将是更明智的选择。

6.课程组织应"以纵向为主、横向为辅",收官课程可以例外

在高等职业教育专业课程体系中,前期和中期课程的组织结构应"以纵向为主、横向为辅"。之所以应"以纵向为主",是因为以"发生中的"职业个体为对象的课程组织,其"主导结构"应符合"发生学"原则,而符合"发生学"原则的课程结构即是"纵向结构";之所以应"以横向为辅",是因为需要将上文提及的"职业工作要素"同步穿插到"主导结构"中。至于"收官课程可以例外",是因为要将先前课程建构的诸多"职业学力"整合为"职业成体"的"职业胜任力",需要以"工作过程系统"为"主导结构"的课程中介。

四、高等职业教育专业课程教材建设的新探索

1.将"健全职业人格导向课程"作为"合题"

在我国迈入"十二五"之际,一批对上述"历史回眸"、"逻辑反思"和"课程改革未来取向"持有同感的高等职业院校省级以上精品课程负责人,用他们最新奉献的教学用书,在专业课程教材建设上进行了新探索。在这种探索中,传统的"学科导向课程"被当做"正题",目前流行的"工作过程导向课程"被当做"反题"加以扬弃;"健全职业人格

---

① (瑞士)J.皮亚杰:《发生认识论原理》,王宪钿等译,16页,北京,商务印书馆,1981。
② (美)J.S.布鲁纳:《教育过程》,邵瑞珍译,上海,上海人民出版社,1973。

导向课程"被当做"合题"推到前台,与之相应的课程设计理念或模式被冠以"多元整合型一体化"。

2．"'合题'探索"依据的基本共识

高等职业教育专业课程教材建设的这种"合题"探索,是基于以下共识:

1)扬弃两种各有侧重的"导向"

"学科导向课程"所指向的"职业知识体系",偏重人类职业行动历史结晶中的"知识结构",而轻其"业务结构";"工作过程导向课程"所指向的"职业行动体系",偏重人类职业行动历史结晶中的"业务结构",而轻其"知识结构"。"健全职业人格导向课程"应以某种方式扬弃并整合两者,借以传递可表达为人类职业行动最佳现实状态的全方位"职业胜任力'结构—建构'"信息。

2)"教育过程"不同于"工作过程"

高等职业"教育过程"是以高中阶段的"基础学力结构"为"原格局"的"发生中的高等职业个体"到"高等职业成体"的一系列有序的变化发展过程。就像生物个体的"发育过程"不同于其成体组织的"活动过程"一样,"发生中的高等职业个体"的"教育过程"也不同于高等职业成体的"工作过程"。将"高等职业成体"的"工作过程"作为高等职业教育课程的"过程模式",让"发生中的高等职业个体"直接去做"高等职业成体"的事[1],无异于将生物个体的"发育过程"混同于其成体组织的"活动过程"。

3)"学习迁移"有赖于"纵向组织"

在变动不居的职场中,"高等职业成体"赖以应变的一个有效机制是"学习迁移"。"学习迁移"包括"认知结构的迁移"(陈述性知识的迁移)和"技能结构的迁移"(程序性知识的迁移)。"认知结构的迁移"依赖两方面的基础:一是E.L.桑代克和C.H.贾德的研究所指向的"共同要素"和"经验类化";二是J.S.布鲁纳和D.P.奥苏贝尔的研究所指向的"学科基本结构"和"个体的认知结构"。"技能结构的迁移"也依赖两方面的基础:一是J.安德森的行动理论研究所指向的"产生式规则";二是弗拉威尔的"认知策略迁移"研究所指向的"反省认知"[2]。

鉴于"产生式规则"的获得必须先经历一个"陈述性阶段",而"反省认知过程"是在新的情境下使用"认知过程"的前提,可以说无论是"共同要素"和"经验类化"、学科的基本结构"和"个体的认知结构",还是"产生式规则"和"反省认知",都指向"过程模式"所诉诸的"纵向组织"。这个"纵向组织"的建构,是"合题探索"中应予借鉴的"学科导向课程"的"强项"。

4)"渐成论"课程观更为可取

高等职业教育课程理论中的"渐成论"课程观要比"预成论"课程观更可取。"渐成论"的课程观将职业教育课程教材视为类似于"生物基因链"(DNA)的人类职业行动的"文化觅母链"——一种用人类职业行动历史结晶中的"知识结构"、"业务结构"和"职业道德与企业伦理结构"等信息(类似于波普尔的"世界3")编织起来的东西[3],认为

---

① 值得一提的是,当J.S.布鲁纳要求学生在"教学过程"中独立探索科学家"知识发现过程"的时候,也不自觉地犯了同样的错误。他的"发现法"同他的著名假设——"任何学科的知识都可以某种形式有效地教给任何年龄的任何儿童"——一样,都有些走过了头。
② E.L.Thomdike, 1903; C.H.Judd, 1908; J.S.Bruner, 1960; D.P.Ausubrl, 1968; J.Anderson, 1990; Flavell, 1976.
③ (英)K.R.波普尔:《客观知识:一个进化论的研究》,舒炜光等译,上海,上海译文出版社,2005。

"教育过程"就是在必要的教学环境中，在教师的"诱导"下，借助于种种教育技术与手段，通过教学活动，将设计在教材中的人类职业行动的"知识结构"、"业务结构"和"职业道德与企业伦理结构"等信息（其中包括可引起"突变"或"创新"的"文化觅母"）"转录"到学生的头脑（相当于"文化RNA"）中，并通过全方位的训练（特别是实训）与考核环节（相当于"中心法则"中的"翻译"机制），促成学生"职业胜任力"结构的发生。在这里，"文化觅母"是借用R.道金斯的表述[①]；"基因"、"转录"、"翻译"与"中心法则"等，是借用分子生物学的术语；"职业胜任力"是指在真实的职业工作环境中，按照最新行业准则、规范、标准和要求，承担并胜任专业岗位群各种工作角色，并在跨行业的职业流动中具有可持续发展后劲的职业成体的"职业知识"、"职业能力"和"职业道德"的统一[②]。

5）作为课程模式的"健全职业人格"

"健全职业人格导向"是整合"学科导向"和"工作导向"的课程模式，也是整合"职业学力"三种基本内涵——"职业知识"、"职业能力"和"职业道德"——的更具包容性的框架。

在高等职业教育的课程体系中，"健全职业人格"既可作为"目标模式"，又可作为"过程模式"：作为"目标模式"，它指向既作为"职业分析"的出发点，又作为系列课程建构目标的"高等职业成体"的广义"职业胜任力"；作为"过程模式"，它着眼于高等职业教育对象的"职业胜任力结构发生"，要求课程内容（既包括R.M.加涅称之为"智慧技能"、"认知策略"和"言语信息"的学习内容，也包括其称之为"态度"和"动作技能"的学习内容[③]）的序化要遵循"从抽象到具体"的发生学原则（马克思称之为"科学上正确的方法"[④]，将其运用于《资本论》的建构；J.皮亚杰称之为"由一个比较初级的结构过渡到不那么初级（或较复杂的）结构"的原则，将其运用于发生认识论的建构[⑤]），要求在"发生过程"中随时关注"职业工作要素"的"同步渗透"或"横向穿插"。

6）"职业胜任力"的建构

在"多元整合型一体化"的高等职业教育专业课程体系中，学生"职业胜任力"的建构应分三步走：第一，从该专业"高等职业成体"的"职业胜任力"分析入手，将相同的"职业胜任力要素"归类划分为不同的"职业学力领域"，以此为基础确定互相区别并呈梯度衔接的各门课程的"职业学力"建构任务；第二，在各门课程内，以各领域"高等职业知识的纵向铺垫"为经线，以"业务要素"的"同步链接"或"横向穿插"为纬线，依照"从抽象到具体的方法"，建构各侧面（或各层次）的"职业学力结构"；第三，将各门课程建构起来的各侧面（或层次）的"职业学力结构"，通过带有"岗位业务"和"综合业务"性质的后期课程，整合为可与企业岗位群现实"工作过程系统"相对接的最具体的"职业胜任力结构"。

为有效应对全球新技术革命导致的行业内乃至跨行业的职业流动性，"职业学力"各

①　（英）R.道金斯：《自私的基因》，卢允中等译，长春，吉林人民出版社，1998。
②　McClelland，1973；Richard Boyatzis 1982；Nordhaug & Gronhaug，1994；Lewis，2002；Bueno & Tubbs，2004；Ricciardi，2005；Morrison，2007.
③　（美）R.M.加涅：《学习的条件和教学论》，皮连生等译，上海，华东师范大学出版社，1999；（美）R.M.加涅：《教学设计原理》，皮连生等译，上海，华东师范大学出版社，1999。
④　（德）马克思：《<政治经济学批判>导言》，103页，载《马克思恩格斯选集》，第二卷，北京，人民出版社，1972。
⑤　（瑞士）J.皮亚杰：《发生认识论原理》，王宪钿等译，15页，北京，商务印书馆，1981。

基本内涵——无论是"职业知识"、"职业能力"还是"职业道德"——的建构,都要坚持"整合论"原则,即兼顾"特殊的"(或专业的)、"通用的"(或行业大类的)和"核心的"(或跨行业的)三个层面,借以超越先前时代适应职业岗位相对稳定的"还原论"原则。

7)"人才目标"的转型

高等职业教育的人才目标不应局限于"培养能够与'工作过程系统'对接的职业人",而应定位于"培养具有'健全职业人格'①,既能适应又能扬弃'既定工作过程系统'的富有创造力和人文精神的'职业人'"。后者就业后,能够通过"继续教育"及其与"职业环境"的交互作用,使其现有水平的"职业胜任力结构"不断转化为更高水平的"职业胜任力结构",从而永远不会陷于"主体缺失"的境地。

3.体现"基本共识"的教材特色

依据上述"基本共识",全部由省级以上精品课程负责人主持编写,由东北财经大学出版社出版,从2010年起陆续推出,涵盖高职高专教育财经类各主要专业的"21世纪新概念教材:'多元整合型一体化'系列"具有如下特色:

(1)倡导先进的高等职业教育课程理念,依照"多元整合型一体化"的代型模式设计专业教材。

(2)关注"工学结合型"教育所要求的"双证沟通"与"互补"。在把职业资格融入课程标准的同时,着眼于高等职业学历教育与职业培训的重要区别,强化了对学生"职业学力"特别是"学习迁移能力"和"可持续发展能力"的全方位训练,提出了建构以"职业知识"、"职业能力"和"职业道德"为基本内涵,以多维"整合论"的"健全职业人格"为最高整合框架的教材赋型机制的更高要求。

(3)兼顾专业课程教材的"纵"与"横"两个组织结构维度,依照"原理先行、实务跟进、案例同步、实训到位"和"从抽象到具体"的原则,循序渐进地展开教材内容。

(4)将兼顾特殊的、通用的与核心的"职业知识"、"职业能力"和"职业道德"规范与标准导入学生"职业胜任力"的实践操练,克服了传统实训架构中的"还原论"倾向和非标准化的主观随意性。

(5)教学、训练与考核环环相扣,并围绕"职业学力"三大基本内涵全面展开,超越了"知识本位"和"能力本位"的传统教材设计。

(6)突出贯穿全书的"问题思维"与"创新意识",探索"创新型"高等职业教育的课程教材建设。

4.内容结构的统一布局

在内容结构上,"'多元整合型一体化'系列"的主教材实施了如下统一设计布局:

各章"学习目标"列示出"单元教学"与"单元训练"的目标体系,包括"理论目标"、"实务目标"、"案例目标"和"实训目标"这四个子目标。

作为每章正文部分的"单元教学",为章后"单元训练"提供了较为系统的知识铺垫和业务示范。其中:篇首"引例"提供了"学习情境";"理论"、"实务"与"案例"等教

---

① 欧美等国的学者较早地关注了"人格本位"(S.Freud, 1895; E.Hemingway, 1932; V.Satir, 1964; J.Banmen, 1981—1988)。日本于1986年将"人格的形成"作为"教育目的"(见日本临时教育审议会:《审议经过概要(之三)》)。在我国,1995年国家教委下发的《在大学生中加强人文素质教育的决定》和1999年《中共中央国务院关于深化教育改革全面推进素质教育的决定》,均着眼于人的全面发展,强调塑造健全人格的必要性。

学环节系统展开"专业陈述性知识"、"专业程序性知识"和"专业策略性知识";"同步案例"、"职业道德与企业伦理"、"业务链接"等栏目,提供了"职业工作要素"的同步穿插,并带有示范与引导性质。

"本章概要"包括"内容提要与结构"、"主要概念和观念"、"重点实务和操作"。其中:"内容提要与结构"是对"单元教学"内容的简短回顾;"主要概念和观念"、"重点实务和操作"列示了"单元教学"和"单元训练"中要求学生重点把握的专业知识与业务操作内容。

"单元训练"通过各类题型——包括"理论题"、"实务题"、"案例题"和"实训题"——的操练,复习与巩固"单元教学"的各种习得,并促进其"学习迁移",借以强化学生"职业知识"、"职业能力"和"职业道德"等"学力结构"的阶段性建构。

"单元考核"是对"单元教学"和"单元训练"成果的全面验收,旨在评估学生在"职业知识"、"职业能力"和"职业道德"的建构中达到的阶段性水平,并通过反馈进一步强化其阶段性建构。

"综合训练"与"综合考核"带有教材"收官"性质,是各门课程中最接近"职业胜任力"的训练与考核。

结构决定功能。了解教材内容结构设计的所述布局,有助于发挥其相应的功能和作用,为充分理解和使用教材创造条件。

五、结束语

1.关注课程与教材建设模式转型,服务新时期高等职业教育人才培养

高等职业教育课程和教材建设的全部新探索,都是为新时期迫在眉睫的高等职业教育人才培养目标模式转型服务的。

改革开放三十多年来,我国高等职业教育人才培养目标模式经历了由计划经济时期"培养国家经济各部门需要的,具有通用型高等专业知识人才",向"培养以制造业为主体的企业生产和经营管理需要的,具有高等专业知识与专业技能的应用型人才"的转型;高等职业教育课程和教学资源建设模式经历了由计划经济时期的"学科导向"向"工作导向"的转型。如今,我国高等职业教育人才培养目标、课程和教学资源建设模式正处于一种新的、更具全球化时代竞争意义的转型过程中。

在"后金融危机时期",中国在应对世界范围重新抬头的贸易保护主义的同时,又面临"刘易斯转折点"(即人口红利逐渐消失),其经济转型要求比以往任何时候都更加迫切。与此相应,中国高职院校的人才培养目标需要从"培养能够与'世界工厂'既定工作岗位对接的高等应用型人才",向"培养既能与'世界工厂'既定工作岗位对接,又能适应产业结构升级和工作岗位变换,并具有与'世界实验室'和'世界创新中心'工作岗位对接潜力的高等应用型人才"转型的能力。

高等职业教育课程与教学资源建设的转型应当与其人才培养目标模式的转型同步。

2.避免两种逆反倾向

在"转型"问题上,要避免两种逆反倾向,即回避"复杂性"和满足"既定模式"。

1)关于回避"复杂性"

说到"复杂性",人们很容易与相反的选择,即奥卡姆称之为"经济性剃刀原则"的"简单性原则"相对比。"简单性原则"是一种"还原论"思想方法,它有一个众所周知的

说教，就是"不要把简单的事情搞复杂了"。说教者往往因为"把本来复杂的事情搞简单了"而事后汗颜。如果相关情境下"简单性原则"确实管用，谁会舍易求难呢?!有个例子很说明问题：2010年足球世界杯比赛期间，一位电视台名嘴在导视西班牙队的头几场比赛时，面对西班牙队高超的整体战术配合，即兴说出了一句符合"简单性原则"的名言，即"他们把本来简单的足球踢得复杂了"。这位名嘴所讲的"复杂"，是指西班牙球队的整体战术配合。后来的事实表明，本次世界杯西班牙队夺了冠，他们赢就赢在了这个"复杂性"上。因为有这个"复杂性"，他们才会有出色的整体控球能力，即便是德国队威力强大的冲锋，也因为抵挡不了这个"复杂性"而败北。这个例子值得对"简单性原则"情有独钟的人们深思。

从"十二五"开始的21世纪第二个十年，中国要"着力提高人才培养水平"，实现《国家中长期教育改革和发展规划纲要（2010—2020年）》中提出的"由教育大国向教育强国、由人力资源大国向人力资源强国迈进"的战略目标，首先要面对的，便是人才培养的前所未有的"复杂性"。"坚持育人为本、德育为先"，"坚持文化知识学习和思想品德修养的统一、理论学习和社会实践的统一、全面发展和个性发展的统一"，"强化能力培养，创新人才培养模式"，"注重培育学生的主动精神和创造性思维"等等，都是对这种"复杂性"的具体要求。落实这些要求，是新时期中国教育（包括高等职业教育）教学改革与发展探索的重要任务。在国家需要面前，教育领域中那些迄今仍持"简单性原则"不放的人们难道不该做些让步吗？

2）关于满足"既定模式"

至于"既定模式"，如果指的是在"学科导向"和"工作导向"之间做"非此即彼"的选择，那就是一种片面性。倾心于此等"既定模式"的人通常只看到事情的积极方面，而忽视其消极方面。一位伟人说过："谁要是把抽象的思想生硬地应用于现实，就是破坏了现实。"在高等职业教育课程和教学资源建设上，现实事物是具有一定"复杂性"的整体。如果你在"理论的态度"中只看到其中某一侧面，发表了某些抽象看法，这也许无关紧要；可是当你在"实践的态度"中将片面的认识"生硬地"应用于现实，致力于改造现实事物的全面性和具体性的时候，问题就严重了，在这种情况下，你在建构现存的同时"生硬地"破坏了现实。

3）历史教训

世界高等职业教育的历史表明：人们先是在"理论的态度"中认识到"人类职业行动"的"知识结晶"，在"实践的态度"中"生硬地"实施了"知识本位"教育；随后又在"理论的态度"中认识到"人类职业行动"的"业务结晶"，在"实践的态度"中"生硬地"实施了"能力本位"教育。两者都是在建构职业教育现存的同时破坏了职业教育现实：建构的是片面性，破坏的是全面性。这两种片面认识与做法都是在不自觉的情况下出现的，尚属情有可原。如果意识到两种片面性之后仍然执意而为，去重蹈历史覆辙，就说不过去了。

在全球化遍及一切领域的今天，各国都面临愈演愈烈的产品竞争、技术竞争、管理竞争、商业模式竞争、教育竞争和人才竞争，产品创新、技术创新、管理创新、商业模式创新、教育创新和人才培养模式创新势在必行，为之服务的高等职业教育课程和教学资源建设的模式转型大势所趋。在这种情况下，有多少教育工作者还会心甘情愿地把"回避'复杂性'"和"满足'既定模式'"作为选项呢!

3.本项目参与者们的尝试

"前事不忘,后事之师。"参与"多元整合型一体化系列"项目的众多省级以上精品课程团队所尝试的,是面对高等职业教育现实的"复杂性"知难而进:在"理论的态度"中致力于克服片面性认识,在"实践的态度"中尽可能避免破坏现实的"生硬"做法。

列入本系列高职高专精品课程教材的作者们,出于"后精品课程时期"专业课程持续发展的内在需要,纷纷探索课程模式转型之路,将培养中国产业结构升级所需要的"'职业知识、职业能力和职业道德'兼备","'问题思维'和'革新创新'能力突出"的新型高等职业经济管理人才视为己任,其高度责任感和锐意进取精神令我们钦佩!

早在20世纪末,东北财经大学出版社就在国内高校众多知名专业带头人的参与下,率先推出了涵盖财经类各专业的"21世纪新概念教材"。如果说在21世纪的头十年,"21世纪新概念教材"的"'换代型'系列"曾通过"用'反题'弥补'正题'之不足",为培养适应"中国制造"之经济管理人才的高校课程建设服务,那么在21世纪的第二个十年,"21世纪新概念教材"的"'多元整合型'系列"将通过"用'合题'扬弃'正题'与'反题'",为培养适应"中国创造"之经济管理人才的高校课程建设服务。

就未来十年的战略取向而言,一套好的高等职业教育专业教材应当既体现国内外先进的专业技术水平和教育教学理念,又适应中国经济转型所需要的"创新型高等职业人才培养",从而将《国家中长期教育改革和发展规划纲要(2010—2020年)》提出的相关要求落到实处。本系列教材的作者们是否在此方面开了个好头,应留给专家、学者和广大师生去评判。

在高等职业教育课程教材建设的道路上,向前探索的开端总是不尽完善的,期待专家、学者和使用本系列教材的师生不吝赐教,以便通过修订不断改进,使之与我国的产业需求和课程改革发展始终保持同步。

许景行
于东北财经大学烛光园

第二版前言

《前厅客房服务与管理——理论、实务、案例、实训》（第二版）的推出，进一步体现了新时期国内外先进的专业技术水平和高等职业教育教学理念，为培养"后金融危机"和"欧债危机"世界经济背景下中国经济转型所需要的"高等应用型职业人才"服务。

本书继续着眼于新时期伴随新技术革命而来愈演愈烈的行业内与行业间跨专业的人才流动现实，在修订中处理好"职业学力"建构中的"专业性"、"通用性"与"核心性"三重内涵，进一步摆正"高等职业个体发生机制"与"高等职业成体活动机制"、发生心理学规律与教育心理学规律、教材"纵向组织结构"与"横向组织结构"等辩证关系，依照"原理先行、实务跟进、案例同步、实训到位"的原则，循序渐进地展开内容。本教材主要内容包括：前厅客房预订业务、前厅客房销售、总台接待、前厅系列服务、客房清洁卫生、客房设备用品和客房安全。全书突出"问题思维"与"创新意识"，探索"创新型"高等职业教育专业课程教材的设计，将"学导式教学法"、"互动式教学法"、"案例教学法"、"问题教学法"、"讨论教学法"、"项目教学法"和"工作导向教学法"等先进教学方法相辅相成地运用到教材的相关设计中。

本教材更好地适应了新时期职场既需要"职业认知"，也需要"职业技能"和"行为自律"的人才需求现实，重构并优化了以"职业知识"、"职业能力"和"职业道德"为"三重本位"，以"健全职业人格"为最高整合框架的高等职业教育"职业学力"教材赋型机制。

本教材第二版更换了第一版中业已陈旧过时的内容和资料，将第一版教材字数压缩了四分之一，打造简明、精要型修订版教材，取消第一版教材中的全部"客观题"（即"自测题"）和"助学光盘脚本"，取消配套教材——《学生手册》。对于"单元训练"和"综合训练"的修订，只保留和修订第一版"主观题"的基本题型，增补讨论题、善恶研判题型。书后增补课业范例，即在"范例综-1"（即直接为"综合训练"之"案例题"的"案例分析"课业，间接为各章"单元训练"之"案例题"的"案例分析"课业提供示范参照）之后增补"范例综-2"（即直接为"综合训练"之"案例题"的"善恶研判"课业，间接为各章"单元训练"之"案例题"的"善恶研判"课业提供示范参照），原"范例综-2"（即直接为"综合训练"之"实训题"的"实训操练"课业，间接为各章的"实训操练"课业提供示范参照）改为"范例综-3"。

为方便教学，本教材配有如下教学资源：

网络教学资源包：内含PPT电子教学课件、"参考答案与提示"和"学生考核手册"。"参考答案与提示"提供了主教材"单元训练"和"综合训练"的全部"理论题"和"实务题"相关题型的"参考答案"、案例分析题的"分析提示"和各单元"教学互动"的"教学提示"，供学生在自我训练中遇到疑难时参考。"学生考核手册"所提供的"多元整合型"框架可以作为学生课程考核的依据，也可作为制定切合本校教学实际考核体系的参考。

本教材编写以"总序"中阐明的"共识"为基础，结构设计遵循了"多元整合型一体化系列（Ⅱ型）"体系所要求的统一布局。阅读"总序"，借以了解所述"共识"与内容结构布局，有助于更好地把握与使用本教材。

本教材由山东水利职业学院秦承敏、王常红担任主编，山东水利职业学院孟文燕、青岛理工大学林灏、山东舜和酒店集团白璐担任副主编。具体分工如下：第6、7章由王常红编写，第3、5章由孟文燕编写，第1、2、4章由林灏编写。全书最后由秦承敏、白璐总纂定稿。"总序"和书后的五个"附录"由东北财经大学出版社许景行编审撰写。

本书可作为高职高专院校酒店管理专业及相关专业的通用教材，也可供企业在职人员培训使用。

在编写过程中，我们借鉴和参考了大量国内外的相关教材、著述及网络资料，同时也得到了山东舜和酒店集团的大力支持。在此，谨向所有相关作者与单位表示诚挚的感谢。由于作者水平有限，加上时间仓促，书中缺陷和错误在所难免，敬请读者朋友不吝赐教。

作　者

2015年3月

目 录

第1章
前厅客房预订业务

学习目标

通过本章学习，应该达到以下目标：

理论目标：学习和把握客房预订的渠道与方式，客房预订的类别，客房超额预订概念及超额预订幅度控制的考虑因素等陈述性知识；能用所学理论知识指导"前厅客房预订业务"的相关认知活动。

实务目标：了解和把握客房预订的程序，超额预订幅度的控制，超额预订过度的补救方法，相关"业务链接"等程序性知识；能用所学实务知识规范"前厅客房预订业务"的相关技能活动。

案例目标：运用所学"前厅客房预订业务"的理论与实务知识研究相关案例，培养和提高在特定业务情境中分析问题与决策设计的能力；能结合"前厅客房预订业务"教学内容，依照"职业道德与企业伦理"的行业规范或标准，分析企业行为的善恶，强化职业道德素质。

实训目标：参加"前厅客房预订"业务胜任力的实践训练。在了解和把握本实训所涉及"能力与道德领域"相关技能点的"规范与标准"的基础上，通过切实体验"前厅客房预订业务"各实训任务的完成，系列技能操作的实施，《××酒店前厅客房预订业务实训报告》的准备与撰写等有质量、有效率的活动，培养"前厅客房预订"的专业能力，强化"数字应用"、"与人交流"、"与人合作"、"解决问题"、"革新创新"等职业核心能力(中级)，并通过"认同级"践行"职业理想"、"职业态度"、"职业良心"、"职业作风"和"职业守则"等行为规范，促进健全职业人格的塑造。

引例　携程旅行网

背景与情境：携程旅行网是中国领先的在线票务服务公司，创立于1999年，总部设在上海。携程旅行网拥有国内外60余万家会员酒店可供预订，是中国领先的酒店预订服务中心，每月酒店预订量达到500余万间夜。携程旅行网已在北京、广州、深圳、成都、杭州、厦门、青岛、沈阳、南京、武汉、南通、三亚等17个城市设立分公司，员工超过25 000人。

作为中国领先的在线旅行服务公司，携程旅行网成功整合了高科技产业与传统旅行业，向超过9 000万会员提供集酒店预订、机票预订、度假预订、商旅管理、特惠商户及旅游资讯在内的全方位旅行服务，被誉为互联网和传统旅游无缝结合的典范。

凭借稳定的业务发展和优异的盈利能力，携程旅行网于2003年12月在美国纳斯达克成功上市。

（资料来源　佚名.携程[EB/OL].[2015-03-02].http://baike.baidu.com/view/174227.htm）

问题：携程旅行网成功的原因是什么？

客房预订是指在客人抵店前对酒店客房的预先订约，即客人通过使用电话、传真、书信、互联网等各种方式与酒店联系预约客房，酒店则根据客房的可供应状况，决定是否满足客人的订房要求。这种预订一经酒店的确认，酒店与客人之间便达成了一种具有法律效力的预期使用客房的协议。据此，酒店有义务以预订确认的价格为客人提供所需客房。

客房预订是酒店前厅部的一项重要业务内容，积极有效地开展预订业务，是酒店开拓市场、稳定客源、提高客房出租率的有效手段，还能够掌握客源动态，预测酒店未来业务，同时对于协调酒店各部门业务、提高工作效率和服务质量也有着积极意义。因此，对于酒店来说，开展客房预订业务非常重要。

1.1　预订的方式及类别

客房预订是一项复杂细致的工作，它关系到客房的销售和酒店的声誉。要做好预订工作，预订员就必须了解酒店产品和服务的特点，了解客人的需求，掌握客房预订的方式和种类，使预订工作更加得心应手。

1.1.1　客房预订的方式

宾客采用何种方式进行预订，受其预订的紧急程度和宾客预订设备条件的制约。因此，客房预订的方式多种多样，各有其不同的特点。宾客常采用的预订方式主要有下列几种：

1）电话订房

订房人通过电话向酒店订房，这种方式应用最为广泛，特别是提前预订的时间较短时，这种方式最为有效。其优点是直接、迅速、清楚地传递双方信息，可当场回复客人的订房要求，电话预订的程序与标准如表1-1所示。

表 1-1 电话预订的程序与标准

程序	标准
1.接电话	铃声响起三声以内
2.问候客人	①问候语:您好 ②自报岗位:××酒店预订部
3.询问客人姓氏	①询问客人的称呼 ②复述确认
4.询问客人订房要求	①确认客人订房日期 ②查看电脑及客房预订控制板
5.推销房间	①介绍房间类型及房价(注意推销技巧) ②询问客人公司名称 ③确认客人是否属于合同单位,以便于确定优惠价格
6.询问付款方式	①询问客人付款方式,在预订单上注明 ②公司或旅行社承担费用者,要求在客人抵达前书面确认,做付款担保
7.询问客人抵达情况	①询问客人乘坐交通工具及抵达时间 ②向客人说明,酒店为客人保留房间的最后时间
8.询问客人特殊要求	①询问客人有无特殊要求 ②对有特殊要求者,详细做好记录并复述
9.询问预订人或预订代理人情况	①预订人或预订代理人的准确姓名、电话号码(单位) ②对上述情况做好记录
10.复述预订内容	①客人乘坐交通工具抵达时间 ②房间类型、房价 ③客人姓名 ④特殊要求 ⑤付款方式 ⑥代理人情况
11.完成预订	向客人致谢

同步案例1-1

"伍先生"与"吴先生"

背景与情境: 10月25日,伍先生打电话给酒店预订处,声明"我是你们酒店的一名常客,我姓伍,我想预订10月29日至30日房号2618两天"。预订员小刘当即查阅了

29—30 日的预订情况，表示酒店将给他预留 2618 房至 10 月 29 日下午 18：00。10 月 29 日下午 15：00，伍先生和他的一位朋友来到前厅接待处，在出示证件要办手续时，接待员小方查阅了预订后说："对不起，伍先生，您没有预订啊？""怎么可能，我明明在四天以前就预订了。""对不起，我已经查阅了，况且本酒店的 2618 房间已出租，入住的是一位吴先生，请问您是不是搞错了？""不可能，我预订好的房间，你们也答应了，为什么这么不讲信誉？"接待员小方一听，赶紧核查预计才发现，原来预订员一时粗心把"伍"与"吴"输出错误，当吴先生登记入住时，小方认为这就是预订人，随手就把吴先生安排进了 2618 房间。接待员小方向伍先生抱歉地说："伍先生，实在抱歉，您看这样行不行，您和您的朋友就入住 2619 房间吧，2619 房间的规格标准与 2618 房间也完全一样。"伍先生不同意，并且很生气，认为酒店有意欺骗他，立即向大堂副理投诉……

问题：为什么会出现此问题？谈谈你的想法。

分析提示：在预订中容易发生的问题有协调不够、房态显示错误、记录资料不全、预订员对房价变更缺乏了解等。从本案例中我们不难发现，这是由于预订员小刘在接受电话订房时疏忽大意而造成的，致使客人抵达酒店后不能顺利入住，客人的需要得不到满足，从而投诉酒店。

2）面谈订房

面谈订房是客户亲自到酒店，与订房员面对面地洽谈订房事宜。这种订房方式能使订房员有机会详尽地了解客人的需求，当面解答客人提出的问题，有利于推销酒店产品。

与客户面谈订房事宜时应注意：

（1）仪表端庄，举止大方，讲究礼节礼貌，态度热情，语音、语调适当，口齿清楚。

（2）恰当把握客户心理，运用销售技巧，灵活地推销客房和酒店其他产品。必要时，还可向客人展示房间及酒店其他设施与服务，以供客人选择。

（3）受理此方式时，应注意避免向宾客做具体房号的承诺。

3）信函订房

信函订房是宾客或其委托人在离预期抵店日期尚有较多时间的情况下采取的一种传统而正式的预订方式。此方式较正规，如同一份合约，对宾客和酒店起到一定的约束作用。

在受理此方式预订时，应注意做到以下几点：

（1）及时复信。越早让宾客收到回信，越能赢得宾客好感。

（2）回信要亲切，避免给宾客留下公函式信件的印象。例如，称呼客人时正确使用其头衔或姓氏，正确拼写客人的姓名。

（3）复信的格式必须正确，注意中英文书信格式的差异。

（4）复信的内容明确，简洁且有条理。

（5）复信的地址、日期要书写完整、准确。

（6）注意信纸、信封的质量，邮票的选择及复信者的亲笔签名。

4）传真订房

传真是一种现代通信技术，目前正广泛地得到使用。其特点是：操作方便，传递迅速，即发即收，内容详尽，并可传递发送者的真迹，如签名、印鉴等，还可传递图表，因此传真成为订房联系的最常用的通信手段之一。

5）国际互联网订房

随着现代电子信息技术的迅猛发展，通过国际互联网向酒店订房的方式正迅速兴起，它已成为酒店业21世纪发展趋势的重要组成部分。

教学互动1-1

走出传统束缚 创建酒店预订新模式
——北美酒店网

现在在线酒店订房一般分为直销和分销，但对于大多数国外酒店来说，在国内的直销网络平台因种种原因无法构建或者不完善，所以大多数还是要依靠国内各种形式的代理商销售。因为要被抽取很高比例的佣金，所以在国内预订海外酒店的价格自然不菲，这种状况限制了海外酒店在国内的发展，同时不利于增加消费者。

近年，一种不同于业内其他销售模式的互联网酒店预订（北美酒店网，http：//www.nahotels.com）模式浮出水面。它的独特之处在于：国内首家只针对海外酒店预订的平台和商家对商家、商家对消费者的销售模式。北美酒店网与美国和加拿大主要旅游酒店签订接团协议，为中国赴北美旅游商务团组提供各级酒店预订服务。北美酒店网主要服务对象为：中国境内从事出国服务的各大旅行社、中介商务服务公司。北美酒店网服务范围包括洛杉矶、拉斯维加斯、纽约、华盛顿、芝加哥、奥兰多、迈阿密等城市在内的酒店预订服务。该网站为旅行社等中介公司服务，不提供直接面客服务。

（资料来源　佚名.走出传统束缚 创建酒店预订新模式——北美酒店网[EB/OL].[2009-09-21].http：//blog.meadin.com/u2/nahotels/200992193557.html.原文经改编）

互动问题：本案例采用了哪种预订方式？你认为其效果如何？

要求：（1）教师不直接提供上述问题的答案，而引导学生结合本节教学内容就这些问题进行独立思考、自由发表见解，组织课堂讨论。

（2）教师把握好讨论节奏，对学生提出的典型见解进行点评。

（1）通过酒店连锁集团公司的订房系统（CRS）向其所属酒店订房

随着我国酒店业连锁化、集团化进程的加快，不少酒店纷纷加入了国际或国内酒店集团的连锁经营。大型的酒店连锁集团公司都拥有中央预订系统，即CRS（Central Reservation System）。随着互联网的推广使用，越来越多的上网宾客开始采用这种方便、快捷、先进而又廉价的方式进行预订。酒店也越来越注重其网站主页的设计，以增强吸引力。

近年来，原先主要采用电话订房方式的酒店都实现了在互联网上的在线预订。信息全、选择面宽、成本低、效率高、直面客户、房价一般低于门市价等特点使其越来越受到客户及酒店的青睐。

（2）通过酒店自设的网站，直接向酒店订房

一些大型酒店已自设网站，实行全方位的在线订房。虽然这一做法比传统的做法经济、迅速，但对大多数中、小型酒店来说一时还难以承受。因此，该方式尚未得到广泛的普及和应用。

6）合同订房

酒店与旅行社、商务公司或专业网站之间通过签订订房合同，达到长期出租客房的目的。合同对双方的权利与义务进行约束，酒店可通过合同方多渠道地将酒店客房销售出

去，签订的订房协议书如表1-2所示。

表1-2   订房协议书

甲方：××公司（以下简称甲方）
联系地址：   （网站：）
乙方：××酒店（以下简称乙方）
联系地址：   （网站：）
甲乙双方按照互助互利的原则，达成以下协议：
1.乙方向甲方提供房间特惠价格如下（货币：人民币）：

房型名称	前台价格	建议售价 (非周末/周末)	结算底价 (非周末/周末)

中早： 元/位 西早： 元/位 中西自助： 元/位 加床： 元/床

说明：

1）提供给甲方的价格包括所有附加费用如服务费等。

2）结算底价指甲方与乙方直接结算价格。

3）建议售价指甲方客人在酒店前台支付的房价。结算底价为乙方向甲方提供的实际结算价格，两种价格差额部分（以下简称"差额部分"）为甲方应获取的佣金。售价不得高于同行公司。

4）团队根据实际团队情况，双方进行单团单议。

2.若乙方门市价格下调或推出特惠时，乙方应及时通知甲方，同时第1条中价格将根据下调比例相应下调，以便使建议售价和结算底价始终低于乙方现行的前台价格。

3.乙方按建议售价直接向甲方客人收取所有的费用，甲方应于每月__日前向乙方提供客人入住详细资料。经双方核对并书面确认后，差额部分由乙方在该月__日前汇入甲方指定银行账户或通知甲方专人收款。当双方统计的房晚数有出入时，以乙方收银记录为准。如有跨月份的订房，计入下月份，凡预订后未入住及入住半天未支付全额房费而退房的，不计入房间数内。通过甲方预订并实住的间夜，无论甲方客人是在乙方的前台现付或是通过甲方预付或挂账月结房费的间夜均应计入甲方总实住间夜量，双方达成的阶梯奖励补充条款应以此为依据计算奖励佣金。

4.甲乙双方应对上述第1条中的结算底价保守秘密，甲方的一切公开宣传均不应涉及此价格，乙方也不可将此价格泄露给第三方。

5.甲方客人结账退房时间为中午12点，要求延迟退房时间，乙方可视当天房态尽量满足客人要求。

6.为更好地为客户服务，甲方需随时了解客户的意见，乙方应配合甲方做好每夜22点至早7点的实住审核工作，以便甲方了解客人入住情况。

7.甲方客人延住或加房时，乙方应让客人直接向甲方重新预订。如因特殊情况与甲方预订中心联系不上，可按甲方之售价予以续住，并计入甲方房晚总数。

8.甲方将以传真的方式向乙方进行预订，以乙方确认并回传为准。甲方需将详细资料通知乙方，对于紧急订房，在无法联系到乙方销售人员的情况下，甲方可以直接发传真至乙方前台，乙方应在不超过40分钟内给予答复。

9.乙方应为甲方提供全面的酒店外景/大堂/餐饮/健身娱乐/客房图片、文字、店徽及标志，以方便甲方为其所属网站进行宣传。

10.甲方将经常通过所属网站向客户推荐、介绍乙方，乙方应为甲方客户提供优质服务。

11.在履行本协议过程中，乙方应遵守法律、法规，并不得有损害甲方公司形象的行为，必须为客户提供优良的服务，满足客户的需要。 12.协议第1条价格随市场变化经双方书面同意后可随时进行调整。未尽事宜双方友好协商解决。 本协议经双方签字、盖章后生效，一式双份，双方各执一份，具有同等法律效力。 本协议执行有效期： 年 月 日至 年 月 日。 甲方： 乙方： 电话： 电话： 传真： 传真： 业务联系人： 业务联系人： 邮箱： 邮箱： 签署人： 签署人： 日期： 年 月 日 日期： 年 月 日

同步案例1-2

如此厚此薄彼

背景与情境： 交易会即将来临，广州各大酒店都在紧锣密鼓地进行接待准备工作。上个月酒店预订部郭小姐与两家公司各签订了不同价格的标准间合同，即红星公司签订的标准间价格是360元/间/天，白马公司签订的是430元/间/天。谁知碰巧的是，两家公司因为业务关系，它们的业务员相互认识，当谈到交易会期间将住在同一家酒店时，与酒店签订的价格问题也就很自然地谈开了。白马公司了解到红星公司所签订的合同价比其便宜70元时，觉得同是签合同入住该酒店，为什么自己得不到应有的优惠？

白马公司的负责人理直气壮地找到了酒店的郭小姐："凭什么红星公司的合同价要比我们低呢?这样不合适吧！"郭小姐告知白马公司负责人，价格的确有差异，但这并不是欺骗他，也不是故意给其高价格。给红星公司这样的低价是有前提的，红星公司每年的入住间数和消费水平要达到一定的量，而对白马公司却没有任何附带条件。如果白马公司也能有红星公司同样的入住量和消费水平，酒店也可以给予白马公司和红星公司一样的价格。因为这是酒店的销售政策，不存在由于个人感情的好坏而给予不同价格的问题。

经过郭小姐的耐心解释，白马公司负责人考虑到本公司客人的确不够稳定，如果与酒店签了过高的入住量和消费水平，达不到这个量到头来一定是公司吃亏，于是合同价格之事就不再提了。

问题： 你认为预订部郭小姐的做法是否正确?为什么?

分析提示： 这样做最能取得客户的谅解，是可采取及提倡的方法。这样做既能给客户一个好的交代，让客户明白这是酒店的规定，也能给酒店创造更高的利润，带来更多的客户。让客户知道酒店有健全的管理体制，更能给酒店树立良好的形象，以便带来更多的消费群。

在以上各种订房方式中，目前较为常见的是电话订房、传真订房和互联网订房。无论采用哪一种方式，酒店预订员都必须注意以下几个问题：

①无论是接受预订还是婉拒预订，都必须及时给客人以明确答复。一般来说，为了尊重客人，无论客人以何种方式订房，酒店都应以相同的方式答复客人。

②预订员在预订时，不要给客人具体房间号码的许诺。因为房间的租用情况随时都在发生变化，一旦客人抵达酒店后所订房间没有空出或是不能使用，酒店将失信于客人。

③为保证整个预订工作的严密性，应该尽可能地掌握客人的离店日期。如果客人没有讲清房间需要预订几天，通常酒店只为其预订一夜客房，但一定要事先讲明。

1.1.2 预订的类别

酒店在接受和处理宾客预订时，根据不同情况，一般将预订分为两大类型。

1）非保证类预订（Non-guaranteed Reservation）

非保证类预订通常有以下三种具体方式：

（1）临时类预订（Advanced Reservation）。临时类预订指客人的订房日期或时间与抵达的日期或时间很接近，酒店一般没有足够的时间给客人以书面或口头确认。

（2）确认类预订（Confirmed Reservation）。确认类预订指客人的订房要求已被酒店接受，而且酒店以口头或书面形式予以确认。

确认预订的方式有两种：一种为口头确认；另一种为书面确认。通常使用书面确认，如邮寄、传真回复确认书等。口头确认一般只用于客人订房时间与抵店时间很接近时。无论是口头确认还是书面确认，都必须向客人明确申明酒店规定的抵店时限。

书面确认与口头确认相比有如下优点：

①能复述客人的订房要求，使客人了解酒店是否已正确理解并接受了他的订房要求，让客人放心。

②能申明酒店对宾客承担的义务及有关变更预订、取消预订以及其他有关方面的规定，以书面形式确立了酒店和客人的关系。

③能验证宾客所提供的个人情况，如姓名、地址等。所以，持预订确认书的客人比未经预订、直接抵店的客人在信用上更可靠，大多数酒店允许其在住店期间享受短期或一定数额的赊账服务待遇。

（3）等候类预订（On-wait Reservation）。酒店在客房订满的情况下，因考虑到有一定的"水分"，如取消、变更等，有时仍按一定数量给予客人以等候订房。

2）保证类预订（Guaranteed Reservation）

宾客通过预付定金来保证自己的订房要求，特别是在旅游旺季，酒店为了避免因预订客人擅自不来或临时取消订房而造成损失，要求宾客预付定金（Deposit）来加以保证，这类预订被称为保证类预订（也称担保预订）。保证类预订以宾客预付定金的形式来保护酒店和宾客双方的利益，约束双方的行为，因而对双方都是有利的。

所谓预付定金是指酒店为避免损失而要求宾客预付的房费（一般为一天的房费，特殊情况例外）。对如期到达的客人，在其离店结账时予以扣除；对失约客人则不予退还，酒店为其保留房间到第二天中午12时止。对保证类预订的客人，在规定期限内抵达而酒店无法提供房间时，则由酒店负全部责任。

保证类预订在酒店与宾客之间建立了更牢靠的关系。客人可通过下列方法进行订房担保：

①信用卡。客人在订房时向酒店声明，将使用信用卡为所预订的房间付款，并把信用卡的种类、号码、失效期及持卡人的姓名告诉酒店。如客人在预订日期未抵达酒店，酒店可以通过信用卡公司获得房费收入的补偿。

②预付定金。对于酒店来说，最理想的保证类预订方法是要求客人预付定金，如现金、支票、汇款等酒店认可的形式。

③订立商业合同。订立商业合同是指酒店与有关客户单位签订的订房合同。合同内容主要包括签约单位的地址、账号以及同意对因为失约而未使用的订房承担付款责任的说明，合同还应规定通知取消预订的最后期限，如签约单位未能在规定的期限通知取消预订，酒店可以向对方收取房费等。

由于各地区、各酒店的实际情况不同，担保的方法也不尽相同。有些酒店将其认可的个人名誉担保视为订房担保，有些酒店目前尚无法接受以信用卡作为订房担保，故采取何种有效的订房担保，应视情况而定。

1.2 前厅部预订员的服务技术

1.2.1 受理预订工作

客房预订业务是一项技术性较强的工作，如果做得不好，就会影响酒店对客服务质量和整个酒店的信誉。因此，为了确保预订工作高效有序地完成，酒店必须建立科学的工作程序，客房预订的程序可以分为以下几个阶段，具体如图1-1所示。

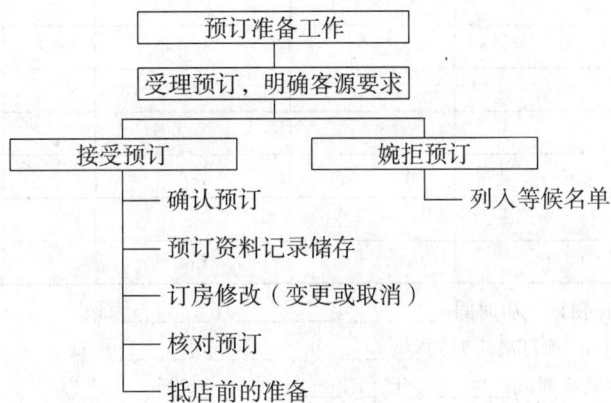

图1-1 客房预订的程序

1）预订前的准备工作

俗话说"不打无准备之仗"，预订工作也是如此，只有提前做好准备工作，才能给每一位订房客人迅速而准确的答复，从而提高预订工作水准和效率。

（1）岗前准备

①预订员要按照酒店规定的规范和要求上岗，做好交接班工作。在交接班时仔细查看上一班次预订资料，问清情况，掌握需要处理的优先等候的、列为后备的和未收取定金的等一些不准确的预订名单及其他事宜。

②检查计算机等设备是否完好，准备好预订单、预订表格等各种资料和用品，摆放整齐规范，临时接受预订时，避免出现现查、现找等现象。

（2）预订的可行性掌握

预订员上岗后，必须迅速掌握当日及未来一段时间内可预订的客房数量、类型、位置、价格标准等情况，对可预订的各类客房要做到心中有数，以保证向客人介绍可订房间的准确性。

2）受理预订，明确客源要求

预订员应主动向宾客询问，以获悉宾客的住宿要求，并将其所需预订信息填入客房预订单（见表1-3）。

表1-3　　　　　　　　　　　　客房预订单

RESERVATION FORM
预订单

Sales & Marketing Dept.

Fax No.

□New Booking 新预订　　　□Amendments 更改　　　□On Waiting List 等候
　　　　　□Seminar 研讨会　　　　□Cancellation 取消

Guest Name 客人姓名	No.of Rooms 房间数量	Room Type 房间种类	No.of Guest 客人数量	Rate 房价	Company Name 公司名称

Original Arrival Date 预订到店时间：_____年_____月_____日

Original Departure Date 预订离店时间：_____年_____月_____日

New Arrival Date 新到店时间：_____年_____月_____日

New Departure Date 新离店时间：_____年_____月_____日

Arrival Flight 到店航班：_____Departure Flight 离店航班：_____

Payment 付款方式:□Pay Cash 现金支付□By Credit Card 信用卡支付

Credit Card No.信用卡号：_____Expiry Date 有效日期：_____Month_____Year

Type 信用卡类别：□ VISA　□ MASTER　□ DINERS　□ JCB　□ OTHERS_____

Signature 预留签署：_____

Remarks 备注：_____

Contact Name 联系人姓名：_____Company Name 公司名称：_____

Telephone Number 电话号码：_____Fax/Telex Number 传真号码：_____

Taken By 预订人：_____Date Taken 预订日期：_____

3）接受预订或婉拒预订

预订员通过查看预订总表或计算机终端，以判断宾客的预订要求是否与酒店的实际提供能力相吻合，包括以下四点：抵店日期、客房种类、用房数量、住店夜次。

若宾客的预订要求与酒店的实际提供能力相吻合，可将客人信息详细记录并存档。若酒店客房状况不能满足客人要求时，要婉言拒绝其订房要求，即婉拒预订。但这并非意味着对客服务的中止，预订员可根据酒店的实际情况建议客人做一些更改，或主动提出其他合理化建议，以使客人满意，也可征得客人的同意，将其订房要求、电话号码等信息详细记录在"等候名单"上，随后每天检查落实，一旦有满足客人要求的客房出现，立即通知客人。如果客人采用书面订房，预订员也应礼貌复函，以表歉意，如表1-4所示。

表1-4   婉拒致歉信

女士/先生：
由于本酒店　　年　　月　　日的客房已经订满，我们无法接受您的订房请求，没能满足您的要求，对此我们深表歉意，感谢您对本店的关照，希望今后有机会为您提供服务。 　　　　顺致崇高敬礼！ 　　　　　　　　　　　　　　　　　　　　　　　　　　　　　　　　　　　　××酒店预订处 　　　　　　　　　　　　　　　　　　　　　　　　　　　　　　　　　　　　　年　　月　　日

教学互动1-2

李先生来某酒店登记入住，他声称自己预订了第二天的房间，现在提前一天到达，但是接待员小张在次日抵店的预订客人名单中未查到李先生，于是告诉李先生酒店已经客满，没有空房，请他到其他酒店入住。李先生很不高兴。

互动问题： 你认为为什么会出现这个问题？接待员小张应该如何处理这个问题？

要求： 同"教学互动1-1"的"要求"。

4）确认预订

预订员在接到客人的预订要求后，要立即将客人的预订要求与酒店未来时期客房的使用情况进行对照，决定是否能够接受客人的预订，如果可以接受，就要对客人的预订加以确认。

确认预订的方式通常有两种，即口头确认（包括电话确认）和书面确认。如果条件允许，酒店一般应采用书面确认的方式，向客人寄发确认函。确认函的确认内容如表1-5所示。

5）预订资料记录储存

当预订确认书发出后，预订资料必须及时、正确地予以记录和储存，以防疏漏。预订资料一般包括客房预订单、确认函、预付定金收据、预订变更单、预订取消单、客史档案卡及宾客原始预订凭证等。将有关同一宾客的预订资料装订在一起，最新的资料存放在最上面，依次顺推，以利于查阅。

6）订房修改（变更或取消）

酒店接受预订后，客人在抵店前常常会由于种种原因对原来的预订提出变更要求，甚至可能会取消预订。在处理此类问题时，预订员应该注意下列问题：

表1-5　　　　　　　　　　　　　　　预订确认函

订房确认书

RESERVATION CONFIRMATION

感谢您选择下榻××酒店。我们非常荣幸为您确认以下预订:

Thank you for choosing ×× hotel.We are pleased to confirm the following reservations:

客人姓名/GUEST NAME

到达日期　　　　　　　　　　班机号　　　　　　　　　　离店日期

ARRIVAL DATE_____　　FLIGHT NO._____　　DEPARTURE DATE_____

人数/NO.OF PERSONS

房间种类/TYPE OF ACCOMODATION

房间数量/NO.OF ROOMS

房价/RATE　　　　　　　　　付款方式/Payment

备注/REMARKS

请将订房确认书交与接待处。

Please present this confirmation to the reception desk.

公司　　　　　　　　　　　　致

COMPANY　　　　　　　　　ATTN

地址　　　　　　　　　　　　电话号码

ADDRESS　　　　　　　　　TEL.NO.

注意:预订需以信用卡或现金支付一晚的房费作为担保,取消预订需在入住前1天通知酒店,订房不到将收取一晚的房费作为取消费用。

NOTE: Any reservations need to be guaranteed by credit card or cash and any cancellations need to be informed one day in advance.Otherwise one night will be charged automatically from the credit card.Taking into consideration the room availability,please make your reservation accordingly.

敬请知悉:任何不提供担保的客房预订将于入住当日18:00点前自动取消。迟于18:00点到达的宾客,请预先告知。若有任何变动,请直接与本酒店联络。

NOTE:Kindly be advised that room will be released at 18:00 hrs prior to day of arrival without further notify.

Should there be any changes,please contact the hotel directly for adjustment.

确认者/CONFIRMED　　　　　　　　　　日期/DATE

（1）如果客人取消订房，预订员应该迅速查找该客人的预订单，加盖"CANCELED"/"取消"图章，并注明取消预订申请人的取消原因和取消日期，并签上预订员姓名，将资料存档。同时对电脑预订状况进行调整，不可在原始的预订单上进行修改。

（2）如果客人要求更改订房，预订员要先查阅有无符合客人更改要求后所需的客房类型。如果有，就接受客人的更改，并重新整理订房资料。在时间允许的情况下，重新发放一张预订确认函，同时前一份确认函失效。如果无法满足客人变更预订的要求，可以同客人协商，将客人列入等候名单。

（3）若预订变更的内容涉及一些特殊安排，如派车接送、订餐、放置鲜花水果、房间特殊布置等，则需尽快给相关部门发出变更或取消通知。

（4）有关团体客人订房的变更或取消，要按照合同办理。一般的合同规定，团体客人订房，组织单位要求取消订房应该在团队抵达前10天通知酒店，否则酒店方面将按照合同规定收取一定比例的损失费。

（5）尽量简化取消预订合同的手续，并将预订取消记录加以存档。

总之，在接受更改预订和取消预订时，预订员都应耐心、高效地提供对客服务。对于酒店来讲，客人能够花费时间通知酒店更改或取消原来的订房，可以使酒店有充分的时间接受其他的预订以降低酒店的损失，因此，酒店应鼓励取消预订的客人及时与酒店联系，预订员既要灵活地面对现实，又应表现出极大的热情接待客人。据有关调查证明，取消预订的客人90%在今后的旅行活动中都会考虑在原酒店预订客房。

同步思考1-1

在飞机场没有接到客人

一日，某酒店机场代表与车队司机按预订单到机场迎接客人。当预订单上标示的航班客人都走完了也没有见到要接的宾客，经机场代表与预订部联系才获悉原来预订已取消，但预订部忘记通知相关部门。

问题：造成机场代表到机场未接到客人的原因是什么？取消预订的操作程序是什么？应注意哪些问题？

理解要点：本案例主要阐述了预订业务流程中取消预订的处理问题，接受预订很简单，复杂的是接受预订之后的相关工作，甚至取消或者更改预订，都需要酒店通过一系列的工作来完成订房修改。

在飞机场没有接到客人的原因很简单，就是客人取消了预订，但预订部忘记通知相关部门。如果客人要求取消预订，预订员应该迅速查找该客人的预订单，加盖"CANCELED"/"取消"图章，并注明取消预订申请人的取消原因和取消日期，并签上预订员姓名，将资料存档，及时对电脑预订状况进行调整。注意查询该客人是否涉及该酒店其他服务项目，如果有，尽快给相关部门发出取消通知。

职业道德与企业伦理1-1

取消预订

背景与情境：某年4月2日，广州某酒店预订处接到了来自山东某进出口公司的电话，对方要求在"广交会"期间预订4个标准间，从4月15日起住4天。几天后，对方按酒店的要求，将1 000元定金存入酒店的账户。

4月9日下午，山东的公司又打来电话说："对不起，我们原订的4个标准间现因计划有变，不再需要了。我们打算取消预订。"对方的意图很明显：那1 000元定金能退吗？

预订员请对方稍等片刻。他放下电话，迅速到计算机中去找预订记录。的确，对方10天前已办过订房手续且定金已入账。今天离预订日期足有5天，按酒店规定，这类情况可退定金。

"我们同意取消预订，定金照退。请告诉我们贵公司的账号。"挂上电话，预订员便在预订记录上做了取消记号，接着又与财务部联系，退回对方的1 000元定金。

问题：在酒店预订中，客人的预付金是否在任何情况下都可以全额退还？

分析提示：酒店实行订房定金制度既可以保证订房客人的用房要求，又能减少客人因预订不到而在经济上受损失，是国际通行的惯例。但是，客人如果付了定金因故不能履约，不能一概而论，应视不同情况做相应的处理，一般应采取包涵、宽容的态度。

在本案例中，客人提前较长时间通知酒店取消预订，使酒店有足够的时间重新出租房间，因此定金应全额退还。

7）核对预订

由于客人在抵店前很长一段时间内就预订了客房，而在入住前这段时间因种种原因经常出现取消或更改订房的情况，所以，为提高预订的准确性和酒店的开房率，并做好接待准备，预订员要做好订房的核对工作。订房的核对工作通常要进行三次。

（1）在客人抵店前一个月做一次核对。由预订员每天核对下个月同一天抵店的客人，然后预订员以书信、传真或电话等方式与订房客人进行联系核对订房内容。主要核对抵达日期、住店天数、房间数量与房间类型等内容。如果没有变化，按准确订房处理；如果有更改或取消订房，则按照订房的修改或变更程序作相应处理。

（2）在客人抵店前一周做第二次核对，处理程序与第一次核对相同。

（3）客人抵店前一天做第三次核对。主要采用电话方式进行核对。预订员对预订内容要仔细检查，并将确切的订房信息传递到总台接待处。如果有取消预订的客人，应立即通知总台，以便及时将这些取消预订的客房出租给其他未经预订而抵店的散客。

总之，做好预订的核对工作可以最大限度地保障酒店的开房率，对于大型团队客人而言，核对预订的工作应该更加细致，增加核对次数，以避免因为团队取消预订或更改预订造成大量客房的闲置，使酒店蒙受巨大的损失。

8）抵店前的准备工作

做好客人抵店前的准备工作，既有利于缩短已订房客人办理入住登记的时间，又能提前做好各项接待准备工作，做好针对性服务工作。

抵店前的准备工作大致可以分为三个阶段：

（1）提前一周或数周将酒店主要客情，如重要宾客（VIP）、大型团队、会议接待以及客满等信息通知相关部门。可以采取分发一周客情预报表、重要宾客预报表等方法，也可由总经理或主管副总经理主持协调会来发布。

（2）客人抵店前，将客情及具体的接待安排以书面形式通知相关部门，做好接待准备。酒店常使用的通知书有：VIP接待通知单、次日抵店客人一览表、接站单、订餐单、鲜花水果篮通知单等。

（3）客人抵店的当天，前台接待员应根据客人的订房要求提前做好排房工作，并把钥匙、住房登记单准备好，并将有关接待细节（包括变更或补充）通知相关部门，共同完成客人抵店前的各项准备工作。

1.2.2 超额预订

在当今竞争激烈的酒店业市场中，作为酒店不可能要求客人做到百分之百地精确预订，总有预订不到或者临时取消预订的情况发生，但可以通过某些措施来加强自我保护，以求最大限度地减少酒店的损失。客房超额预订策略就是其中一种。

1）超额预订及超订幅度的控制

超额预订是指在酒店预订已满的情况下，再适度增加预订的数量，以弥补少数客人临时取消预订而出现的客房闲置。超额预订通常出现在旅游旺季或是常年开房率较高的酒店。这样做的目的在于充分利用酒店的客房，提高客房出租率，减少客人预订未到给酒店带来的损失。

超额预订既是酒店经营者胆识与能力的表现，又是一种风险行为。因此，超额预订应该有个"度"的限制，以免出现因"超订过度"而使预订客人不能入住，或因"超订不足"而使客房闲置，这个"度"的把握是超额订房管理成功与否的关键，它应是有根据的，这个根据来自于历史经验，来自于对市场的预测和对客情的分析。

同步思考1-2

超额预订

在旅游旺季，各酒店出租率均较高，为了保证经济效益，一般酒店都实行超额预订。一天，经大堂副理及前台的配合，已将大部分客人安排妥当。下午6时左右，又有一位预抵客人到达。原分配给客人的2305房间原客人入店之初即提出了延住，而且因客人到店较晚酒店又无法联系到客人，所有其他空房又出租给了早到的客人，使得这位客人现在无房可住。大堂副理试图向刚刚到达的客人解释酒店的超额预订，并保证将他安排在其他酒店，一旦有房间，再将其接回，但客人态度坚决："这是你们酒店的问题，与我无关，我哪也不去。"鉴于客人态度十分坚决，而且多次表示哪怕房间小一点也没关系，他就是不想到其他酒店，在值班经理的允许下，大堂副理将客人安置到了值班经理用房，客人对此表示满意。

问题：此情境是否属于"超额预订"？为什么？

理解要点：此案例中，这位刚刚抵达的客人预订了房间，这在法律上双方已经达成共识，酒店有一间房间属于此位客人在某段时间使用。而现在客人无房可住，很明显酒店违约了。

此情境属于超额预订。因为超额预订，预订客人又都在规定的时限内抵达酒店，而酒店却因客满无法为客人提供所订住房。酒店接受并确认了客人的订房要求，就是酒店承诺了订房客人具有得到"自己的住房"的权利。所以，酒店违约就要尽力为客人解决此问题，否则如客人诉诸法律，酒店是要败诉的。

根据订房数量统计不同类别客人的数量和比率，利用公式计算超额订房数量和超额预订率，其计算公式如下：

$$X=(A-C+X)\times r+C\times f-D\times g \tag{2.1}$$

$$X=[(A-C)\times r+C\times f-D\times g]\div(1-r) \tag{2.2}$$

式中：X表示超额订房数；A表示酒店可供出租客房数；C表示续住客房数；r表示预订不到及临时取消和变更的比率；D表示预期离店客房数；f表示提前离店率；g表示延期住宿率。

设超额预订率为R，则可得出以下公式：

$$R=X\div(A-C)\times100\%$$

业务链接1-1

超额订房数量和超额预订率的计算

某酒店有标准客房600间，根据资料统计分析，未来10月2日预计续住房数为200

间，预期离店房数为100间，该酒店预订取消率通常为8%，预订而未到率为5%，提前离店率为4%，延期住宿率为6%。试问，就10月2日而言，该酒店：

①应该接受多少超额订房？

②超额预订率多少为最佳？

③总共应该接受多少订房？

解：①该酒店接受的超额订房数为：

X=[（A-C）×r+C×f-D×g]÷（1-r）

=[（600-200）×（8%+5%）+200×4%-100×6%]÷[1-（8%+5%）]

≈62（间）

②超额预订率为：

R=X÷（A-C）×100%

=62÷（600-200）×100%

≈15.5%

③共应该接受的客房预订数为：

A-C+X=600-200+62=462（间）

一般情况下，酒店将超额预订率控制在5%～20%为宜，如果超订比例过大，很可能出现客人到店而无房的情况，因此妥善控制超额预订的比例是很重要的，但这恰恰是有很大难度的。5%～20%这个超额预订率的制定仅供参考，因为它是依据酒店以往的经验统计数据得来的，未来状况到底会怎样，还要考虑其他因素作具体分析。

2）超额预订过度的补救方法

超额订房是订房管理艺术的最高体现，处理妥当会提高客房出租率，增加酒店的经济效益。但是超额订房的数量及超额预订率毕竟只是根据历史经营资料及人们主观分析的结果，因此，在实际酒店经营过程中，超额订房失败的案例也时有发生。如果客房超额预订工作操作失控，客人持有酒店的预订确认书，在预订时间内抵达酒店，酒店因客满而无法为他们提供所订住房，势必会引起客人的不满，甚至会影响酒店的品牌。因为超额预订过度而使客人无法入住，就是酒店方的违约行为，所以，一旦发生这种情况，酒店必须采取积极的补救措施，妥善安排好客人，以消除客人的不满情绪，尽量挽回不良影响，维护酒店的声誉。

对于不同类别的预订，出现超订过度时酒店的解决措施也不尽相同。对于保证类预订，尽可能预留订房；而对非保证类预订，尤其是持有酒店书面确认函的确认类预订，出现超订无房的情况，除积极解决客人的入住问题外，可视具体情况，为客人提供一些帮助，如免费为客人提供一次长途电话费或传真费，以便客人能够将临时改变地址的情况通知有关方面。

业务链接1-2

处理超额预订过度的一般方法

（1）诚恳地向客人说明原因，并赔礼道歉。如有必要，可由总经理亲自出面向客人致歉。

（2）事先联系其他备用酒店。同本地区同等级酒店加强合作，建立业务联系。在酒店附近联系几家相同等级的酒店作为协议单位，一旦超额预订过度，可安排客人到协议单位暂住。

（3）免费将客人送到其他酒店入住。如果房价高于本店房价，差价由本店支付。

（4）记录客人相关信息。虽然客人到其他酒店居住，但是酒店总台也应将客人的姓名及有关情况记录在问询卡上，以便向该客人提供邮件及查询服务。

（5）做好后续服务。虽然酒店为客人联系了其他酒店居住，也应征询客人的意见，对愿意于次日返回本店居住的人，应留下其大件行李。次日排房时，优先考虑该客人的用房安排。次日一早，由酒店派人将客人接回本店，由大堂副理或值班经理在大厅迎候并再次向客人致歉，陪同其办理入住手续，并在房间内放上致歉卡，让客人感觉到酒店对他的尊重及歉意。这类客人回到酒店后应该享受VIP待遇。

➡ 本章概要 ➡

□内容提要与结构

▲内容提要

●客房预订是酒店销售客房产品的中心环节。开展预订业务，既可以满足客人的住宿需求，又可以促进酒店客房销售量的增加，实现酒店的经营目标。

●本章主要介绍了客房预订业务的基本概念、预订程序及方法，并且探讨了酒店如何进行超额预订工作及出现订房纠纷的处理。

●准确地做好客房预订工作对于提高酒店开房率、提高酒店经济收益、提供优质对客服务、树立酒店"品牌"有着重要的意义。

▲内容结构

本章内容结构如图1-2所示。

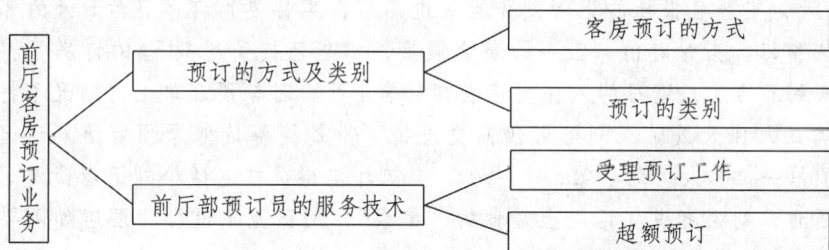

图1-2 本章内容结构

□主要概念和观念

▲主要概念

客房预订 临时类预订 确认类预订 保证类预订 超额预订

▲主要观念

前厅预订业务 超额预订

□重点实务与操作

▲重点实务

受理电话预订业务 处理超额预订过度

▲重点操作

前厅客房预订

⊃基本训练⟶

□理论题

▲简答题

1）客房预订的渠道、方式和类别是什么？

2）决定是否接受客人预订的因素有哪些？

3）简述超额预订幅度控制的考虑因素。

▲讨论题

1）酒店一般应采用书面确认的方式，向客人寄发确认函吗？为什么？

2）间接渠道的订房和直接渠道的订房，哪个更有优势？为什么？

□实务题

▲规则复习

1）接受订房的修改（变更或取消）时，预订员应该注意哪些问题？

2）简述受理客房预订的程序。

3）简述对于确认类客人，超订过度后应采取的一般补救措施。

▲业务解析

1）小王是某酒店的预订员，他接到一位客人的订房电话，经过询问，小王得知该客人要预订9月18日的两间标准间，经查询预订记录，他发现到那时已没有空余标准间，于是就对客人说道："感谢您对本酒店的关照，不过实在抱歉，9月18日已经没有您需要的空房了，希望下次能为您提供服务，再见。"

请问小王处理预订电话有何不妥之处？试分析并提出正确的解决思路。

2）一天，某著名报社的记者刘先生致电酒店，声称要预订两日后5天的客房。预订部为他确认预订。当时时值"五一"黄金假期，酒店已接受超额5%的订房了。谁知两天后刘记者来到酒店后，填写的入住登记表却只有1天。因与预订单上的期限不符，接待员与他再次确认入住天数时，刘记者仍然说没错。于是接待员把原预留给刘记者4天的房间安排给了另一位客人。到了第二天中午，当前厅接待员打电话给刘记者谈及退房及有人预订的问题时，刘记者说登记表上是他的"笔误"，反正他不退房。酒店如硬要他走，他就要把"酒店赶走客人的行为"曝光……

出现这样的问题你该如何处理？遇见此类客人的一般处理措施是什么？当顾客错的时候我们应该怎么办？

□案例题

▲案例分析

客房重复预订之后

背景与情境：

预订部接到一日本团队住宿的预订，在确定了客房类型和安排10楼同一楼层后，预订部开具了"来客委托书"，交给了总台石小姐。由于石小姐工作疏忽，错输了电脑记录，而且与此同时，又接到一位中国台湾石姓客人的来电预订。因为双方都姓石，石先生又是酒店的常客且与石小姐相识，石小姐便把10楼1015客房许诺订给了这位石姓客人。

当发现客房被重复预订之后，总台的石小姐受到了严厉的处分。但是酒店仍处于潜在的被动地位。石姓客人如期来到酒店，当得知因有日本客人到来使自己不能如愿时，表现出了极大的不满。换间客房是坚决不同意的，也无论总台怎么解释和赔礼，这位客人仍指责酒店背信弃义，崇洋媚外。"日本人有什么了不起，我先预订，我先住店，这间客房非我莫属。"预订部王经理向石先生再三致歉，并道出了事情经过原委和对总台失职的石小姐的处罚，还转告了酒店总经理的态度，一定要使石先生这样的酒店常客最终满意。

通过交谈，王经理了解到石先生对10楼楼号及客房的陈设、布置、色调、家具的喜爱，以及看在石小姐的面子上，经协商，石先生同意更换楼层。最终王经理调换相同的家具到8楼客房的做法终于打动了石先生。利用酒店的客史档案记载，得知石先生酷爱保龄球，石先生在王经理的提议和陪同下去打保龄球。酒店则以最快速度调房换得石先生的完全满意。

（资料来源　佚名.酒店客房案例[EB/OL].[2010-03-13].http：//www.canyin168.com/glyy/kfgl/kfal/201003/20217.html.原文经改编）

问题：

1）总台石小姐在接受预订时的失误之处是什么？

2）本案例中王经理业务处理的成功之处何在？

3）假如此项业务由你来处理，你对处理重复预订有何建议？

分析要求：

1）形成性要求

（1）学生分析案例提出的问题，拟出《案例分析提纲》；小组讨论，形成小组《案例分析报告》；班级交流、相互点评和修订各组的《案例分析报告》；在校园网的本课程平台上展出经过修订并附有教师点评的各组《案例分析报告》，供学生借鉴。

（2）了解本教材"附录二"的附表2中"形成性训练与考核"的"参照指标"与"参照内容"。

2）成果性要求

（1）课业要求：以经过班级交流和教师点评的《案例分析报告》为最终成果。

（2）课业结构、格式与体例要求：参照本教材"课业范例"的范例综-1。

（3）本教材"附录二"的附表2中"成果性训练与考核"的"参照指标"与"参照内容。"

▲善恶研判

<h3 style="text-align:center">罗伯特先生无房了</h3>

背景与情境：

某日，一位外籍客人罗伯特先生经本地公司订房入住某大酒店，要一个标准间预住2天。但在总台办理入住手续时，接待员告诉罗伯特先生，他的预订只有1天。现在又正值旅游旺季，第二天的标准间难以安排。罗伯特先生听后大怒，强调自己让本地接待单位在为他订房时明确要住2天的，订房差错的责任肯定在酒店。由此，接待员与客人在总台形成了僵持的场面。

（资料来源　佚名.酒店前厅案例[EB/OL].[2012-07-08].http：//www.canyin168.com/glyy/qtgl/qtal/201207/43609.html）

问题：

1）本案例中存在哪些道德伦理问题？

2）若查明原因责任在代订公司，酒店可以采取的做法是什么？

3）接待员面对此情景应该怎样做？

研判要求：

1）形成性要求

（1）学生分析案例提出的问题，拟出《善恶研判提纲》；小组讨论，形成小组《善恶研判报告》；班级交流、相互点评和修订各组的《善恶研判报告》；在校园网的本课程平台上展出经过修订并附有教师点评的各组《善恶研判报告》，供学生借鉴。

（2）了解本教材"附录二"的附表2中"形成性训练与考核"的"参照指标"与"参照内容"。

2）成果性要求

（1）课业要求：以经过班级交流和教师点评的《善恶研判报告》为最终成果。

（2）课业结构、格式与体例要求：参照本教材"课业范例"的范例综-2。

（3）本教材"附录二"的附表2中"成果性训练与考核"的"参照指标"与"参照内容。"

□ 实训题

"前厅客房预订"业务胜任力训练。

【实训目的】

见本章"章名页"中"学习目标"中的"实训目标"。

【实训内容】

专业能力训练：其"领域"、"技能点"、"名称"和操作"规范与标准"见表1-6。

表1-6　　　　**专业能力训练领域、技能点、名称及其参照规范与标准**

能力领域	技能点	名称	参照规范与标准
前厅客房预订	技能1	受理预订业务技能	（1）能进行电话客房预订并现场模拟 （2）会填写客房预订单、婉拒致歉信、预订确认函
	技能2	处理超额预订过度技能	（1）能初步把握超额预订，掌握超额预订幅度的控制方法 （2）掌握超额订房数量和超额预订率的计算方法 （3）能较有效地进行超额预订过度的补救
	技能3	撰写《前厅客房预订业务实训报告》技能	（1）能合理设计酒店前厅客房预订业务的调查项目，层次较分明 （2）能依照商务应用文的规范撰写《前厅客房预订业务实训报告》 （3）本教材"网络教学资源包"的《学生考核手册》中表1-2所列各项"考核指标"和"考核标准"

职业核心能力和职业道德训练：其内容、种类、等级与选项见表1-7；各选项的操作"规范与标准"见本教材附录三的附表3和附录四的附表4。

表1-7   **职业核心能力与职业道德训练内容、种类、等级与选项表**

内容	职业核心能力							职业道德						
种类	自我学习	信息处理	数字应用	与人交流	与人合作	解决问题	革新创新	职业观念	职业情感	职业理想	职业态度	职业良心	职业作风	职业守则
等级	中级	中级	中级	中级	中级	中级	中级	认同级	认同级	认同级	认同级	认同级	认同级	认同级
选项			√	√	√	√	√		√	√	√	√	√	√

【组织形式】

将班级学生分成若干实训小组，根据实训内容和项目需要进行角色划分。

【实训任务】

（1）对表1-6所列专业能力领域各技能点，依照其"参照规范与标准"实施应用相关知识的基本训练。

（2）对表1-7所列职业核心能力选项，依照本教材附录三的附表3的"参照规范与标准"实施应用相关知识的"中级"强化训练。

（3）对表1-7所列职业道德选项，依照本教材附录四的附表4的"规范与标准"实施"认同级"相关训练。

【实训要求】

（1）实训前学生要了解并熟记本实训的"目标"、"能力与道德领域"、"任务"与"要求"；了解并熟记本教材网络教学资源包中《学生考核手册》考核表1-1和考核表1-2的"考核指标"与"考核标准"内涵，将其作为本实训的操练点和考核点来准备。

（2）通过"实训步骤"，将"实训任务"所列三种训练整合并落实到本实训的"活动过程"和"成果形式"中。

（3）实训后，学生要对本次"前厅客房预订业务"的实训活动进行总结，在此基础上撰写实训报告。

【情境设计】

将学生分成若干实训组，分别选择不同的酒店（或本校专业实习基地），运用前厅客房预订业务知识，参与其前厅客房预订业务实训，完成本实训的各项实训任务。各实训组对所选酒店（或本校专业实习基地）的前厅客房预订业务实训体验进行总结，并对其本次实训的成功经验和存在的问题进行分析，提出改进方案或建议，最后撰写《××酒店前厅客房预订业务实训报告》。

【指导准备】

知识准备：

（1）"客房预订的渠道、方式及类别"的理论与实务知识。

（2）"前厅客房预订的程序及方法"的理论与实务知识。

（3）"前厅预订员受理预订工作的流程"的理论与实务知识。

（4）"酒店超额预订"的理论与实务知识。

（5）"订房纠纷的处理"的理论与实务知识。

（6）本教材"附录一"的附表1中"职业核心能力"选项的"知识准备参照范围"中所列知识。

（7）本教材"附录三"的附表3和"附录四"的附表4中，涉及本章"职业核心能力领域'强化训练项'"各技能点和"职业道德领域'相关训练项'"，需要对学生事先培训的"规范与标准"知识。

操作指导：

（1）教师向学生阐明"实训目的"、"能力与素质领域"和"知识准备"。

（2）教师就"知识准备"中的第（6）、（7）项，对学生进行培训。

（3）教师指导学生就操练项目进行调研、资料收集与整理。

（4）教师指导学生撰写《××酒店前厅客房预订业务实训计划》。

（5）教师指导学生实施《××酒店前厅客房预订业务实训计划》，并就操练项目进行现场指导。

（6）教师指导学生撰写《××酒店前厅客房预订业务实训报告》。

【实训时间】

本章课堂教学内容结束后的双休日和课余时间，为期1周。

【实训步骤】

（1）将班级每8~10位同学分成一组，每组确定1人负责。

（2）分配各组实训任务，确定每个组实训的酒店。

（3）各实训组参与所选酒店（或本校专业实习基地）的前厅客房预订业务实训。

（4）各组对实训操作的实际情况进行总结。

（5）各组在此基础上，总结实训酒店（或本校专业实习基地）前厅客房预订业务的成功之处和不足之处，并提出改进建议。

（6）各实训组在实施上述训练的过程中，融入对"数字应用"、"与人交流"、"与人合作""解决问题"、"革新创新"等职业核心能力各"技能点"的"中级"强化训练（突出其"知识准备参照范围"所列知识的学习和应用）和对"职业理想"、"职业态度"、"职业良心"、"职业作风"和"职业守则"等职业道德各"素质点"的"认同级"相关训练。

（7）撰写作为最终成果形式的《××酒店前厅客房预订业务实训报告》。

（8）在班级交流、讨论各组的《××酒店前厅客房预订业务实训报告》。

（9）根据交流、讨论结果，各组修订其《××酒店前厅客房预订业务实训报告》，并使之各具特色。

【成果形式】

实训课业：《××酒店前厅客房预订业务实训报告》。

课业要求：

（1）本课业以学生对所选酒店（或本校专业实习基地）的前厅客房预订业务的全面总结为基本内容，并分析本次运作中的问题与不足，最后提出改进建议，并包括"关于'能力与道德领域'其他训练的补充说明"等内涵。

（2）报告格式与体例参照本教材"课业范例"的范例综-3。

（3）各组的《××酒店前厅客房预订业务实训报告》初稿必须先经小组讨论，然后才能提交班级交流、讨论。

（4）经过班级交流、讨论的《××酒店前厅客房预订业务实训报告》由各小组进一步修改与完善。

（5）《××酒店前厅客房预订业务实训报告》定稿后，在其标题下注明"项目组长姓名"和"项目组成员姓名"。

（6）将附有"教师点评"的优秀实训报告在班级展出，并纳入本校该课程的教学资源库。

■━ 单元考核 ━▶

考核要求："考核模式"、"考核目的"、"考核种类"、"考核方式、内容与成绩核定"及考核表等规范要求，见本教材"网络教学资源包"中的《学生考核手册》。

第2章
前厅客房销售

学习目标

通过本章学习，应该达到以下目标：

理论目标：学习和把握客房价格的构成与类型、影响客房定价的因素、客房定价目标等陈述性知识；能用所学理论知识指导"前厅客房销售"的相关认知活动。

实务目标：了解和把握客房销售的方法与要求、客房销售报价技巧、客房价格的控制及客房定价的方法、相关"业务链接"等程序性知识；能用所学实务知识规范"前厅客房销售"的相关技能活动。

案例目标：能运用所学的"前厅客房销售"和"客房价格管理"的理论与实务研究相关案例，培养和提高在特定业务情境中分析问题与解决问题的能力；能结合"前厅客房销售"教学内容，依照"职业道德与企业伦理"的行业规范或标准，分析企业行为的善恶，强化职业道德素质。

实训目标：参加"前厅客房销售"业务胜任力的实践训练。在了解和把握本实训所涉及"能力与道德领域"相关技能点的"规范与标准"的基础上，通过切实体验"前厅客房销售"各实训任务的完成，系列技能操作的实施，《××酒店前厅客房销售实训报告》的准备与撰写等有质量、有效率的活动，培养"前厅客房销售"的专业能力，强化"信息处理"、"与人交流"、"与人合作"、"解决问题"和"革新创新"的职业核心能力(中级)，并通过"认同级"践行"职业观念"、"职业态度"、"职业良心"、"职业作风"和"职业守则"等规范，促进健全职业人格的塑造。

引例 香格里拉酒店的金环计划

背景与情境：为了赢得客人的忠实感，香格里拉酒店制订了一个具有战略意义的金环计划。金环计划的成员是那些经常光顾香格里拉酒店并被视为最有价值的客人。根据香格里拉酒店的估计，每个成员平均一次住店的花费是600美元，一年光顾10次，可持续20年。这意味着，平均每一个金环计划成员一生可能创造的价值是12万美元。金环计划是在全集团范围开展的一项活动，香格里拉酒店把金环计划成员分成三个等级：标准级成员——指所有第一次住店的客人；行政级成员——指12个月内在香格里拉酒店住店次数至少10次的客人；豪华级成员——指12个月内在香格里拉酒店住店次数至少25次的客人。

对于不同的等级，香格里拉提供不同层次的优惠。其优惠内容主要包括服务项目、价格折扣、特色服务、赠送免费公里数等。例如，会员住店可免费拨打当地电话，在酒店内拨打长途电话免收服务费；会员可凭通用信用卡在酒店提取价值相当于250美元现金的当地货币而无需向酒店交纳服务费；凡属香格里拉飞行里程优惠计划合作伙伴的会员，若每次以合作的房价入住本集团酒店，可获得标准飞行里程优惠；为方便会员，客房内备有吹发器，冲煮茶和咖啡的器皿；每日免费赠送一份当地报刊；可免费使用健身房和游泳池的设施；在任何一家香格里拉酒店，18岁以下的孩子与父母同住免收房费，6岁以下儿童有成人陪伴，在咖啡厅可免费享用自助餐。

（资料来源 佚名.香格里拉"贵宾金环会"优惠全面升级 会籍面向所有公众开放[EB/OL].[2010-10-19].http：//www.shangri-la.com/cn/corporate/goldencircle.原文经改编）

问题：作为在全球享有盛誉的香格里拉酒店所提出的金环计划，其实质是什么？

在酒店营业总收入中，客房收入通常能够占到50%左右。销售工作是前厅部的重要职能之一，前厅不仅要完成预订和办理入住登记，每位员工还是销售员，要充分利用销售技巧，推销客房产品，提高客房利用率。销售工作的前提是掌握房态状况和房价政策。总台接待人员必须掌握并合理运用客房销售方法与技巧，将合适的客房销售给合适的客人。

2.1 前厅客房销售的基础知识

2.1.1 客房销售的方法与要求

1）客房销售的方法

（1）掌握客人特点

酒店客人年龄、性别、职业、国籍、住店目的等各不相同，前厅服务员应掌握客人的特点灵活推销，要识别客人的需要，使之与可提供的客房相配对。例如，在酒店住三四晚的客人可能比只住一晚的客人更愿意住一间面积大点的房间或独立的房间，度蜜月或度假的客人可能更愿意住一间能看到自然景色的客房。

同步思考2-1

是否可以随意向客人销售客房？为什么？

理解要点：酒店入住客人的需求不尽相同，应该根据客人的需求有针对性地销售客房。前厅客房销售要做的是向客人推销真正适合他们需求的客房。

商务客人：对房价不太计较且重复入住可能性大，应推销环境安静舒适、办公设备齐全、便于会客、价格较高的客房或商务套房。

度假客人：应推荐景色优美、价格适中的客房。

蜜月客人：推荐安静、不易受干扰的大床间。

老年客人或行动不便的客人：推荐方便，靠近电梯、餐厅的房间。

（2）介绍酒店产品

多数客人如何消费需要由员工服务与引导来决定。前厅服务员应了解酒店的销售政策及价格变动情况，将酒店设施及服务、酒店的特色服务、酒店内举办的娱乐活动及当地举办的各种节日活动和所接受的付款方式向客人推荐。

（3）巧妙商谈价格

商谈价格时应使客人感到酒店销售的产品是物有所值的，因此在销售过程中着重推销的是客房的价值而不是价格。可以根据客房的特点，在客房前面加上恰如其分的形容词，如湖景房、海景房、中式套房、西式套房等。除了介绍客房自然特点还应强调客房对客人的好处。在商谈房价的过程中，前厅服务员的责任是引导客人，帮助客人进行选择。在向客人报房价时，可根据客人的特点报两种或三种不同价格，报价由高到低，以供客人选择，对客人的选择要表示赞同。

客人在选择价格时会表现出计较或犹豫不决，服务员可用提问的方式了解客人的特点与喜好，分析客人的心理，耐心地、有针对性地介绍，消除客人的疑虑，并运用销售技巧帮客人做出选择。

尽可能在客人提出的客房基础上销售客房，然后告知房价。描述客人提出的房间和升级的房间的不同之处、两种房间的价格和优惠。在推销过程中要把客人的利益放在第一位，宁可销售价格较低的客房，而不是将最高价格的客房卖给客人，不要使客人感到他们是在被迫的情况下接受高价客房。如果让客人勉为其难，客人心中会不舒服、不满意，酒店将失去现有客人和潜在客人。

（4）主动带客人参观

客人在选择客房中表现犹豫时，可以建议带客参观客房，带客参观中要自始至终表现出有信心、有效率、有礼貌，即使客人不住，也要对客人光临表示感谢并欢迎再次光临。

（5）尽快做出安排

客人在参观中对客房感兴趣的话，应用提问的方式促使客人做出选择。一旦客人做出选择，应对客人的选择表示赞赏与感谢，并立即为客人办理入住登记手续，缩短客人等候时间。

同步案例2-1

总台服务的延伸

背景与情境： 1月9日，酒店总台服务员小冉当班，下班时间是早上6：50左右。此时一位中年李女士和她的先生来到总台，询问酒店的房价情况，并告知因春节期间工作调动，全家想在酒店住一个月时间，希望酒店提供舒适、经济实惠的客房。

根据李女士谈到的情况和提出的要求，小冉首先安排客人参观了2号楼的标准间。李女士看过后，对房间不是很满意，要求给予很大的折扣。小冉向客人解释："2号楼的房价本来就比较低，但考虑到你们是自费，且入住一个月左右的时间，可以再给予一定的优惠，但肯定达不到你们要求的折扣。如果你对2号楼标准间的条件还不十分满意的话，可以带你们到前栋去看看，房价可以商量。"

客人同意后，小冉随即安排客人到前栋717房间看房，然后立即向上司汇报客人的情况及要求，上司经过考虑给出了一个综合底价，使小冉心中有数。李女士看过后，对这种标准间的入住条件表示满意，也接受了报出的优惠价，但同时又提出了一个附加条件：她先入住一个星期，若各方面条件令她满意，她就继续住下去，但不管怎样，她试住的这一个星期要享受已谈成的价格。随后，小冉又就此事请示上司，上司同意了客人提出的最新要求。小冉迅速为客人办理了入住手续，并通知有关楼层的服务员做好接待客人的准备。李女士离开总台时，已大大超过小冉的下班时间了。

问题：案例中小冉是如何成功销售客房的？案例说明了什么？

分析提示：案例中小冉通过掌握客人特点、巧妙商谈价格、主动带客人参观、尽快做出安排，成功实现了客房的销售。酒店客房的销售不仅是销售部门的事，而且应该是整个酒店每个部门、每个员工自觉的行动，即全员销售，特别是总台这些"窗口"岗位有着非常重要的作用，应该得到充分的发挥，尽量在服务中延伸其销售的功能。

2）客房销售的要求

优秀的前厅员工，从客人步入店门那一刻起，在简单的迎宾过程中，就应慧眼识人，并因人而异，运用不同的推销策略，尽量达到销售目的。为了卓有成效地开展客房销售，前厅接待员需要遵循以下要求：

（1）做好销售准备工作

前厅接待员首先要熟练掌握本酒店客房基本情况及特点。如本酒店共有多少客房、房间类型、分布、今日房态等。

（2）根据客人需求销售客房，而非销售价格

酒店客房的层级标准不一，收费也有差别。抵店客人，其入住的目的动机及支付能力也参差不齐。因此，前厅接待员要根据客人的实际需求，为客人推荐客房，从而达到客人满意和酒店盈利的双赢目标。

（3）仪表得体，语言讲究艺术

前厅接待员直接对客服务，是酒店的一张活名片，代表着所在酒店的形象。在客房销售的服务过程中，前厅接待员必须做到仪表得体，符合规范，语言表达能力强，同时讲求艺术性，在顾客心目中塑造一个良好的形象。

（4）需掌握的要领

①以微笑迎接客人，不管是从声音还是从面容上，保持愉悦，销售酒店和服务的同时也在推销自己。

②与客人保持眼神的接触。

③记住客人名字，对话中至少三次称呼客人，用客人的姓，不要直接称呼客人的名字，并经常使用礼貌用语，如"先生"、"小姐"等。

④快速完成登记程序。

⑤感谢客人，祝愿他们入住愉快。

在客人离开柜台前，前厅员工应该感谢客人选择酒店和表达祝客人居住愉快的意愿。

有些酒店规定在客人登记完进房后不久，前厅员工就致电询问客人对房间的满意程度。

教学互动2-1

大堂副理该怎么办？

坐落在杭州笕桥机场出口处不远的天地酒店，是一家三星级酒店，酒店内常会遇到因飞机晚点而没有被接机人接走的客人。一天下着滂沱大雨，从北京飞来杭州的YE1107班机比预定时间晚到了整整一个小时。有6位客人预订了市中心某四星级酒店的客房，但是在机场出口处并未见到该酒店的接客车。因为下雨，6位客人就来到了天地酒店大堂等候……

互动问题： 面对这6位在大堂出现的客人，大堂副理应做出何种反应？请结合所学知识进行分析。

要求： 同"教学互动1-1"的"要求"。

2.1.2 客房销售报价技巧

对客人而言，价格是客房产品中的一个敏感因素。对客报价是前厅销售人员为扩大客房产品的销售，运用语言艺术以引起客人购买欲望的一种推销方法。在实际工作中，各酒店因酒店条件不同以及床的种类而设置了若干种价格类型，前厅客房标牌价格的区别相差可能很大，前厅工作人员应娴熟地利用各种技巧，吸引客人选择中档或豪华级客房，增加客房收入。客房销售的主要报价方法有：

1）选择性报价法

根据客人的支付能力，提供适当的房价范围。太低的报价容易使酒店标准遭受客人质疑，太高的报价则易使客人有被宰的感觉。选择性报价会让客人觉得实际、实惠，并大大节约客人的抉择时间从而加快入住登记的速度。

2）由高及低法

对一些支付能力强的客人，首先报最高房价，客人不感兴趣时再转向较低价格，客人虽然拒绝最高价格的客房，仍有可能选择中、低档价格的客房。这种报价方法适用于未经预订、直接抵店的客人。

3）由低及高法

先报最低价格的客房，然后再逐渐走向高价客房。同时应积极推销酒店有特色的附加服务，重点强调只需在原收费标准的基础上稍微提高一些价格。如前厅服务员帮助客人办理入住登记，客人预订的是一间低档次的客房，如果服务员说"若再加10元，可给您安排一张大号床"，或者"若再增加20元，您能住进可看到海滨风景的豪华间"，或者"只要再加35元，您可以享受到我们的全价服务，包括两个人的早餐和晚餐"。由低到高报价，可以让客人有更多选择的余地，适用于对价格敏感的客人。

4）"冲击式"报价法

"冲击式"报价法是指在前厅接待服务过程中，先向客人直接报客房价格，再介绍客房能提供的服务项目与设施设备。"冲击式"报价法主要适用于价格不高、档次偏低的客房或消费能力不高的客人。

5）"鱼尾式"报价法

"鱼尾式"报价法是<u>指在推销客房时，先介绍酒店和酒店客房所提供的设施设备和服务项目，突出其客房的特色与优势，然后再报房价。</u>"鱼尾式"报价法适用于中档客房销售。

6）"三明治式"报价法

"三明治式"报价法，<u>也称夹心式报价法，是指前台人员在向客人推销客房时，先介绍酒店和客房所提供的服务项目，再报房价，再介绍这种价格的客房所配备的设施设备状况，缓冲价格冲击，增加客人购买的可能性。</u>"三明治式"报价法主要适用于中、高档客房。

同步案例2-2

巧妙推销留住客人

背景与情境： 某酒店总台来了两位客人提出要开特价房。接待员礼貌地告知客人："对不起，先生，今日的特价房已售完，您看其他的房间可以吗？"话未说完，客人就不高兴了："怎么这么快就卖完了呢，特价房只是个幌子还是有却不卖给我们？"前厅接待员耐心解释道："先生，我们的特价房数量有限，每天只是推出十几间答谢客人。今天刚好周末，特价房销售特别火爆，早早就售完了。下次您需要的话提前打个电话，我们一定帮您预留出来。今天我们刚好还有一间非常舒适的贵宾房，要是您住的话我帮您申请个优惠折扣价，比特价房贵不了多少，但条件好很多，您意下如何？"客人正犹豫间，前厅接待员紧接着问道："请问两位是住一天还是两天？"客人随口答道："两天。"接下来便顺利地办理了入住登记。

问题： 案例中的总台接待员是如何运用客房销售报价技巧的？你从案例中得到了什么启示？

分析提示： 案例中的总台接待员能够根据客人的特点灵活选择合适的报价方法，运用了由低及高法。究竟是否入住酒店，往往是客人一念之间的事。而在这一念之间，前厅接待员的销售工作扮演着重要角色，这是帮助客人做出决定的重要推动力，也是酒店成功赢得客人、取得效益的关键所在。

2.2 客房价格的管理

客房价格是指客人住宿一夜所支付的住宿费用，它是客房商品价值的货币表现形式。房价制定是否合理，对客房产品和服务的销售及在市场上的竞争地位、对酒店的销售形象及营业收入和利润都会产生很大的影响。酒店经营是否成功，在很大程度上取决于价格决策正确与否。因此，前厅管理人员应在酒店销售策略的指导下，对客房价格及类型、房价制定的目标及方法等方面进行有效的控制，以维护客人和酒店双方的经济利益。

2.2.1 客房价格的构成与类型

1）客房价格的构成

客房价格由客房成本和经营利润构成。其中客房成本包括工程投资、客房资产折旧、经营费用、修缮费用、客房人员工资、各种税费等。经营利润包括客房净利润和所得税。

2）客房价格的类型

（1）公布房价

公布房价又称标准房价、门市价，是在酒店价目表上公布的各种类型客房的现行价格。

（2）追加房价

追加房价是在公布价格的基础上，根据客人的住宿情况另外加收的房费。

白天租用价——对白天在酒店休息而晚上不住宿的客人收取的费用，一般按房费的半价收取。

加床费——对在客房内临时加床的客人收取的费用。

深夜房价——对凌晨抵店的客人收取的费用，一般为半天或一天的房费。

保留房价——住客短期外出旅行，但需要继续保留所住客房，或预订客人因特殊原因未能及时抵店而要求酒店保留房间。酒店通常要求客人支付为其保留客房的房费，但一般不再加收服务费。

（3）特别房价

特别房价是对公布价格做出各种折让的客房价格。

团队价——酒店提供给旅游、会议等团队客人的一种折扣房价，目的是确保酒店长期、稳定的客源，保持较高的出租率。

折扣价——酒店向常客、长住客人、特殊身份的客人等提供的优惠房价。

商务合同房价——与有关公司或机构签订合同，按合同规定向客人以优惠价格销售客房。优惠幅度依客源数量、客人在酒店的消费水平而定，平均在 10% ~ 25%。

季节价——客房产品由于淡旺季而形成的价格差额。

家庭租用价——为吸引家庭客人入住而制定的优惠价格，如在客房优惠价加床或免费加婴儿床。

免费——为了建立良好的公共关系，酒店对某些特殊身份的入住客人免收房费。如社会知名人士、酒店同行、旅行社代理商、会议主办人员、杂志社和新闻单位记者等。此外，还有"十六免一"的惯例，即对满十五名付费成员的团队，免费提供双人间客房的一张床位。

同步思考2-2

一位自称是某公司的杨小姐入住饭店，由于没有预订，又不能出示该公司名片或证明是该公司人员的证件，前台接待员告诉她不能享受商务合同房价，杨小姐不同意。

问题： 案例中接待员的做法对不对？饭店的规定是什么？如果一位客人没有订房传真或有效身份证明而坚持要求按商务合同价入住，接待员应该怎样处理？遇上述情况如何保证饭店利益不受损失，而客人又不进行投诉？

理解要点： 现行酒店房价中有一类特别房价即商务合同房价，是酒店与有关公司或机构签订合同，按合同规定向客人以优惠价格销售客房。入住客人要享受此合同价格，只要提供属于合同公司或机构的证明或者持合同订房书即可。除此之外，可根据具体情况进行处理。

上述案例中接待员的做法是正确的，因为客人无法提供能够享受商务合同价格的任何证明。如果客人无法证明自身身份而又坚持享受特别房价，可先同客人协商暂时按当日饭店优惠价入住，待次日收到公司订房传真或有能证明公司身份的证件后再更改房价。接待过程中再遇到类似的情况，可按此步骤处理。接待员要尽可能地帮助客人确认身份，可同客人商量是否可以代为联系，确认其身份以更好地实现对客服务。

2.2.2　客房定价目标与控制

1）客房定价目标

（1）追求利润最大化

追求利润最大化是制定客房价格最基本的目标。利润最大化分为短期利润最大化和长期利润最大化。酒店经营者必须在不同时期确定不同的价格水平。从严格意义上讲，应以长期利润最大化作为追求目标，避免盲目调价和相互杀价。客房的需求量还受到除价格以外很多不确定因素的影响，因而对需求量和成本的测算往往还要根据市场影响变动。实践证明，高房价并不能保证实现利润最大化，而低房价也未必意味着客房利润的减少，只有适当的价位才能实现客房商品利润的最大化。

（2）提高市场占有率

酒店要提高市场占有率，就要增加客房销售量，还要提高其他设施设备的利用率，降低经营成本。就价格因素而言，要达到提高市场占有率的目的，就要采取价格策略。酒店经营者要注意价格策略所带来的不利影响：

①低价位并不一定能够增加客源、提高市场占有率。因为客房商品需求量还会受其他诸如政治、经济、交通、季节等多方面因素影响。

②低价位可能有损酒店自身形象和声誉，影响服务质量。不应忽视低价对管理人员和服务人员的误导，出现"低价位、低水平服务"的现象。

（3）提高竞争力

价格是竞争的有力手段，但具有竞争力的价格可以有不同形式：

①与竞争对手同价。在少数卖方市场情况下，酒店客房商品与竞争对手的客房商品没有明显差别，而且消费者了解本地区产品价格水平，就可以采取跟随行业领头人定价的方法。

②高于竞争对手价格。酒店的硬件设施设备水平，包括客房产品以及服务质量等方面，如果超出竞争对手的水平，则可以确定较高的价位。

③低于竞争对手价格。在一定条件下，采用低价进入市场，可以很快扩大市场份额，提高市场占有率，达到竞争的目的。

（4）实现预期投资收益率

预期投资收益率是酒店经营方针的最重要指标之一，也是必须考虑的客房商品定价目标之一。

2）房价控制管理

酒店客房价格制定之后，一定要建立房价调整约束制度，即使房价具有严肃性与稳定性，同时在实际运用过程中又有弹性。

（1）严格执行房价制度

管理人员必须让前厅销售人员全面了解和掌握已建立的各项政策和制度，如对优惠房价的批报制度，酒店房价优惠的种类、幅度及对象，各类特殊用房的留用数量，有关管理人员对优惠房价所拥有的决定权限，前厅销售人员对标准价下浮比例的决定制度，房价执行情况的审核程序和要求等。

🔑 职业道德与企业伦理2-1

优惠房价失去客人

背景与情境： 在盛夏的旅游旺季，北戴河某酒店正是接待客人的繁忙时期。酒店总经理根据来自全国各地的客户与酒店的不同业务关系，分别给予不同的优惠房价。为了便于前厅总台销售客房，总经理将需要给予优惠房价的客户名单及具体打折数目，列了一个清单交给了总台，打折的幅度从七折到九折不等。一天，与酒店有业务关系的一个客户来到酒店总台。酒店某实习生接待了这位先生。实习生查阅客人登记资料，是属于总经理给予打折优惠的客人，又查阅清单，总经理给打了八五折。实习生告诉客人："酒店总经理关照给您的房价打八五折。"客人一听很高兴，连声道谢，非常满意。这时，实习生拿出总经理开列的打折清单，指着客人的名字说："您看，这是总经理定的优惠价格。"客人接过清单一看，自己名下确实是八五折，忙说："好，好，就这样吧。"等他一看其他人名下的折扣，不由得笑容消失而皱起了眉头，问道："都是你们酒店的客户，怎么给别人打七折、八折，给我却打八五折？"实习生亮清单亮出了麻烦，不知如何答复客人。客人生气地把清单摔给实习生，愤然离店而去。酒店总经理得知此事后十分生气，但又无可奈何地说："这位实习生的头脑怎么简单到如此地步？素质太差了！"

问题： 案例中的实习生对房价制度执行如何？其行为符合职业道德和企业伦理要求吗？

分析提示： 酒店总经理对部分客户的房价给予优惠是一种营销策略，对增进与客户的友情、吸引客源、拓展业务是有益的。但客户与酒店的业务关系不同，对酒店经营与发展起的作用不同，也就不能同等对待。总经理给予前厅的打折清单，仅供酒店内部人员掌握，绝不能泄露给客人，这是酒店内部的机密文件，是不能外传的。所以，保守酒店机密是每位员工的职责。本例中的实习生不守酒店机密，错误地把打折清单交给客户看，把已经很满意的客人惹得不满意。实习生泄露了酒店机密，又得罪了客人，更让酒店陷入被动局面，严重影响客户与酒店的关系，后果是严重的。他的行为不符合职业道德和企业伦理的要求。

（2）适时采用房价限制措施

房价限制的目的是提高客房实际平均价格，实现酒店客房收益最大化。市场不断变化，当酒店客房的出租率产生较大变动，能够预测到未来某个时期的客房出租率很高时，前厅管理人员可以采取房价限制措施，如限制出租低价房或特殊房价的客房、不接或少接团队客人、房价不打折等。

（3）灵活运用房价杠杆

酒店的客房价格制定后，管理人员必须密切关注市场动态，尤其是竞争对手的情况，充分考虑各种可能，确保酒店客房利润目标的实现，主要措施是调整房价，使房价更适应客观现实需要。房价的调整一般包括适度调低房价和适度调高房价两大类。

2.2.3　客房定价的方法

酒店客房定价的方法主要包括以下几种：

1）以成本为中心的定价方法

（1）建造成本法，亦称千分之一法，将建造该酒店的总成本除以客房总间数，得出平均每间客房所占的建造成本，再除以1 000，所得即为客房价格。计算公式为：平均房价=酒店建造总成本÷房间数÷1 000

业务链接2-1

建造成本法

某酒店总建造成本为8 000万元，共有160间客房，求平均房价。

根据上述公式计算得：

平均房价=酒店建造总成本÷房间数÷1 000

　　　　=80 000 000÷160÷1 000

　　　　=500（元）

（2）成本核算定价法，亦称赫伯特定价法，由美国酒店和汽车旅馆协会主席罗伊·赫伯特于20世纪50年代首创。成本核算定价法是以目标收益率为定价出发点，在确定计划期各项成本费用及酒店利润指标的前提下，通过计算客房部应承担的营业收入指标，最终确定客房价格。这种定价方法计算的结果比较准确，但需要大量的市场信息和相应的资料。

（3）客房面积定价法，先通过确定客房预算总收入来计算单位面积的客房应得的收入，然后再确定每间客房应得收入，从而确定客房价格。

（4）保本点定价法，又称盈亏平衡定价法，在既定的固定成本、变动成本和客房产品估计销量的条件下，实现销售收入与总成本相等的客房价格，其侧重于保本经营，主要是用在市场不景气的情况下。

业务链接2-2

盈亏平衡定价法

保本点房价＝全年固定成本总额÷全年销售客房数+单位变动成本

某饭店有客房400间，每间客房分摊固定成本为150元，单位变动成本为40元，饭店年均出租率为70%，问饭店房价定为多少才能使饭店保本？

盈亏平衡点房价＝（400×150+400×70%×40）÷400×70%+40＝254（元）

（5）成本加成定价法，又称"成本基数法"，将客房产品的成本（单位变动成本加上单位固定成本就可获得单位产品的全部成本）加上一定比例的加成额即为客房价格。

2）以需求为中心的定价法

这是按照消费者的价值偏好为依据的定价方法。

（1）直觉评定法。邀请客人或中间商等，在分析竞争对手的基础上，根据酒店自身的客房产品和服务水平，评定客房价格。

（2）相对评分法。对多家酒店的客房产品进行评分，按照分数的相对比例和市场的平均价格，计算客房价格。

（3）特征评分法。请消费者对不同等级酒店客房产品的可感知性、可靠性、保证性、移情性等特征进行评分，并给出每个特征的权重，以市场的平均价格乘以每个特征的权重，得出客房价格。

3）以竞争为中心的定价法

（1）随行就市法。以同一地区、同档次竞争对手的客房价格作为定价的依据，从而确定酒店客房价格。随行就市法既可以以同等级酒店的平均价格作为定价标准，也可以保持与"领导型酒店"相应的客房价格。

（2）保本销售定价法，即根据盈亏平衡分析，客房销售收入能够补偿客房固定成本和变动成本的客房价格。

从上可以看出，不同的客房定价方法有不同的前提与特点，要想确保客房定价策略的成功，酒店就应根据不同方法，综合各种影响因素，确定适合自己酒店的客房价格。

教学互动 2-2

某酒店是一家客房近千间，综合设施齐全，集商务、会议及康乐等设施于一体的大型豪华酒店。酒店客人档次较高，平均停留时间超过四天。酒店出租率一直稳定在75%以上，然而酒店的销售额并不高。为此，酒店总经理开展了较为全面的调查。在前厅观察员工办理入住登记手续时，总经理发现当客人提出折扣时，员工总是欣然应允。此外，前厅员工也很少主动向客人介绍酒店其他服务设施。他询问员工为什么不向客人介绍时，员工回答："一是怕耽误办理登记手续的时间，违反酒店在3分钟之内办完登记的规定；二怕过多推荐，会引起客人反感；三是推荐与不推荐没什么两样，何必去冒那么多风险？"

互动问题：你认为员工的回答正确吗？请结合所学知识进行分析。

要求：同"教学互动1-1"的"要求"。

本章概要

□内容提要与结构

▲内容提要

●在前厅业务中，客房销售是重头戏，对于实现酒店的利润目标有直接的、重要的意义。在销售客房及酒店其他产品的过程中，始终要把客人的利益放在第一位，让客人感受到前厅一切销售都是为了满足其需求。

●客房销售的要求是做好销售准备工作，根据客人需求销售客房而非销售价格；客房销售的方法是掌握客人特点，介绍酒店产品，巧妙商谈价格，主动带客人参观，尽快做出安排。客房销售报价技巧有选择性报价法、由高及低法、由低及高法、"冲击式"报价法、"鱼尾式"报价法、"三明治式"报价法。

●客房价格由客房成本和经营利润构成。客房价格的类型有公布房价、追加房价、特别房价。影响客房定价的因素包括内部影响因素和外部影响因素。客房定价目标是追求利润最大化，提高市场占有率，提高竞争力，实现预期投资收益率；房价控制管理应严格执行房价制度，适时采用房价限制措施，灵活运用房价杠杆。酒店客房定价的方法主要包括以成本为中心的定价法、以需求为中心的定价法、以竞争为中心的定价法。

▲内容结构

本章内容结构如图2-1所示。

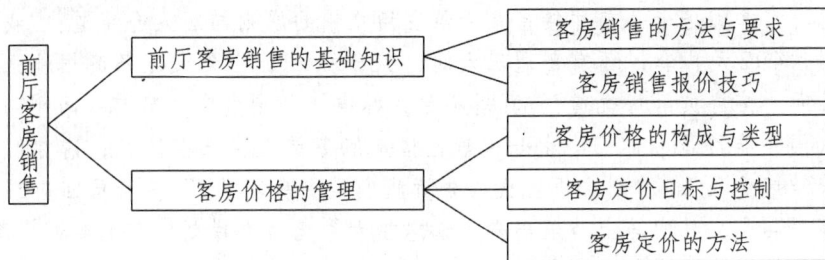

图2-1 本章内容结构

□主要概念和观念

▲主要概念

"冲击式"报价法　"鱼尾式"报价法　"三明治式"报价法　客房价格　成本核算定价法

▲主要观念

客房销售　客房价格管理

□重点实务与操作

▲重点实务

客房定价的方法

▲重点操作

前厅客房销售

■ 基本训练 ➡

□理论题

▲简答题

1）简述酒店客房价格的构成要素。

2）影响酒店客房价格的因素有哪些？

3）一般酒店客房定价的目标是什么？

▲讨论题

1）酒店的特别房价在酒店发展过程中所起的作用如何？

2）同星级酒店在面对同一市场竞争时，保持比对方稍低的价格是最好的对策。你认为这种观点正确吗？

□实务题

▲规则复习

1）怎样灵活地实现对客客房销售？

2）如何对客房价格进行控制管理？

3）爱尔兰农村有个只有40间客房的小饭店，客房清洁、雅致，供应优质的食品和饮料，但客房没有电话，饭店也没有任何娱乐设施，经过广告宣传之后，小饭店的生意一直很好，如何理解该饭店的成功？

▲业务解析

1）一天深夜，两位面容倦怠的客人来到前台接待处。经询问，客人需要一间普通标准间，想马上拿到房卡。前厅接待员秉承主动推销的原则向客人介绍道："我们有豪华标准双人间，498元一套，还有普通三人间，588元一间。"客人很不耐烦地强调只要一间普通标准间。接待员只得说道："真对不起，标准间刚刚卖完，只有一间刚刚退房，豪华标准双人间也非常适合你们。十分抱歉，楼层服务员现在正在清扫，请你们稍等片刻。"客人不禁皱起了眉头："刚才机场代表告诉我们是有房间的！"接待员回应道："是有的，但请稍等一会儿，我们马上清理出来，请您在大堂吧略坐片刻，我们会通知您的。"客人看了看接待员，不悦地走向大堂吧。15分钟过去了，30分钟过去了，两位客人再次走向接待处，高声责问接待员："你们到底有没有房间？把我们骗到这儿，根本没房，我们不在你们这儿住了。"说完，便向门外走去。这时，大堂副理走了过来想留住客人，可没等他说话，客人就劈头盖脸地说："你不用多说，我们已经在这里白等了半个多小时了。"说完便愤然离去。

请问接待员在此接待销售过程中有何不当之处？试对此案例进行分析。

2）又是一年的旅游旺季到了，许多酒店纷纷采取降价对策以吸引顾客。某酒店在降价大潮之下，推出一系列的优惠措施。其中最吸引人的是：住一个星期打八折优惠，超过两个星期打七折优惠。优惠推出后，立即吸引了大批旅客，客房很快爆满。这天，一位中国台湾顾客李先生来到该酒店，由于他入住的客房是其助理预订的，对这些价格不是很清楚就订了房。当李先生听到这些优惠时，他皱了皱眉，过了片刻，他对前台小姐说："对不起，小姐，我突然有一些事要办，恐怕不能住房了，我要求退房。"细心的服务员小姐觉得纳闷：如果你有事要办，房间可以预留，干吗要退房呢？在她的委婉追问下，李先生说出了真心话："你们酒店与其他的酒店相比简直就是太优惠了，给我的感觉是质量应该没有多大保障，可能不能满足我的需要。而且我作为一个商人，既然出得起，也就希望住好一点。我情愿去住贵一点的酒店，这样可以放心些。"

在什么情况下，降价反而会引起顾客的不满意？结合客房价格调整的相关内容分析此案例。

□案例题

▲案例分析

给客人留住面子

背景与情境：一位客人来到总台，在办理入住手续时向服务员提出房价七折的要求。按酒店规定，只向住房六次以上的常住客提供七折优惠。这位客人声称自己也曾多次住店，服务员马上在电脑上查找核对，结果没有发现这位先生名字，当服务员把调查结果当众道出时，这位先生顿时恼怒起来。此时正值总台入住登记高峰期，由于他的恼怒、叫喊，引来了许多好奇的目光。

（资料来源　佚名.服务员培训[EB/OL].[2013-04-20].http://www.hbrc.com/rczx/shownews-1539376-13.html.原文经改编）

问题：

1）服务员在处理此问题时的失误之处是什么？

2）若值班经理出面，该如何解决此问题？

3）结合此种情况提出一般处理措施。

分析要求：同第1章本题型的"分析要求"。

▲善恶研判

不能入住的客人

背景与情境：22：00左右一位客人来到总台声称是酒店老总的朋友并有预订要求入住，当班服务员查询之后发现并无客人的预订，于是就告诉客人："先生，对不起，我的老总并未给您预订房间，您需要和其联系之后我才可以让您入住。"客人见状强调是酒店的常客，要享受折扣价。但前台服务员查其客史的房价为200元，于是告知客人不能确定其折扣等级，劝其与老总联系。"现在已经太迟了，你先让我住下，明天我再和你们老总联系。"客人提议说。"对不起，我们酒店有规定入住之后的房价就无法更改了，现在我确实不知道您的房价，真是不能让你入住，要不您还是联系一下吧。"服务员回答客人说。这件事的后果可想而知，最后客人非常生气，并进行了投诉。

（资料来源　佚名.酒店前厅案例——由案例引发对酒店前厅服务管理的思考[EB/OL].[2013-03-29].http：//www.hbrc.com/rczx/shownews-1407153-13.html.原文经改编）

问题：

1）客人投诉反映的问题有哪些？

2）总台服务员可以采用的处理方法有哪些？

3）总台服务员应该加强的是什么？

研判要求：同第1章本题型的"研判要求"。

□实训题

"前厅客房销售"业务胜任力训练。

【实训目的】

见本章"章名页"中"学习目标"中的"实训目标"。

【实训内容】

专业能力训练：其"领域"、"技能点"、"名称"和操作"规范与标准"见表2-1。

表2-1　　　　　　专业能力训练领域、技能点、名称及其参照规范与标准

能力领域	技能点	名称	参照规范与标准
前厅客房销售	技能1	前厅客房销售调查技能	（1）能够正确运用询问法和问卷法，通过一般渠道采集资料较可靠、数据较准确的有效信息 （2）能够对调研资料进行初步汇总和解析 （3）能根据调研分析与结论，按照规范格式写出调研报告，并掌握一定写作技巧
	技能2	客房销售技能	（1）能把握客人的不同需要 （2）能正确地选择客房销售方法 （3）能有针对性地运用客房销售技巧 （4）能较有效地销售客房

续表

能力领域	技能点	名称	参照规范与标准
	技能3	客房房价管理技能	(1) 能把握客房价格的构成和类型 (2) 能根据酒店主客观条件，选择特定房价给相应的客人 (3) 能根据影响客房定价的因素和客房定价的方法，制定合理的客房房价 (4) 能提出可供选择的前厅客房销售建议
	技能4	撰写《前厅客房销售实训报告》技能	(1) 能合理设计《前厅客房销售调查问卷》的结构，层次较分明 (2) 能依照商务应用文的规范撰写《前厅客房销售实训报告》 (3) 本教材"网络教学资源包"的《学生考核手册》中表2-2所列各项"考核指标"和"考核标准"

职业核心能力和职业道德训练：其内容、种类、等级与选项见表2-2；各选项的操作"规范与标准"见本教材附录三的附表3和附录四的附表4。

表2-2　　　　　**职业核心能力与职业道德训练内容、种类、等级与选项表**

内容	职业核心能力							职业道德						
种类	自我学习	信息处理	数字应用	与人交流	与人合作	解决问题	革新创新	职业观念	职业情感	职业理想	职业态度	职业良心	职业作风	职业守则
等级	中级	中级	中级	中级	中级	中级	中级	认同级	认同级	认同级	认同级	认同级	认同级	认同级
选项		√		√	√	√	√	√			√	√	√	√

【组织形式】

将班级学生分成若干实训小组，根据实训内容和项目需要进行角色划分。

【实训任务】

（1）对表2-1所列专业能力领域各技能点，依照其"参照规范与标准"实施应用相关知识的基本训练。

（2）对表2-2所列职业核心能力选项，依照本教材附录三的附表3的"参照规范与标准"实施应用相关知识的"中级"强化训练。

（3）对表2-2所列职业道德选项，依照本教材附录四的附表4的"规范与标准"实施"认同级"相关训练。

【实训要求】

（1）实训前学生要了解并熟记本实训的"目标"、"能力与道德领域"、"任务"与"要求"；了解并熟记本教材网络教学资源包中《学生考核手册》考核表2-1和考核表2-2的"考核指标"与"考核标准"内涵，将其作为本实训的操练点和考核点来准备。

（2）通过"实训步骤"，将"实训任务"所列三种训练整合并落实到本实训的"活动过程"和"成果形式"中。

（3）实训后，学生要对本次"前厅客房销售"的实训活动进行总结，在此基础上撰写实训报告。

【情境设计】

将学生分成若干实训组，分别选择不同的酒店（或本校专业实习基地），运用前厅客房销售知识，参与其前厅客房销售实训，完成本实训的各项实训任务。各实训组对所选酒店（或本校专业实习基地）的前厅客房销售实训体验进行总结，并对其本次实训的成功经验和存在的问题进行分析，提出改进方案或建议，最后撰写《××酒店前厅客房销售实训报告》。

【指导准备】

知识准备：

（1）"客房销售的方法与要求"的理论与实务知识。

（2）"客房销售报价技巧"的理论与实务知识。

（3）"客房价格的构成与类型及影响客房定价的因素"的理论与实务知识。

（4）"客房定价目标与控制"的理论与实务知识。

（5）"客房定价的方法"的理论与实务知识。

（6）本教材"附录一"的附表1中"职业核心能力"选项的"知识准备参照范围"中所列知识。

（7）本教材"附录三"的附表3和"附录四"附表4中，涉及本章"职业核心能力领域'强化训练项'"各技能点和"职业道德领域'相关训练项'"，需要对学生事先培训的"规范与标准"知识。

操作指导：

（1）教师向学生阐明"实训目的"、"能力与素质领域"和"知识准备"。

（2）教师就"知识准备"中的第（6）、（7）项，对学生进行培训。

（3）教师指导学生就操练项目进行调研、资料收集与整理。

（4）教师指导学生撰写《××酒店前厅客房销售实训计划》。

（5）教师指导学生实施《××酒店前厅客房销售实训计划》，并就操练项目进行现场指导。

（6）教师指导学生撰写《××酒店前厅客房销售实训报告》。

【实训时间】

本章课堂教学内容结束后的双休日和课余时间，为期一周。

【实训步骤】

（1）将班级每8~10位同学分成一组，每组确定1人负责。

（2）分配各组实训任务，确定每个组实训的酒店。

（3）各实训组参与所选酒店（或本校专业实习基地）的前厅客房销售实训。

（4）各组对实训操作的实际情况进行总结。

（5）各组在此基础上，总结实训酒店（或本校专业实习基地）前厅客房销售的成功之处和不足之处，并提出改进建议。

（6）各实训组在实施上述训练的过程中，融入对"信息处理"、"与人交流"、"与人合作"、"解决问题"、"革新创新"等职业核心能力各"技能点"的"中级"强化训练（突出其"知识准备参照范围"所列知识的学习和应用）和对"职业观念"、"职业态度"、"职业良心"、"职业作风"和"职业守则"等职业道德各"素质点"的"认同级"相关训练。撰写作为最终成果形式的《××酒店前厅客房销售实训报告》。

（7）撰写作为最终成果形式的《××酒店前厅客房销售实训报告》。

（8）在班级交流、讨论各组的《××酒店前厅客房销售实训报告》。

（9）根据交流、讨论结果，各组修订其《××酒店前厅客房销售实训报告》，并使之各具特色。

【成果形式】

实训课业：《××酒店前厅客房销售实训报告》。

课业要求：

（1）本课业应包括学生对所选酒店（或本校专业实习基地）的前厅客房销售的全面总结为基本内容，并分析本次运作中的问题与不足，最后提出改进建议，并包括"关于'能力与道德领域'其他训练的补充说明"等内涵。

（2）报告格式与体例参照本教材"课业范例"的范例综-3。

（3）各组的《××酒店前厅客房销售实训报告》初稿必须先经小组讨论，然后才能提交班级交流讨论。

（4）经过班级交流讨论的《××酒店前厅客房销售实训报告》由各小组进一步修改与完善。

（5）《××酒店前厅客房销售实训报告》定稿后，在其标题下注明"项目组长姓名"和"项目组成员姓名"。

（6）将附有"教师点评"的优秀实训报告在班级展出，并纳入本校该课程的教学资源库。

◖ 单元考核 ◗

考核要求：同第1章"单元考核"的"考核要求"。

第3章
总台接待

学习目标

通过本章学习，应该达到以下目标：

理论目标：学习和把握客房状态的类型、影响客房状态的因素、接待员客房分配的技术；能用所学理论知识指导"总台接待"的相关认知活动。

实务目标：学习和把握总台接待的准备工作，客房状态控制，散客、团队、VIP、商务行政楼层总台接待的程序，入住登记中常见问题及处理方法，接待员客房销售技巧，"业务链接"所及相关业务等知识；能用所学实务知识规范"总台接待"的相关技能活动。

案例目标：能运用所学的"总台接待"的概念和观念研究相关案例，培养和提高在特定业务情境中分析问题与解决问题的能力；能结合"总台接待"教学内容，依照"职业道德与企业伦理"的行业规范或标准，分析企业行为的善恶，强化职业道德素质。

实训目标：参加"总台接待"业务胜任力的实践训练。在了解和把握本实训所涉及"能力与素质领域"相关"技能点"的"规范和标准"基础上，通过切实体验"总台接待"各实训任务的完成、系列技能操作的实施、《××酒店总台接待实训报告》的准备与撰写等有质量、有效率的活动，培养"总台接待"的专业能力，强化"信息处理"、"与人交流"、"与人合作"、"解决问题"和"革新创新"的职业核心能力(中级)，并通过"认同级"践行"职业情感"、"职业态度"、"职业良心"、"职业作风"和"职业守则"等规范，促进健全职业人格的塑造。

引例　塑造一张"脸"，打造一个店

背景与情境：美国一家酒店的老门童要退休了，当时美国总统亲自表示挽留，其退休后又派人送花篮表示感谢。老门童和总统并不沾亲带故，是什么原因使得总统这样做呢？是因为这家酒店经常接待美国参、众两院的会议，多年经验使得老门童能大声喊出每个人的名字，准确无误地为客人们点好合口味的菜式，引导他们的座车停在熟悉的泊位……这一切给人们留下了难忘而美妙的回忆。有的酒店总台会给入住的宾客（尤其是外宾）提供一张本酒店的名片，以备外地客人外出回酒店之用；有的酒店在总台摆设薄荷糖果盘，供抵店、离店之际经过总台的客人随意拿取供祛除口腔异味之用。

总台是酒店的一张名片，是酒店的脸面所在。为了打造一个店，各大酒店竭尽所能塑造"总台"这张"脸"，在客人心目中树立良好的第一印象。

问题：总台接待怎样才能做得更好？

总台，<u>是前厅服务与管理的中枢，是酒店开展业务活动及实施对客系列服务的综合性部门</u>。总台接待是前厅服务全过程的关键阶段。总台接待工作主要包括接待准备工作、为不同类型客人办理入住登记手续。总台为住店客人所提供的接待服务，具有面对面接触、规程严谨、内容多且复杂、工作效率高等特点，而且对前厅客房销售、协调服务、建账结账、客史建档等多项工作产生重要的影响。

3.1　总台接待概述

前厅部是酒店客房销售的一线。总台销售客房时首先需要了解房态，知道哪些是住客房，哪些是空房，哪些是脏房，哪些是待修房等等，否则无法销售客房。所以，前厅部必须和客房部随时核对房态。

1）客房状态的类型

酒店客房状态通常有以下类型：

（1）VC（Vacant Clean）：已清洁的空房。

（2）VD（Vacant Dirty）：未清洁的空房。

（3）OD（Occupied Dirty）：未清洁的住客房。

（4）OC（Occupied Clean）：已清洁的住客房。

（5）OOO（Out Of Order）：待修房。硬件出现故障，正在或等待维修。

（6）ECO（Estimated Check Out）：预计退房。

（7）NS（No Smoking）：无烟房。

（8）S/O（Slept Out）：外睡房。住店客人外宿未归。

（9）DND（Do Not Disturb）：请勿打扰。

（10）MUR（Make Up Room）：请即打扫。

（11）SK（Skip）：走单房。前厅房态为占用房，而管家房态为空房。

（12）SL（Sleep）：睡眠房。前厅房态为空房，而管家房态为占用房。

（13）CO（Check Out）：走客房。客人已结账离店，房间正在清扫之中。

（14）LB（Light Baggage）：少行李房。携少量行李的住客房。

（15）CI（Check In）：入住房。住店客人正在使用的客房。

（16）CFR（Confidential Room）：保密房。

（17）BR（Blocked Room）：保留房。这是一种内部掌握的客房。酒店提前为大型团体客人（如参加国际会议的客人）预留的其所需要的客房。

2）影响客房状态的因素

客房状态因排房、客人入住、换房、退房、维修、关闭楼层等因素不断地变化，前厅销售人员应随时准确地掌握客房状态，及时传递房态变化的信息。

（1）排房。为了减少客人办理入住登记的时间，接待员为已订房的客人提前做好排房工作。对于已预排好的客房，应将客房状态转换到保留房的状态。必要时应提前一天完成排房工作并把接待要求以书面形式通知到有关部门。

（2）入住。客人入住后，总台接待员应及时将保留房或空房状态转换到住客房状态，并及时通知客房部。

（3）换房。换房是将客人调换出的客房由住客房状态转换成走客房状态，调换进的客房由空房状态转换成住客房状态。接待员还应开具客房变更通知单下发有关部门，作为换房、转换房态的凭证。

（4）退房。总台接待员在接到客人退房离店信息后，应及时将住客房状态转换成走客房状态，并通知客房部。

（5）待修房。客房因设施、设备损坏需要维修而暂时不能销售时，客房部应及时通知总台将此房转换到待修房状态，等得到客房部的恢复通知后再及时取消。

（6）关闭楼层。由于出租率下降，酒店为节约能源、减少成本或利用淡季改造、维修、保养客房，常采用相对集中排房，关闭一些楼层的措施。此时，前厅根据酒店规定，将关闭楼层的客房转换到保留房或关闭楼层的状态。

3）客房状态的显示

房态显示，是指把酒店每一间客房的类别、房态随时准确全面地显示出来。客房状态显示系统，是指用电脑操作系统综合显示客房状态的信息管理系统，具有查询客房类别、客房房态、客房消费等功能，可查询在住、当日入住、预计离店、预计抵达等客人资料。

同步案例3-1

卖重房事件

背景与情境： 凌晨1点，蔡先生从外面应酬回来，拖着疲惫的身躯打开4010房门，心想终于可以好好休息了。打开灯后猛然发现床上赫然躺着一个熟睡的陌生人，而对方也被突如其来的灯光弄醒了，看到有人半夜进来，大呼："你是谁？怎么三更半夜跑到我的房间里来了？"无辜的蔡先生以为自己走错了房间，便拿着房卡来到总台。经服务员读卡确认后，的确是4010的房卡。此时出于职业的敏感，服务员已经察觉到可能是上一班人员卖重房了，赶紧向蔡先生道歉，急忙给客人重新安排了房间。

没过几分钟，被惊醒的4010房间的客人打来了电话，怒吼道："你们怎么搞的，怎么让陌生人来我的房间，房费我不付了，让你们老总马上向我道歉。"说完便啪的一声挂了电话。面对这样难收拾的场面，服务员小英还是第一次碰到，这么晚了，只能请示值班经理，经过值班经理的再三道歉，并答应客人免掉今天的房费，客人的怒气才算平息。

后经调查，原来是中午房间比较紧张，蔡先生的4010房是属于脏房入住，但中班接待员小西忙乱中忘记通知房务中心并及时修改4010房态，蔡先生拿走房卡就出去应酬了，未进入4010房间，楼层服务员在查房时也未发现任何问题，就这样导致了二次卖房的发生。事后，服务员小西依照规定受到处罚。

问题：总台接待员对客房状态如何控制？你认为应该怎样避免类似问题的发生？

分析提示：重房事件，属于总台接待中的"高压线"，总台接待员小西负有不可推卸的责任。为避免类似问题的发生，第一要求员工加强责任心；第二要求总台接待员要熟悉酒店房态，加强房态的显示与控制；第三要求总台接待不仅讲求高效率，更要讲求细致细心。工作中用心、细心是永远没有错的。

3.2　入住接待服务

入住接待服务，是前厅部门童、行李员、接待员、收银员等工作人员协调对客服务的全过程。本节中入住接待服务仅指总台接待员的入住接待服务。接待员根据散客或团队有无预订等具体情况进行接待，对特殊客人，如VIP客人、长住客人等，提供有针对性的个性化服务；同时接待员还应与前厅及客房服务员配合，完成商务楼层的接待服务工作。不同类型的客人入住登记有不同的要求。

业务链接3-1

入住接待服务一般流程

（1）向客人问好，对客人表示欢迎。

（2）确认客人有无预订。

接待预订客人时，可能会遇到以下情况：①当天预订单上没有客人的名字；②客人已经预订，但抵店时同等价格的客房已没有了；③客人停留天数与预订的不符；④预订客人提前抵店。对于以上情况，总台接待人员应灵活处理。

（3）填写住宿登记表。

住宿登记表（Registration Form）至少一式两联，一联交酒店总台收银处保存，另一联交公安部门备案。要正确填写房号、房价、抵离店日期、时间、通讯地址、接待员签名。住宿登记表是有关客人最基本、最原始的资料，一般要求客人用正楷填写，尤其是客人的姓名必须填写清楚，易于辨认。

（4）确定付款方式。

（5）准备客用钥匙。

客用钥匙分为机械式客用钥匙和电子式客用钥匙卡（即房卡），目前主要使用电子式客用钥匙卡。房卡在客人办理完入住登记后由总台接待员制作、发放，每间客房可根据客人数或要求制作多张房卡，对于初次住店客人应主动向客人介绍使用方法。

（6）将客用钥匙交给客人。

（7）将客人的入住信息通知客房部。

（8）制作客人账单。

在账单上打印客人姓名、抵达日期、结账日期、房号、房间类型及房费等，对于使用转账方法结账的客人，一般应制作两份账单：一份账单（A单）是由签约单位支付的款项（如房费和餐费等），是向签约单位收款的凭证；另一份账单（B单）是由客人自付的款项。将账单（一式两联）、住宿登记表和客人信用卡签购单交总台收款员（Cashier）保存。

业务链接3-2

证件的种类

（1）护照：普通护照（Passport）；公务护照（Service Passport）；外交护照（Diplomatic Passport）；官员护照（Official Passport）；特别护照（Special Passport）；团体护照（Group Passport）；联合国护照（United Nations Passport）；海员护照（Seaman´s Passport）。

（2）身份证件：中华人民共和国居民身份证；港澳居民来往大陆通行证；台湾居民来往大陆通行证；回美证（Permit To Reenter The United States）；返日证（Reenter Permit To Japan）；中华人民共和国旅行证；中华人民共和国外国人居留证；中华人民共和国外国人临时居留证；中国人民解放军三总部制发的现役军人身份证件；武警总部制发的武警身份证件。

（3）签证种类及代码：外交签证（W）；公务签证（U）；礼遇签证（Y）；团队签证（T）；互免签证（M）；定居签证（D）；职业签证（Z）；学习签证（X）；访问签证（F）；旅游签证（L）；乘务签证（C）；过境签证（G）；常驻我国的外国记者签证（J-1）；临时来华的外国记者签证（J-2）。

3.2.1 散客接待服务

散客分为有预订散客（VIP除外）和无预订散客，入住登记的程序不同，其相关要求如表3-1所示。

表3-1　　　　　　　　　　　　散客入住登记的程序与要求

程序	要求
1）欢迎客人	（1）客人进入大堂区域，接待员在没有为其他客人提供服务的情况下，在1.5米以外应和客人保持目光接触，主动向客人问好，表示欢迎 （2）如果接待员正在为其他客人提供服务，则要通过礼貌的语言和目光表示已注意到客人的到来，如有其他同事当班则请其立即协助接待客人（或请客人先到休息区稍坐），不能让客人感觉被冷落 （3）如只有一人当班，并无法同时接待两位以上客人时，需要服务过程中每隔一段时间，向在总台的其他客人表示歉意，并尽快处理手头工作，按先来后到、先急后缓原则处理散客接待工作 （4）接待有预订散客:当询问到客人是有预订散客时，将客人提供的信息与预订单上的内容认真核对，对于已付定金的客人，应向客人重申确认已收到的定金数额，并进一步了解客人实际情况与预订是否有变更（实到人数、实要房数） 接待无预订散客:当客人是无预订散客时，主动了解客人所需房间类型及入住天数，并采取从高至低的房价向客人推介客房，必要时提供房间照片供客人参考或安排行李员带客参观房间，与客人确定房型及房数后，查看电脑房态，为客人分配已做好清洁的房间;办理入住登记手续的过程中，除回答客人提问外，还应不失时机地宣传本酒店的特点，介绍餐饮、娱乐、会议等设施和服务项目，使客人加深对酒店服务的认可和信任 （5）如果当客人到达时间较早，未能及时提供已清洁的客房给客人时，应向客人做好解释，建议客人先办理好入住手续，向客人提供存放行李服务，方便客人游玩及用餐

续表

程序	要求
2）为客人办理入住手续	（1）确定房间后，与客人确认房价和离店日期，请客人出示有效证件及进行证件扫描 （2）请客人在登记卡上填写所需内容，核对一切有关文件，并请客人在登记卡上签字 （3）询问客人以何种方式结算，与客人确认房间的价格及退房时间，请客人在入住单上签上全名 对于有预订的贵宾或常客，酒店已经掌握较完整的资料，准备工作可以做得更充分具体，提前准备登记表、欢迎卡、钥匙卡，并装入信封，查验身份证件后，只需在登记表上签名确认即可；对于贵宾提供专人引领、先入房间，在房内办理登记手续的特殊礼遇
3）收取押金，提供其他帮助	（1）若客人以现金结账，视信用情况决定是否预先收取押金；收取押金时应先将客人的资料输入电脑，然后带客人至收银处交押金，或直接收取客人的押金；若客人以信用卡结账，按规定核对并影印客人信用卡，预刷信用卡的授权，把信用卡的卡号输入电脑中，并与登记表订在一起放入客人档案中 （2）入住登记完毕后，询问客人是否需要行李员帮助 （3）接到收银员已收客人押金的通知后，将准备好的房间钥匙和房卡交给客人，告知客人所住房间类别、具体位置，向客人解释房卡的用途（房卡是住客的凭证，凭卡可在使用酒店服务设施时签单记入房账），若有两位以上客人，房卡应该人手一份
4）信息储存	（1）接待客人完毕后，立即将所有有关信息输入电脑，包括客人姓名的正确书写、地址、付款方式、国籍、护照号码、离店日期等，检查信息的正确性，并输入客人的档案中，登记卡要存放进客人入住档案中，以便随时查询 （2）请行李员引领客人进房，同时将入住房号通知房务中心 （3）入住单第一联自存，第二联交收银，第三联交总机

3.2.2　团队接待服务

团队客人人数较多，团队接待与其他客人接待有所不同，其相关的程序与要求如表3-2所示。

表3-2　　　　　　　　　　团队入住登记的程序与要求

程序	要求
1）准备工作	（1）根据团队接待任务通知单中用房、用餐及其他要求，在抵店前进行预排房并确认 （2）提前准备团队钥匙卡、欢迎卡、餐券、宣传品等，并装入信封内；控制已预排好的客房 （3）团队用餐安排提前通知餐饮部或有关餐厅；逐项落实有关车辆、行李员、与团队领队和陪同联系接洽等事宜 （4）当班人员应清楚每个团队领队的名字、联系电话、单位和特殊事项，并做好和房务中心、销售部的沟通
2）迎候客人	（1）团队客人抵店时，大堂副理及销售部的联络员一同礼貌地把团队客人引领到团队接待处，并向客人表示欢迎和问候，根据客人信息查找该团预订单 （2）根据预订单信息与团队领队、导游核对人数、房间数、是否订餐等，内容无误后，团队领队及接待人员要在"团队人员住宿登记表"上签字认可。特殊情况需要增减房间时，礼貌征询领队，并请其签字，然后通知房务中心和收银处做好相应变更。礼貌征询领队团队的活动安排，以便为客人提供服务 （3）团队联络员告知团队领队及客人有关事宜，其中包括早、中、晚餐地点及酒店其他设施，是否安排叫醒服务及离店要求等有关事项

续表

程序	要求
3) 填单，验证，分房	（1）请领队提供入住客人名单，查验团体签证或个人身份证件，对所有团员有效证件进行登记、扫描，境外人员需要——填写境外人员临时登记表，境内人员需要填写团队资料登记表 （2）询问客人以何种方式结算，房间是否开外线、杂项收费方式（如果领队确认是入房账结算，需请领队协助提供可入房账客人的名单，并在入住单上注明其签名模式方便客人消费），待确认以上内容后请领队在入住单上签名确认，如团队是挂账的可免去每人填单，由领队统一签单 （3）接到收银员已收客人押金的通知后，将准备好的钥匙和房卡交给领队，并告诉领队房间的具体位置，由领队将预订房间分配给客人，若客人以现金结账，酒店预先收取客人的押金 （4）VIP团入住时，可先发房间钥匙给客人，让客人先进房，留下领队及陪同办理入住登记即可（注：全陪为某团队在组团、发团时的随行导游，地陪为当地旅行社导游，所有房间费用、结账事宜均与地陪确认，所有团队房间房价对全陪及团员保密，团队入住后相关事宜则与全陪确认）
4) 信息储存与传递	（1）接待客人完毕后，将入住团队的信息输入电脑，包括离店时间、客人数、房数等，并将该团领队的姓名及房号通知房务中心（开陪同房前一定要先通知楼层，旅行社陪同按合同规定只提供床位，费用以床位计算，通常一间房可以安排两至三个陪同床位，在安排床位时要注意技巧，一般安排同类旅行社陪同一起，或司机与司机、地陪与地陪一起） （2）总台接待人员将准确的房号、名单送到行李部，请行李员引领客人进房，同时将入住房号通知房务中心 （3）将团队接待单或相关服务要求送往有关部门，同时制作团队主账单及个人消费分账单，送收银处

同步思考3-1

团队接待与散客接待是否相同？为什么？

理解要点： 团队与散客的特点不同，需要注意根据团队与散客的区别，细致周到地做好团队的总台接待。

在房间上，团队房间在5间以上；在房价上，团队房价远远低于散客价格，且房价一般对在住团员及领队均为保密；在付款方式上，团队房费统一由旅行社支付，房间如果客人无交付押金，在酒店除房租外的消费需要客人当时付清；散客在消费限额范围之内的、在酒店任何场所的消费均可记入房账，离店时统一结清；团队人员活动较为集中，出入时间较有规律，统一住店，统一退房。

3.2.3 VIP接待服务

VIP（Very Important Person）是酒店的贵宾，是对酒店影响较大的客人，这类客人通常包括同行业的高层管理者和职位较高或社会影响较大的政界、文化界、体育界的名人等。有的酒店将这类客人又进行划分，分为VIP1、VIP2等，VIP接待服务程序较之一般入住客人的接待，要求更加规范和严格，通常由酒店成立专门接待组，确定接待规格与接待程序。VIP入住登记的程序与要求见表3-3。

表3-3　　　　　　　　　　　　　VIP入住登记的程序与要求

程序	要求
1）VIP客人抵达前的准备工作	（1）提前一天预分次日将到的VIP客房，并请大堂副理批准后报送客房部、餐饮部及其他相关部门。分房时注意，客房必须是清洁过的空房，千万不能预分第二天才离店的客房。如果客房紧张，分房顺序为：首先分给VIP1级、VIP2级客人等依次类推 （2）夜班总台员工必须准备好所有第二天将抵达的VIP客人抵达通知单，以及"入住登记表"和"入住欢迎卡" （3）第二天早上，由大堂副理负责核对所有VIP客人抵达通知单，以及"入住登记表"、"入住欢迎卡"，确保所有内容正确无误 （4）总台领班根据所分配的房号，制作房卡（钥匙）
2）VIP客人抵达前大堂副理的准备工作	（1）根据预订要求，确认VIP客房的布置规格，填写VIP客房特别布置申请表，报请客房部经理审批 （2）审阅当天VIP客人预订单，确认所有客房的房型、抵离日期、房价、抵达时间，以及其他特殊要求是否落实无误 （3）所有VIP房必须在客人抵达至少1小时前，按照VIP房检查单，仔细检查一遍 （4）查房主要检查以下几个方面：卫生状况、小酒吧是否按规定的数量放置、电视机的节目频道是否与电视指南相符、VIP布置规格是否落实、房内的物品摆设是否齐全、位置是否正确、电话号码及线路是否正确、所有的灯具和床头控制器及电力供应是否正常 （5）根据需要，对VIP1级客人分配礼宾员，准备专用电梯迎接客人进房 （6）任何临时的更改，都必须及时通知相关部门
3）VIP客人抵达时的迎接与入住登记	（1）大堂副理根据VIP接待规格要求，在客人抵达前20分钟通知有关接待人员前来大厅等候，并告知接待人员客人具体抵达时间 （2）若VIP客人由酒店派专车迎接，酒店代表接到客人后应立即通知大堂副理客人抵店的时间 （3）大堂副理须保证门口车道畅通无阻，大厅门童、行李员根据接待规格的要求都已经做好准备待命 （4）所有接待人员在客人到达前10分钟都必须到达大厅准备欢迎 （5）根据酒店需要，提前5分钟准备专用电梯，由大堂副理负责指定迎宾员开电梯 （6）客人抵达酒店时，由保安开车门并用酒店标准语言欢迎客人光临本酒店 （7）大堂副理代表酒店欢迎客人，并把客人介绍给主要负责接待的总经理或副总经理，必要时通知有关部门经理和员工列队欢迎 （8）负责接待的总经理、副总经理、大堂副理陪同客人直接进房 （9）客房部经理率当班管理人员及优秀服务员在楼层迎接 （10）客房部经理或大堂副理向客人简单介绍酒店的服务设施和客房设施，并负责办理客人入住登记 （11）总经理、副总经理、客房部经理、大堂副理与客人暂别，并祝愿客人入住愉快 （12）大堂副理负责保证VIP客人行李正确无误地送至客房 （13）在贵宾入住5分钟内，根据客人人数送上欢迎茶和小毛巾 （14）销售部准备名人题词、签名簿，供VIP客人留言 （15）总台、总机、房务中心要熟悉VIP客人的房号、姓名、职务，当接到客人打来的电话时，应立即称呼客人的姓氏、职位，为客人提供服务

程序	要求
4）信息储存	（1）复核有关VIP客人资料的正确性，并准确输入电脑 （2）在电脑中注明VIP客人以提示其他部门或人员注意 （3）为VIP客人建立档案，并注明身份，作为日后订房和查询的参考资料
5）VIP客人退房	（1）确定VIP客人退房时间后，大堂副理必须通知总台收银处提前20分钟准备好客人的所有账单资料 （2）所有客人入住时的账单都必须由大堂副理亲自审阅，以防有任何差错，如有问题应提前解决 （3）大堂副理通知总经理、副总经理、客房部经理、销售部经理及其他有关部门经理在大厅欢送客人 （4）大堂副理通知礼宾员收取VIP客人行李的时间 （5）大堂副理负责安排好VIP客人的交通工具 （6）当客人到达总台收银处时，由大堂副理协助客人办理退房手续 （7）退房结束，总经理、副总经理、销售经理、大堂副理等为客人送行并告别，必要时通知有关部门经理列队欢送

职业道德与企业伦理3-1

一位VIP客人的遭遇

背景与情境： 酒店即将到店的客人中，有两位是日本某跨国公司的高级行政人员。该公司深圳方面的负责人员专程赴酒店为这两位客人预订了行政楼层的客房，并要求酒店安排VIP接待，该公司其他客人的房间则安排在普通楼层。客人到店之前，相关部门均做好了准备工作。就在一切准备就绪，等待VIP客人到店之际，其中一位VIP客人出现在酒店，并声称已入住在普通楼层的客房。

经过一番查证，发现客人确已下榻酒店普通楼层的客房。但这并非客人要求，而是由于接待员的工作失误造成的。VIP客人与其他客人一行三人抵达酒店时，这三位客人自称来自同一公司，又是一起抵达酒店，总台接待员A只核实了第一位客人的姓名与预订单上客人姓名相符，未进一步在电脑系统中查询另外两位客人的预订。这张预订单上是三位该公司本应入住普通楼层客人的预订，A在只核实了其中一位客人入住普通楼层的情况下，不经进一步核实就将本应入住行政楼层客房的客人与其他客人一同安排在普通楼层。A主观认为是预订单上将客人姓名写错，将预订单上的客人名字更改成已入住客人。实际应入住普通楼层的客人在抵店时，其中一位接待员B无法查到该客人的预订。B虽然在客人出示该公司名片后确认了身份，并马上安排此客人入住，但已使客人对酒店的服务水平产生质疑。

问题： 接待员的行为符合酒店职业道德和企业伦理要求吗？你认为应该如何改变？

　　分析提示：VIP客人接待工作的失败，是因为当班员工未能引起足够的重视，当值主管未尽其监督之职。接待员的行为不符合酒店职业道德和伦理要求。总台接待员应端正工作态度，加强工作的细致性和准确性，认真对待每个工作细节，踏实完成每个工作步骤，为客人提供周到优质的服务。

3.2.4　商务行政楼层接待服务

　　商务行政楼层（Executive Floor）是高星级酒店（通常为四星级以上）为了接待高档商务客人等高消费群体客人，向他们提供特殊的优质服务而专门设立的楼层，商务行政楼层被誉为"店中之店"。住在商务行政楼层的客人，不必在总台办理住宿登记，客人的住宿登记、结账等直接在商务行政楼层由专人负责办理。另外，在商务行政楼层通常还设有客人休息室、会客室、咖啡厅、报刊资料室、商务中心等，因此商务行政楼层集酒店的总台登记、结账、餐饮、商务中心于一身，为商务客人提供更为温馨的环境和各种便利，让客人享受更加优质的服务。商务行政楼层的接待程序和要求见表3-4。

表3-4　　　　　　　　　　　　商务行政楼层的接待程序和要求

程序	要求
1）准备工作	商务行政楼层的客人同时也是酒店的VIP客人，准备工作与VIP接待程序大致相同
2）客人入住接待（一般实行专人跟踪服务）	（1）客人在大堂副理或GRO（客户关系主任）陪同下走出电梯来到商务行政楼层服务台后，行政楼层经理或主管应微笑站立迎客并自我介绍，请客人在接待台前坐下 （2）将已准备好的登记表取出，替客人填写登记卡，请客人签名确认，注意检查并确认客人护照、付款方式、离店日期与时间等内容，将已经准备好的欢迎信及印有客人姓名的烫金私人信封呈交给客人，要求整个服务过程不超过5分钟 （3）主动介绍商务行政楼层设施与服务项目，包括早餐时间、下午茶时间、鸡尾酒时间、图书报刊赠阅、会议室租用服务、商务中心服务、免费熨衣服务、委托代办以及擦鞋服务等。接待员应主动邀请新入住客人接受早餐、下午茶或鸡尾酒的服务 （4）走在客人左前方或右前方引领客人进房间；告诉客人如何使用房卡，同时将欢迎卡交给客人；介绍房内设施，预祝客人居住愉快 （5）通知礼宾部行李员，10分钟内将行李送至客人房间
3）欢迎茶服务	客人登记入住时，接待员为客人提供欢迎茶 （1）事先准备茶壶、带垫碟的茶杯、一盘干果或巧克力糖果饼干和两块热毛巾 （2）称呼客人的姓名，表示问候并介绍自己；同时，将热毛巾和茶水送到客人面前 （3）如果客人是回头客，应欢迎客人再次光临
4）鲜花、水果服务	（1）依据确认的抵店客人名单准备好总经理欢迎卡、商务行政楼层欢迎卡 （2）将需要补充鲜花、水果的房间在住店客人名单上做好标记 （3）将鲜花、水果、刀叉和餐巾备好，装上手推车送入客房，并按规定位置摆放好 （4）做好记录，根据次日预抵店名单填写申请单，以备用 提醒：鲜花、水果一定要保证质量。根据客人的口味、喜好补充；补充时，要将不新鲜的花和水果撤出，更换用过的刀叉

续表

程序	要求
5）早餐服务	配合餐饮部人员，在开餐前 10 分钟做好全部准备工作，包括将自助餐台摆好、将食品从厨房运至餐厅、将餐桌按标准摆放、更换报纸杂志、调好电视频道、在每张餐桌上放好接待员名片等 （1）称呼客人姓名并礼貌地招呼客人；引领客人至餐桌前，为客人拉椅子、让座；将口布打开递给客人；礼貌地询问客人是用茶还是咖啡 （2）礼貌地询问客人在收银台结账还是将账单送至收银台 （3）客人用完餐离开时，应称呼客人姓名并礼貌地告别 （4）统计早餐用餐人数，做好收尾工作，配合客房部服务员做好场地清理工作 提醒：可根据计算机提供的住店客人名单确认用餐客人姓名，餐具在客人用过后 1 分钟内撤换，始终保持自助餐台整洁
6）下午茶服务	商务行政楼层免费下午茶服务时间为每天 16：00—17：00 （1）提前 10 分钟按要求准备好下午茶台，包括茶、饮料和小点心等 （2）微笑、主动地招呼客人，引领客人至餐台前，为客人拉椅子、让座，并询问房号，请客人随意饮用 （3）注意观察，客人杯中饮料不足 1/3 时，要及时询问、续添，将用过的杯盘及时撤走 （4）在 17：00 下午茶结束 5 分钟前，通知客人免费服务即将结束 （5）客人离开时应向其表示感谢，并与客人道别 （6）填写记录表，如客人消费超过了免费时间，账单由客人签字后记在客人账户上
7）退房结账服务	（1）提前一天确认客人结账日期和时间 （2）询问客人结账相关事宜，如在何处结账、用何种付款方式、行李数量、是否代订交通工具，并及时检查酒水 （3）将装有客人账单明细的信封交给客人；请客人在账单上签字，将第一联呈交客人，询问客人结账方式，如果付外币，请客人到前厅外币兑换处办理，如刷卡则使用刷卡机 （4）通知行李员取行李，代订出租车 （5）询问是否需要做"返回预订" （6）感谢客人入住并与之告别

同步思考3-2

长住客人与 VIP 客人接待服务的程序和标准是否相同？为什么？

理解要点：长住客人是与酒店签订合同并且至少住宿一个月的客人，是否及为什么与 VIP 客人接待服务的程序和标准相同，应对照长住客人接待服务的程序和标准来回答。

长住客人与 VIP 客人接待服务的程序和标准稍有不同。

1）长住客人抵店时的接待

当长住客人抵达酒店时，按照 VIP 客人接待程序和标准进行。

2）收取押金

（1）若客人以现金结账，酒店预先收取客人的押金。

（2）若客人以信用卡结账，接待人员按规定核对并影印客人信用卡，把信用卡的卡号输入电脑中，并与登记表订在一起放入客人档案中，以便随时查询。

（3）为客人建立两张账单，一份为房费单，另外一份为杂项账目单。

3）信息储存

（1）客人接待完毕后，总台接待员立刻将所有信息输入电脑，包括客人姓名的正确书写、地址、付款方式、国籍、护照号码、离店日期等，并在电脑中注明为长住客、一般长住客（LS）、小包价长住客（LP，房费包早餐）。

（2）检查客人信息的正确性，确认无误后，为客人建立档案或输入客人的档案中。

3.2.5　入住登记中的常见问题及处理方法

1）无房

遇到客人到达却无房入住的情况，如果该（批）客人是超额预订的客人，酒店应负责将其安排到就近的星级级别相近的酒店，并承担交通费用。如果是没有预订的散客，酒店可以介绍几家同等星级的酒店给客人，并可以主动帮助预订。也可以将客人列入等候名单，一旦有取消预订或有预订但到时未达的客人，立刻将房间安排给等候客人。

同步案例3-2

巧妙提醒房间客人办理退房

背景与情境：在酒店经营的旺季，往往出现前面入住客人还未办理退房而后面就有等待入住的客人抵店的情况。一日，某酒店总台接待员小张接待了一位刚从外地来的预订客人，在办理入住的时候，小张发现该客人所预订房间尚未退房。已入住客人本该当天退房，现在已是11点40分。于是，小张立即安排抵店客人到大堂吧休息等候，并及时拨打了该房间的电话。电话被接起，小张从容不迫、客气地问询道："××先生，您好！我是总台的服务员，请问您打算什么时间离店，以便我们及时给您安排好行李员和出租车。"此刻正在房间收拾行李的客人立即明白了其中的意思，笑道："我马上下楼，并麻烦你们帮忙叫一辆的士。"

问题：该总台接待员的退房提醒是否恰当？为什么？

分析提示：上述案例中，总台接待员小张的提醒恰到好处。凡是入住酒店的都是尊贵的客人，不能"人走茶凉"，不恭地对待即将离店的客人。但在酒店经营的旺季，为了尽快安置新抵店客人，有时又需要对即将离店的客人做好提醒工作。只要在做提醒的时候注意措辞委婉，同样能够给客人留下良好印象。

2）换房

为了提前做好接待准备工作，总台一般会给预订的客人预分房，这有助于加快抵店客人入住登记的办理，但往往也会出现客人对预分房间状况不满意的情况；还有客人入住以后，发现不合适而要求换房的。

（1）询问换房的原因。

（2）查询房态，了解是否有符合客人要求的空房。如果没有，则应安抚客人，答应一旦有合适的房间马上安排给客人。如果有合适的空房，则向客人介绍、推荐。

（3）填写房间变更通知单，并更改房卡以及相关的入住信息。

（4）把变更通知单一式四联送预订员、收银员、行李员、房务中心存档。

（5）填写客房状况调整表，并与楼层核实住宿更改的落实情况。

（6）将换房记录在客史档案上。

3）加床

成年人入住客房需要加床的，收加床费。儿童与父母同住需要加儿童床时，不加收床费。填写"加床通知单"，通知客房部为客人加床，并通知收银处，更改电脑房态信息。

4）延住

已经入住的客人，由于计划变动等原因，可能会提出延住请求。接待员需按以下程序处理：查看房态，看实际接待情况是否能够让客人延长住宿；如果不能满足客人的延住需要，则应该耐心向客人解释清楚，并积极协助联系其他酒店；如果能够延长住宿，要通知客人到总台确定支付方式；若涉及因延住调换到新的客房，需要填写"房间变更单"。

5）登记时客人不愿填写某些项目

耐心地向客人解释填写住宿登记表的必要性；若客人怕麻烦或填写有困难，可以代其填写，只要求客人签字确认即可；若客人有顾虑，怕住店期间被打扰，而不愿他人知其姓名、房号或其他情况，可以告诉客人，酒店可以将客人的要求输入电脑或记录下来，通知有关接待人员，保证客人不被打扰。

6）来访者查询住房客人

查到房号后，应先与住客电话联系，征得住客的同意后，再告诉访客："客人在××房间等候。"

7）住店客人要求保密

接待员对于客人入住时提出的不接听电话、不接待来访客人、房号保密等特殊要求，应予以高度重视，立即在电脑中做特殊标记，并通知总机、客房部、保安部等部门和岗位，不应草率行事，引起客人的投诉。在值班日志上做好记录，记下客人姓名、房号及保密程度。有人访问要求保密的客人时，一般以客人没有入住或暂时没有入住为理由予以拒绝。通知总机做好客人的保密工作。来电话查询要求保密的客人时，总机的接线员应告诉来电话者该客人未住店。

8）客用房卡丢失

客用房卡丢失，应马上检查丢失原因，采取必要的措施及时处理以保证客人的生命财产安全。客房部经理应亲自查找，并报告值班经理，更改房卡密码，并督促服务员，细细回忆，做好记录。如未找到，通知大堂副理，由其出面与客人交涉有关索赔事宜。报前厅部经理，由其签发配换房卡的通知，下单请工程部人员进行换锁，换锁原因及房卡号码须在房卡记录簿中记录备案。

9）客人有不良记录

接待员在遇到有不良记录的客人光顾酒店时，凭以往经验或客史档案，要认真、机智灵活地予以处理。对于信用程度低的客人，通过确立信用关系、仔细核验、影印信用卡、收取预付款等方式，确保酒店利益不受损失，及时汇报有关处理的情况。对于曾有劣迹、可能对酒店造成危害的客人，则应以"房间已全部预订"等委婉的说法，巧妙地拒绝其入住。

教学互动3-1

记住客人的姓名

一位外国客人第一次入住酒店，总台接待员从登记卡上看到客人的名字，迅速称呼他以表欢迎，客人先是一惊，陌生感顿时消失，显出非常高兴的样子。一位常住的外国客人从酒店外面回来，当他走到总台，还没等他开口，接待员就主动微笑地把房卡递上，并轻声称呼他的名字，客人大为吃惊，因为酒店对他留有印象，使他产生一种强烈的亲切感，旧地重游如同回家一样。一位VIP随陪同人员来到总台登记，接待人员通过接机人员的暗示，得悉其身份，马上称呼客人的名字，并递上打印好的登记卡请他签字，客人感到自己的地位不同，由于受到超凡的尊重而感到格外开心。

互动问题：总台接待员需要记住客人的名字吗？这种做法可获得哪些好处？

要求：同"教学互动1-1"的"要求"。

3.2.6 接待员的客房分配技术与销售技巧

1）客房分配顺序

客房分配是指当天客人来到时，为客人预先安排好房间，这样可以减少客人的入住时间，同时可使客人尽快离开柜台到房间休息。客房分配由总台接待员负责，通常可按下列顺序进行：

（1）团体客人。

（2）重要客人（VIP）。

（3）已付订金等保证类预订客人。

（4）要求延期之预期离店客人。

（5）普通预订客人，并有准确航班号或抵达时间。

（6）常客。

（7）无预订的散客。

（8）不可靠的预订客人。

2）客房分配原则

分配客房时，要根据客人的要求，例如，房间类别、房间方向、房间楼层、熟客对某房间的特别爱好。散客安排在高层。团队客人安排在较低楼层，并且尽量安排在同一层楼、同一房间类别，房号最好是连续的，以免引起同一团体的其他客人的异议。大型团队，可适当分散在不同的楼层，避免行动集中出现拥堵的状况。老幼及行动不便的客人尽量安排在靠近服务台或电梯的房间。因语言、风俗习惯等不同，内宾和外宾应该分别安排在不同楼层。

3）客房销售技巧

商务客人对房价不太敏感，但要求房间安静，可安排他们入住房价较高、楼层较好的套间，也便于他们接待客人。旅游客人一般白天外出旅游购物，在房间逗留的时间较短，可将这些客人安排在经济型房间。尊重不同客人的风俗习惯，在楼层、房号安排以及房间的摆设装饰上不要冒犯客人的忌讳。例如，西方人忌讳"13"，菊花被视为丧葬用花；日本人忌讳"4"、"9"等。在对散客排房时要特别留意，尽量按客人的要求排房，如果来客表示有两间预订房间的客人是朋友或相熟的，应尽量安排在相邻房间。为了使酒店的高档客房有较高的销售量，应该有技巧地使无预订客人入住高档客房，但切记不能用欺骗或过分推荐的手段。如果客房不足，可以采用以下方法补救：使用前一晚或当天不到的预订；有技巧地使客人提前离店；谢绝客人的任何延期或延时离店；必要时，由前厅部经理决定是否为客人另找酒店；某类别客房不足时，由前厅部经理批准，优待客人到高一级的房间类别，酒店按照客人原来房间类别的房价收费，被优待客人的逗留时间需在一天或二天以内，以免酒店损失太多，通知客人已经被优待，以免客人误会酒店的房间价值。

教学互动 3-2

处理升级房

背景与情境：某日晚上，分别有两位客人登记入住，A客人订了豪华房，B客人订了商务房（豪华房比商务房贵100元）。由于当天没有可用的商务房给B客人，所以接待员就把B客人订的商务房升级为豪华房，并且开房时向B客人解释清楚，可以让B客人以商务房的房价入住豪华房，B客人很高兴。旁边的A客人听了就眼红了，认为大家都住豪华房，为何B客人的价钱比自己的便宜，心理很不平衡，于是要求也要以商务房的价钱入住豪华房。

互动问题：酒店为什么给B客人升级房间？如何解决A客人要求升级房间的问题？

要求：同"教学互动1-1"的"要求"。

本章概要

☐ 内容提要与结构

▲ 内容提要

● 总台接待是酒店接待服务中的关键环节之一。总台接待工作的质量直接影响着酒店的社会效益进而影响其经济效益。

● 总台接待的准备工作主要包括掌握酒店房间状态、预期抵达客人名单及离店客人名单、重要客人名单等，熟悉相关客房状况报表，制订客用房预分方案，做好团队抵店前核对工作，检查待出售房间，准备入住资料。

● 客房状态控制主要采取制作客房控制表格、沟通房态信息、防止客房状况差异三种方法。

● 散客、团队、VIP接待服务、商务行政楼层接待服务都有各自具体的程序和要求。

● 入住登记中遇到无房、换房、加床、延住等常见问题，根据具体问题采取相应的处理方法。

● 总台接待员应遵循客房分配顺序和原则分配客房，运用销售技巧销售客房。

▲ 内容结构

本章内容结构如图3-1所示。

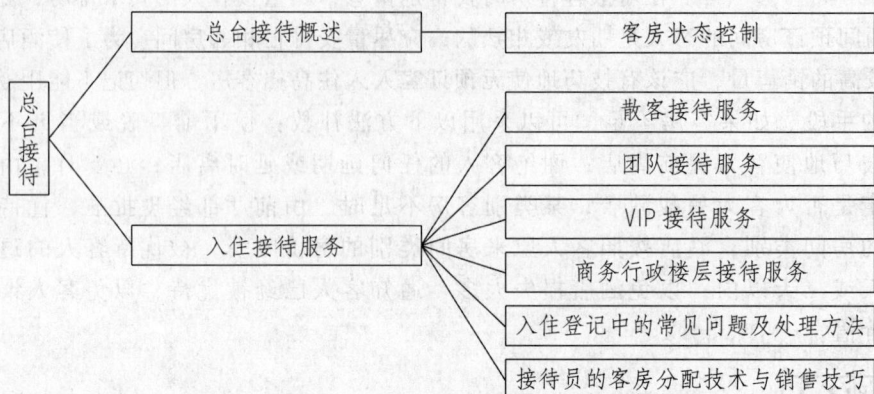

图3-1　本章内容结构

□主要概念和观念

▲主要概念

总台　房态显示　入住接待服务

▲主要观念

客房状态的类型　影响客房状态的因素　接待员的客房分配顺序和原则

□重点实务与操作

▲重点实务

接待准备　客房状态控制　散客接待服务程序　团队接待服务程序　VIP接待服务程序　商务行政楼层接待程序　入住登记中常见问题及处理方法　接待员的客房销售技巧　相关"业务链接"

▲重点操作

总台接待

═ 基本训练 ═►

□理论题

▲简答题

1）客房状态类型有哪些？

2）客房分配的顺序是什么？

3）客房分配的原则是什么？

▲讨论题

1）总台接待的特点有哪些？

2）影响客房状态的因素与客房状态的关系是什么？

□实务题

▲规则复习

1）散客接待服务程序是什么？

2）VIP接待服务程序是什么？

3）商务行政楼层接待服务程序是什么？

▲业务解析

1）正值秋日旅游旺季，有两位外籍专家出现在上海某大酒店的总台。当总台服务员小刘（一位新手）查阅了订房登记簿之后，简单化地向客人说："已订了708号房间，你们是只住一天吧。"客人们听了以后就很不高兴地说："接待我们的工厂有关人员答应为我们联系预订客房时，曾问过我们住几天，我们说打算住三天，怎么会变成一天了呢？"小刘机械呆板地用没有丝毫变通的语气说："我们没有错，你们有意见可以向厂方人员提。"客人此时更加火了："我们要解决住宿问题，我们根本没有兴趣也没有必要去追究预订客房的差错问题。"一时之间形成僵局。

遇到此类事件，总台人员在处理时应掌握什么原则？如果现在请你出任此酒店的总台主管，你认为应该怎样做才能圆满处理此事件？

2）住在上海某酒店的一位外籍散客要去南京办几天事，然后仍旧要回上海出境归国，所以在离店时要求保留房间。总台服务员小吴在回答客人时不够策略，小吴的话是："客人要求保留房间，过去没有先例可循，这几天住房紧张，您就是自付几天房金而不来住，我们也无法满足您的要求！"客人碰壁以后很不高兴地准备离店。

遇到此问题，总台人员在处理时应掌握什么原则？如果你是总台接待员小吴，你认为应该怎样做才能挽留住客人？

□案例题

▲案例分析

离奇的分重房事件

背景与情境： 一天早晨，一位姓董的客人到总台要求办理0815房结账手续，接待客人的是总台接待员小魏。董先生表示该房由他和朋友共同住宿，他的朋友中午12：00离开，而他因要赶往外地签合同，必须马上离开。因房间费用由董先生支付，所以这位客人要求立即结账。小魏犯了难，按照酒店规定，客人必须完全离开房间，方可作退房处理，客人将所有费用结清后，才能取走剩余押金。经协商，董先生同意在其朋友中午12：00离开房间后退房，剩余的押金待其返回饭店后取走。因害怕押金单丢失，董先生执意将其留在总台，接待员小魏请董先生将身份证号码和电话号码写在押金单背面以便下次办理退款手续，之后未核查客人信息，便收下了客人的押金单。

临近中午，另一位客人汪先生到总台办理0815房退房手续，接待客人的是总台接待员小王。小王并不知道董先生的情况，于是按照酒店程序，开始为汪先生办理退房手续。楼层服务员查房后告诉小王房内有客人睡觉，等候在总台结账的汪先生得知此情况后立即跳了起来，他情绪激动地嚷着："不可能，0815房是我昨晚给客户开的房间，客户因故未来酒店住宿，房间怎么会有人呢？"汪先生认为酒店存在安全隐患，要求报案，并拒付房费。

汪先生的怒吼声惊动了总台接待员小魏，当他得知客人要办理0815房退房手续时，猛地想起早上接待过的董先生，于是急忙找出董先生的押金单查看，原来董先生押金单上的房号是0805。接下来又有一件麻烦事发生了，正在0815房休息的客人因楼层服务员查房时打扰了他的睡眠，便气冲冲地来到总台，质问接待员为什么没有按照事先约定的中午12：00结账，客人认为酒店不讲信誉，出尔反尔，一气之下将房卡甩给了总台，小王拿起房卡一看房号是0815房。顿时，两位接待员陷入了尴尬的境地。

就在客人在总台争执不休时，大堂副理赶了过来。经过反复核查，事情真相终于水落石出。前一天晚上10：00，汪先生在总台开了0815房，三小时后，董先生到总台登记入住，接待员为其开了0805房，客人的押金单、登记单、电脑信息的房号均是0805房，但房卡、钥匙却被接待员做成了0815房。幸好汪先生的客户因故未到酒店住宿，董先生和他的朋友才未受到惊扰。两位客人均要求减免房费，酒店无奈之下只得让步。

（资料来源　佚名.前台经典案例[EB/OL].[2012-03-27].http：//www.doc88.com/p-786671132672.html.原文经改编）

问题：

1）总台分重房会给酒店带来什么坏处？

2）你认为造成案例中一系列问题的原因是什么？

3）为了避免发生总台分重房的事件，你有哪些建议？

分析要求：同第1章本题型的"分析要求"。

▲善恶研判

半小时住房

背景与情境：某天深夜，一位客人来到某三星级酒店总台要求住宿。总台接待员礼貌地按常规问他：

"您好，先生，欢迎光临。请问您需要什么样的房间？"

"随便。"客人答道。

"请问先生一个人吗？那我为你准备一个豪华单人间吧，房价是480元/间/天。"接待员依然热情地说。

"行，快点。"客人不耐烦地说。

"您住一天吗？"

"是，就一晚。"客人说着扔出了身份证，让总台接待员帮他登记，随即快速地交了押金，拿了房卡便去了房间。

谁知，总台刚刚完成通知房务中心该房入住、开通该房电话、检查完该客人的登记单并输入电脑等一系列工作，就听到客梯"叮咚"一声，刚才的那位客人又下来了，并且来到总台要求退房。理由是他不满意该酒店的客房，不想住了，并且说他没动过房间，所以酒店不应收取任何费用。

（资料来源　佚名.酒店前厅案例[EB/OL].[2012-07-08].http：//www.canyin168.com/glyy/qtgl/qtal/201207/43613.html.原文经改编）

问题：

1）总台接待员可以采用的处理方法有哪些？

2）通过网上或图书馆调研等途径搜集你所作处理方法所依据的行业规范。

3）本案例给酒店管理人员的启示是什么？

研判要求：同第1章本题型的"研判要求"。

□实训题

"总台接待"业务胜任力训练。

【实训目的】

见本章"章名页"之"学习目标"中的"实训目标"。

【实训内容】

专业能力训练：其"领域"、"技能点"、"名称"和操作"规范与标准"见表3-5。

表3-5　　　　　　　　专业能力训练领域、技能点、名称及其参照规范与标准

能力领域	技能点	名称	参照规范与标准
总台接待	技能1	接待准备与客房状态控制技能	（1）能较有效地做好总台接待准备工作 （2）能正确地控制客房状态
	技能2	总台接待技能	（1）能按照相应的程序和要求，较规范地进行散客、团队、VIP客人和商务行政楼层的总台接待和填写入住登记表 （2）能较好地处理总台接待中的常见问题
	技能3	接待员客房分配与销售技能	（1）能根据客房分配顺序和原则，预先安排客房 （2）能通过了解和把握客人的偏好与需求，根据酒店客房状况，选择合适的客房销售
	技能4	撰写《××酒店总台接待实训报告》技能	（1）能合理设计《××酒店总台接待实训报告》的结构，层次较分明 （2）能依照商务应用文的规范撰写《××酒店总台接待实训报告》 （3）本教材"网络教学资源包"的《学生考核手册》中考核表3-2所列各项"考核指标"和"考核标准"

职业核心能力和职业道德训练：其内容、种类、等级与选项见表3-6；各选项的操作"规范与标准"见本教材附录三的附表3和和附录四的附表4。

表3-6　　　　　　　职业核心能力与职业道德训练内容、种类、等级与选项表

内容	职业核心能力						职业道德						
种类	自我学习	信息处理	数字应用	与人交流	与人合作	解决问题	革新创新	职业观念	职业情感	职业理想	职业态度	职业良心	职业作风	职业守则
等级	中级	中级	中级	中级	中级	中级	中级	认同级	认同级	认同级	认同级	认同级	认同级	认同级
选项		√		√	√	√	√		√		√	√	√	√

【组织形式】

将班级学生分成若干实训小组，根据实训内容和项目需要进行角色划分。

【实训任务】

（1）对表3-5所列专业能力领域各技能点，依照其"参照规范与标准"实施应用相关知识的基本训练。

（2）对表3-6所列职业核心能力选项，依照本教材附录三的附表3的"参照规范与标准"实施应用相关知识的"中级"强化训练。

（3）对表3-6所列职业道德选项，依照本教材附录四的附表4的"规范与标准"实施"认同级"相关训练。

【实训要求】

（1）实训前学生要了解并熟记本实训的"目标"、"能力与道德领域"、"任务"与

"要求"；了解并熟记本教材网络教学资源包中《学生考核手册》考核表3-1和表3-2的"考核指标"与"考核标准"内涵，将其作为本实训的操练点和考核点来准备。

（2）通过"实训步骤"，将"实训任务"所列三种训练整合并落实到本实训的"活动过程"和"成果形式"中。

（3）实训后，学生要对本次"总台接待"的实训活动进行总结，在此基础上撰写实训报告。

【情境设计】

将学生分成若干实训组，分别选择不同的酒店（或本校专业实习基地），运用总台接待知识，参与其总台接待实训，完成本实训的各项实训任务。各实训组对所选酒店（或本校专业实习基地）的总台接待实训体验进行总结，并对其本次实训的成功经验和存在的问题进行分析，提出改进方案或建议，最后撰写《××酒店总台接待实训报告》。

【指导准备】

知识准备：

（1）"总台接待准备工作"理论与实务知识。

（2）"客房状态控制"理论与实务知识。

（3）"散客、团队、VIP、商务行政楼层的接待服务程序"理论与实务知识。

（4）"入住登记中常见问题及处理"理论与实务知识。

（5）"接待员客房分配及销售"理论与实务知识。

（6）本教材"附录一"的附表1中"职业核心能力"选项的"知识准备参照范围"中所列知识。

（7）本教材"附录三"的附表3和"附录四"的附表4中，涉及本章"职业核心能力领域'强化训练项'"各技能点和"职业道德领域'相关训练项'"，需要对学生事先培训的"规范与标准"知识。

操作指导：

（1）教师向学生阐明"实训目的"、"能力与道德领域"和"知识准备"。

（2）教师就"知识准备"中的第（6）、（7）项，对学生进行培训。

（3）教师指导学生就操练项目进行调研、资料收集与整理。

（4）教师指导学生撰写《××酒店总台接待实训计划》。

（5）教师指导学生实施《××酒店总台接待实训计划》，并就操练项目进行现场指导。

（6）教师指导学生撰写《××酒店总台接待实训报告》。

【实训时间】

本章课堂教学内容结束后的双休日和课余时间，为期一周。

【实训步骤】

（1）将班级每8~10位同学分成一组，每组确定1人负责。

（2）分配各组实训任务，确定每个组实训的酒店。

（3）各实训组参与所选酒店（或本校专业实习基地）的总台接待实训。

（4）各组对实训操作的实际情况进行总结。

（5）各组在此基础上，总结实训酒店（或本校专业实习基地）总台接待的成功之处和不足之处，并提出改进建议。

（6）各实训组在实施上述训练的过程中，融入对"信息处理"、"与人交流"、"与人合作"、"解决问题"、"革新创新"等职业核心能力各"技能点"的"中级"强化训练（突出其"知识准备参照范围"所列知识的学习和应用）和对"职业情感"、"职业态度"、"职业良心"、"职业作风"和"职业守则"等职业道德各"素质点"的"认同级"相关训练。撰写作为最终成果形式的《××酒店总台接待实训报告》。

（7）撰写作为最终成果形式的《××酒店总台接待实训报告》。

（8）在班级交流、讨论各组的《××酒店总台接待实训报告》。

（9）根据交流、讨论结果，各组修订其《××酒店总台接待实训报告》，并使之各具特色。

【成果形式】

实训课业：《××酒店总台接待实训报告》。

课业要求：

（1）本课业应包括学生对所选酒店（或本校专业实习基地）的总台接待的全面总结为基本内容，并分析本次运作中的问题与不足，最后提出改进建议，并包括"关于'能力与道德领域'其他训练的补充说明"等内涵。

（2）报告格式与体例参照本教材"课业范例"的范例综-3。

（3）各组的《××酒店总台接待实训报告》初稿必须先经小组讨论，然后才能提交班级交流、讨论；

（4）经过班级交流、讨论的《××酒店总台接待实训报告》由各小组进一步修改与完善。

（5）《××酒店总台接待实训报告》定稿后，在其标题下注明"项目组长姓名"和"项目组成员姓名"。

（6）将附有"教师点评"的优秀实训报告在班级展出，并纳入本校该课程的教学资源库。

━ 单元考核 ━▶

考核要求：同第1章"单元考核"的"考核要求"。

第4章
前厅系列服务

学习目标

通过本章学习，应该达到以下目标：

理论目标：学习和把握前厅系列服务的概念、"金钥匙"概述及发展、问询服务的工作范围、总机服务及商务中心服务等陈述性知识；能用所学理论知识指导"前厅系列服务"的相关认知活动。

实务目标：了解和把握礼宾服务的工作流程、"金钥匙"的服务项目、问询留言服务的操作规程、总机及商务中心的服务操作程序、收银管理的操作方法、相关"业务链接"等程序性知识；能用所学实务知识规范"前厅系列服务"的相关技能活动。

案例目标：运用所学"前厅系列服务"的理论与实务知识研究相关案例，培养和提高在特定业务情境中分析问题与解决问题的能力；能结合"前厅系列服务"教学内容，依照"职业道德与企业伦理"的行业规范或标准，分析企业行为的善恶，强化职业道德素质。

实训目标：参加"前厅系列服务"业务胜任力的实践训练。在了解和把握本实训所及"能力与道德领域"相关技能点的"规范与标准"的基础上，通过切实体验"前厅系列服务"各实训任务的完成、系列技能操作的实施、《××酒店前厅系列服务实训报告》的准备与撰写等有质量、有效率的活动，培养"前厅系列服务"的专业能力，强化"自我学习"、"与人交流"、"与人合作"、"解决问题"和"革新创新"等职业核心能力(中级)，并通过"认同级"践行"职业理想"、"职业态度"、"职业良心"、"职业作风"和"职业守则"等行为规范，促进健全职业人格的塑造。

引例　广州白天鹅宾馆的"金钥匙"服务哲学

背景与情境： 几年前，世界首富、电脑软件大王比尔·盖茨应邀从中国香港来广州白天鹅宾馆演讲，拟取道番禺南沙经沙窖岛抵广州，为了避免交通不便而影响惜时如金的盖茨的行程，中国香港微软公司向宾馆提出了最好能调用直升机开辟从南沙到沙窖岛的特别通道的设想。宾馆销售部把这一难度极高的任务交给前台礼宾部办理。

接到任务后，礼宾部便紧急行动起来。有关人员先与南航直升机公司联系，根据其要求，从省政府安全厅拿到同意的介绍信，再到广州军区司令部作战处办手续，由其审核飞行图，经批准并获南航认可后，礼宾部与南航有关人员一起赴实地考察地形。他们先在南沙港口选好停机位置，清场，清除地面沙子、沙井盖，并落实当地派出所负责安全保卫，然后到沙窖岛一鱼塘边的空地上选好停机坪，用红布铺成停机标志，并用红地毯铺至离码头几十米的地方，以便让盖茨下机后，用专车送到码头……为了防止意外，有关人员又主动提出第二、第三套应急方案。

这一天，盖茨从中国香港乘飞机抵达南沙，礼宾司三组人员分别在南沙、沙窖岛和珠江边"白天鹅"码头三地用对讲机反复联络……然而，天有不测风云，由于当时珠海的天气不好，珠海的直升机无法飞抵南沙，结果被迫取消原计划，而启用第二套应急方案，从飞天空改为走陆路。由警车开道，盖茨一行乘坐的三辆奔驰车只用45分钟便抵达沙窖岛，然后换乘快艇（另有一艘备用），顺利抵达珠江之滨的白天鹅宾馆。

完成这一艰巨的特殊使命的就是广州白天鹅宾馆的"金钥匙"。

（资料来源　佚名.酒店金钥匙[EB/OL].[2012-12-14].http：//wenku.baidu.com.原文经改编）

问题： 广州白天鹅宾馆能够圆满完成此次接待任务，体现了什么？

前厅系列服务，是指前厅部业务范围内的有关问询、代办、查询、电话、商务、邮件等项目的服务。系列服务的概念，从广义上来讲，是指客人从进店到离店前这段时间里，酒店对客人的所有服务。它包括生活服务、委托服务、旅游服务、商务服务等。从狭义上来讲，系列服务是指客人从进店到离店前，由前厅部提供给客人的所有服务。这样有区别地划分系列服务的范围，其目的在于说明系列服务的内容并不只限于前厅部，它还包括酒店的其他各个部门的服务。只有各个部门彼此协调好，酒店的工作才会正常运转。

4.1　礼宾服务

酒店前厅是客人进入酒店的第一个接触点，客人一下榻酒店，首先受到的就是酒店的礼宾服务，同时又是离开酒店的最后接触点，它直接关系到客人的住宿满意程度和对酒店的印象。

每家酒店前厅礼宾处的管辖范围及提供的服务项目并不完全一致。目前，我国大部分酒店的前厅礼宾处，其英文名称为"BELL SERVICE"，主要为宾客下榻酒店时和离店时提供迎送服务、行李服务以及其他一些服务。

4.1.1　迎送宾客服务

1）店外迎接服务

为了更有效地对客服务，越来越多的酒店在机场、火车站及码头设立接待处，安排"酒店代表"专门负责住店客人的迎接和送行服务，以及向客人推销酒店的各种产品。

当重要客人到达机场时，酒店代表（机场代表）要事先将信息送入海关，以便检查，并随时把重要客人的情况通知酒店以便接待。如飞机、车船的到达时间有变动，机场代表应该立即把变动情况通知酒店。同时机场代表应该在掌握酒店当日房态的基础上，力争更多的未订房客人入住。

2）门厅迎送服务

门厅接送服务由门厅迎宾员（Door Men）负责（亦称门卫或门童），是代表酒店在正门专职迎送宾客的工作人员。其工作流程一般如下：

（1）客人到达时

①客人步行到店时，迎宾员向客人致意，并致欢迎词"欢迎光临，请"。用手示意客人进入大厅，并为客人拉开酒店正门（自动门、旋转门则可不必）。如果客人的行李较多，迎宾员协助提拿行李，或者示意行李员。

②客人乘车到达时，迎宾员要把车辆引导到客人容易下车的地方。汽车停稳后，要用左手开车门，右手挡在车门上沿，为客人护顶。如果客人乘坐的是出租车，应等客人付完车费后再打开，同时记下客人所乘出租车的车号。然后热情地向客人致意问候，对VIP客人应能准确使用客人的姓氏或头衔尊称以示尊重。如果客人的车停在不办理入住登记手续的楼门前，则应把客人的车引导到接待处。

③团体客人到达时，迎宾员做好接车的准备工作。车子停稳后，迎宾员在车门一侧站立迎接客人下车。对客人点头致意并问好，扶助行动不便的客人下车；对随身行李多的客人，应帮助提拿行李。客人下车后，迎宾员要示意司机把车开走，停在酒店停车场。有些酒店设有专职团体联络员，这时应由团体联络员迎接客人，迎宾员在一旁维持秩序。

④贵宾（VIP）下榻宾馆，迎宾员根据预订处的接待通知做准备。根据需要负责升降国旗、店旗。

同步思考4-1

兑换港币

一辆的士在江苏南通大酒店的店门口刚停住，门厅迎宾员小陈主动迎上前去开车门，但坐在车内的一位中国香港客商并不急着下车。他手里拿着一张一百元面额的港币，等待司机找零钱。

司机说："请您付人民币或外币兑换券好吗？我们不收港币。"

门厅迎宾员小陈便问司机："车费一共要多少？"

司机回答说："人民币56元就够了。"

当时小陈身穿制服，口袋里没有钱可以付。他本来心里想自己又不是管换钱的，关我什么事，后来又想到这事涉及酒店声誉，于是他便请客人坐在车内稍等片刻，然后急忙奔到总台说明原委，由他个人担保向总台暂支人民币60元付清了车款，然后有礼貌地对客人说："等您办好入住手续，兑换人民币以后再还我不迟。"客人感到满意，大步走进了酒店。客人为了要付给总台客房押金，并准备一会儿出去要派用场，于是到外币兑换处要求换8 000元港币，收银员手边正好没有足够的备用金，本来拟婉言请客人自己到附近银行去兑换，后来想到这会给客人带来不便，而且人地生疏也不安全，于是主动和总台联系希望暂不支付押金，经同意后接着征求客人意见，问他可不可以将港币交给外币兑换处，先开好单，马上由酒店派人到附近银行兑换人民币，再通知他凭单来取款。客人对此办法表示同意，于是就进客房梳洗休息。

问题：门厅迎宾员的职责是什么?此案例中，门厅迎宾员超常规服务的意义是什么?

理解要点：门厅迎宾员小陈本身的工作职责虽然不是负责兑换外币，但他懂得客人是上帝，当客人有困难时，应当主动设法帮助解决，如果用"不"、"我不是……"、"我不会"、"没有"等这类的否定句是不妥的。

在酒店行业大力提倡超值服务的今天，绝不能轻易地拒绝客人，就是婉言拒绝也不足为取。酒店员工应该牢牢树立"客人的需要是我们根本的服务项目"思想，哪怕有困难和麻烦，也应该尽全力用诚实、高效的超值服务去赢得我们的上帝——住店客人的满意。

（2）送别客人

①散客步行离店时，迎宾员与客人道别，可根据具体情况对待。对暂时外出的客人，可以礼节性地问候；对结账离店的客人，则礼貌地说"再见，欢迎您再来"或"一路顺风"。

②对乘车离店的散客，门卫要把车引到便于客人上车而又不妨碍装行李的位置。车停稳后，拉开车门，请客人上车、护顶。关车门时，注意不要夹住客人的衣、裙等。

③客人如果行李多，迎宾员协助行李员，把行李装好，并请客人核实。

④送别团体客人时，迎宾员应站在车门一侧，一边点头致意，一边注意观察，如果发现有行动不便的客人，扶助其上车。在得到领队肯定客人全部上车后，迎宾员可示意司机开车。迎宾员站在车的斜前方1米左右的位置，向客人挥手道别，目送客人离店。

（3）其他服务项目及注意事项

①下雨天，迎宾员要摆放醒目的标志牌或以口头的形式提醒客人小心路滑，以防意外，并提供雨伞临时寄存服务，设置伞架、防滑除尘踏垫等。

②经常检查门、玻璃等是否处于良好状态，发现问题要及时报修。

③为客人开拉车门和大门时，要注意安全，防止客人碰撞或挤伤；在为客人护顶时，要注意对两种人不能为其护顶：一种是信仰佛教的人，另一种是信仰伊斯兰教的人。

④迎宾员还要负责维持大门口的秩序，协助做好安全保卫工作；正确指挥交通，引导和疏散车辆，保证大门前的交通畅通；能够回答一般问询，指示方位等。

4.1.2 行李服务

行李服务是前厅部向客人提供的一项重要服务，由行李员或者迎宾员协助完成这项工作。根据预订处和接待处提供的"当日抵店客人名单"和"当日离店客人名单"，做好工作安排。散客、团体客人有许多不同的特点，这就决定了散客、团体的行李服务规程是不同的。

1）散客行李服务规程

（1）散客抵店

散客抵店行李服务流程如图4-1所示。

问好 → 引领 → 登记 → 乘梯 → 进房 → 道别 → 登记

图4-1　散客抵店行李服务流程

①散客乘车抵店时，行李员向客人表示欢迎。客人下车后卸下行李，并请客人清点过目，准确无误后再帮助客人提拿。根据行李的多少来决定手提还是使用行李车。对客人的贵重、易碎物品要格外小心，请客人自己拿。

②行李员引领客人时，在客人左前方，外侧手提拿行李。步伐节奏，应尽量与客人保持一致，不时用手示意前进的方向并在适当的时刻介绍酒店的情况。

③引领客人到接待处后，行李员放下行李，站在柜台边侧，等候客人登记。

④行李员等客人办完入住登记手续后，接待员应把钥匙交给行李员，由行李员引领客人去客房。

⑤乘电梯时，若电梯有专职管理员，则秉行客人"先进先出"的原则，若电梯无专职管理员，则行李员"先进后出"。如果使用行李车，或大件行李挡住了客人的出路，行李员先把行李提出，或先将行李推出电梯，然后请客人走出电梯。

⑥到客房门口，行李员先敲门并通报待确认无人回答后，方可用钥匙开门进入。打开房门后，扫视一下客房，如果是OK房，再请客人进房。把行李放在行李架上，摆放的方法是正面朝上，把手朝外，以方便客人开箱。根据实际情况向客人介绍房间内的设施及使用方法，对常客只需介绍酒店新增的服务项目及服务设施即可。

⑦行李员在离开客房前，应询问客人是否还有吩咐，若无其他要求，则礼貌地向客人道别，退出房间，轻轻地把门关上。返回行李部后，应在散客行李进店登记簿上（见表4-1）登记。

表4-1　　　　　　　　　　　　　　　　散客行李进店登记簿

日期

房号	行李员姓名	进店时间	行李员回到大厅时间	行李件数	备注

（2）散客离店

散客离店行李的服务流程如图4-2所示。

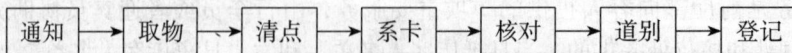

通知 → 取物 → 清点 → 系卡 → 核对 → 道别 → 登记

图4-2　散客离店行李服务流程

①行李员在前厅大门附近，要随时注意是否有人离店，若有则立即上前提供服务。

②按行李领班的通知收取行李后，核对客人的房间号码、行李件数和收取时间。

③叩门，通报身份，得到宾客允许后，进入客房取行李。帮助宾客清点行李，将行李系上填好的行李卡，请客人核实（注明"OUT"字样、房号、件数）。

④如果宾客不在房间，应请楼层服务员开房门，取出行李，核对件数，并注意检查房内有无遗忘物品等。

⑤到前厅收银处确认宾客是否已结账，交回了客房钥匙；若宾客仍未结账，应礼貌地告诉客人收银处的位置。再次请宾客清点行李件数，确认无误后，将行李装上车，向宾客道别。

⑥返回大厅，填写"散客离店行李搬运记录"，如表4-2所示。

表4-2　　　　　　　　　　　　　　　**散客离店行李搬运记录**

房号	迎客行李员姓名	收到行李的时间	离店时间	送客行李员姓名	行李件数	行李存放卡号码	车号	备注

2）团体客人行李服务规程

（1）团队抵店

①团体行李到店前，行李处根据接待处提供的当日预计抵店客人的名单及团体分房名单，把预计抵店的团队名称、人数等信息，填写在团队行李进出店登记簿（见表4-3）上，领班派行李员等候。

表4-3　　　　　　　　　　　　　　　**团体行李进出店登记簿**

团体名称					人数		
抵达日期					离店日期		
进店	卸车行李员		酒店行李员			领队签字	
离店	卸车行李员		酒店行李员			领队签字	
行李进店时间：　　车号：　　行李收取时间：　　行李出店时间：　　车号：							

房号	行李箱		行李包		其他		备注
	入店	出店	入店	出店	入店	出店	
合计							

入店行李主管：　　　　　　　　　　　　　　　　　　出店行李主管：

日期/时间：　　　　　　　　　　　　　　　　　　　日期/时间：

②团体行李到达时，领班要与行李押运人员核对行李，此时若发现行李破损或短缺，应由行李押运人在备注栏中注明，通知团队陪同或领队，并请负责人签字。

③行李员按要求卸下行李后，把行李集中在一起（一般是在大门或大厅右侧）；如果几个团队的行李同时到店，不同团体的行李用网罩住，其间应留有空隙。

④行李被运进行李房后，每件都挂上行李标签。行李员根据接待处提供的团体分房表，认真填写核对客人姓名、房号、行李件数，以便分送到客人房间（某件行李上如果没有客人姓名，应把行李放在一边，在行李标签上先写上团体名称及到店时间，以备查找，亦可以尽快与陪同联系以确定客人的姓名与房号）。

⑤分完房后，把写上房号的行李装上团体行李车，使用团体行李电梯，或工作人员专用电梯，迅速送到宾客房间。为提高效率，装客人的行李时，遵循"同团同车，同层同车，同侧同车"的原则。

⑥进入楼层，行李员将行李车停放在房门一侧，叩门，自报身份。客人开门后，向客人问好，将行李送入客房，经客人确认后道别。

⑦行李分送完毕后，应将客人房号及送入行李件数记录在"团队行李进出登记簿"上，与抵店时的总数核对后存档。

（2）团队离店

①接到团队离店通知后，确定团体离店的时间及收取行李的时间、件数，并把每个团体出店行李的时间、件数记录在团体行李进出登记簿上，然后在规定的时间内到楼层收取客人放在门口的行李。收取行李时，按客人入店时的分房名单收取。行李员要核对每个房间的入店行李件数和出店行李件数。

②团体行李收齐后，放在大厅内的另一侧（一般为左侧），也就是存放出店行李的一侧，同一团体的行李应放在一起，必要时用网罩住。行李装上送往车站或机场的行李车后，要请陪同核对行李件数，并在团体行李进出店登记簿上签名，注明车号。

③填写完善"团队行李进出登记簿"后存档。

3）换房行李服务

（1）接到换房通知后，行李员要确认换房客人原来的房号和新换房间的房号。

（2）叩门，自报身份。经许可后进入房间，请客人清点行李物品。根据行李物品的多少来确定是否使用行李车。

（3）引领客人到新换的客房，放好行李，收回原来客房的房卡和钥匙，将新的房卡和钥匙交给客人后道别。

（4）行李员将收回的房卡和钥匙交给前台接待员，并告诉换房完毕。

4）行李寄存服务

（1）如果客人要求寄存行李，行李员请客人填写一式两份的行李寄存单，或由客人口述，行李员代为填写，请客人过目无误后签字。行李寄存单上要写明客人姓名、房号、寄存时间等，其形式通常是由两份相同的表格所组成，下面的一份交给客人，作为取行李的凭证，上面的一份系在所寄存的行李上，如表4-4所示，同时做好行李暂存记录，如表4-5所示。

表 4-4 　　　　　　　　　　　　　　　行李寄存单

（正面）

姓名/Name＿＿＿＿＿＿＿＿＿＿＿＿　　　　行李数目/Luggage＿＿＿＿＿＿＿＿＿＿＿＿＿

日期/Date＿＿＿＿＿＿＿＿＿＿＿＿　　　　时间/Time＿＿＿＿＿＿＿＿＿＿＿＿＿＿＿

房号/Room No.＿＿＿＿＿＿＿＿＿＿＿　　客人签署/Guest's Signature＿＿＿＿＿＿＿＿＿

行李员签署/Bellboy's Signature:

请注意背面之条款

Note Conditions on Reverse

（反面）

CONTRACT RELEASING LIABILITY

No charge being inside for the receipt and storage for which this check is issued，it is agreed by the holder in accepting this check that the hotel shall not be liable for loss or damage to said property caused by negligence of the hotel or its employees or by water，fire，theft，moths or any other case.If property represented by the check is not called for within six months，the hotel may，at its option，sell the same without notice，at public or private sale.Hotel is authorized to deliver property to any person presenting this check，without identification.

如已签发此存放行李收条，绝不收取任何费用，但持有人应同意本酒店绝对不负任何有关本酒店之员工疏忽而造成的损失或破坏之责任，例如水浸、火烧、盗窃、虫蛀或其他意外等。如行李存入超过六个月，本酒店将会在不通知的情况下拍卖所有行李。本酒店有权将行李交给任何持有此收条的人士而不需要身份证明。

表 4-5 　　　　　　　　　　　　　　　行李暂存记录

日期：

客人姓名	房号	件数	存放时间	保管条号	存放人	提取人	提取时间	备注

（2）客人填写行李寄存单时，行李员应告知客人酒店行李寄存服务的要求，不寄存易燃、易爆、易腐烂的物品，贵重物品及现金不宜寄存在行李房中，要请客人自己保管，或存放在收银处的小保险箱内。然后把行李放入行李房中，分格摆放。行李房应上锁，钥匙由行李主管或领班亲自保管。

（3）客人提取行李时，行李员首先要请客人出示行李寄存凭证，然后与系在行李上的寄存单核对，如果两部分完全吻合，行李员就可以把行李交给持寄存单的人。

（4）如果需要客人等待时，行李员按行李寄存单上的姓名称呼客人，请客人稍候。

（5）行李寄存单的背面应说明酒店对客人的行李负多少责任，如果客人不及时来取寄存的行李，酒店将如何处理等。要特别注意纸袋等易散物品，发现将要松散的行李应在征求客人意见后重新包扎。行李房钥匙应由行李主管保管，两人在场才可以进入行李房。

同步案例4-1

王先生的困境

背景与情境： 中午12点多，一位客人提着行李箱走出电梯，径直往总台旁行李房走去。正在行李房当班的服务员小张见到了就招呼说：“王经理，您好！今天是什么风把您给吹来了？”王经理回答说：“住得挺好的，生意也顺利谈完了。现在就到您这儿寄存行李，下午出去办点事，准备赶晚上6点多的班机回去。”“好，您就把行李放在这儿吧。”小张态度热情，从王先生手里接过行李箱，对他说：“您快去忙吧。”王先生问：“是不是要办个手续？”“不用了，咱们是老熟人了，下午您回来直接找我取东西就行了。”小张爽快地表示。“好吧，那就谢谢您了！”王先生说完便匆匆离去。下午4点30分，小张忙忙碌碌地为客人收发行李，服务员小李前来接班，小张便把手头的工作交给小李，下班离店。傍晚，王先生匆匆赶到行李房，不见小张，便对当班的小李说：“您好，我的一个行李箱午后交给小张了，可他现在不在，请您帮我提出来。”小李说：“请您把行李牌交给我。”王先生说：“小张是我的朋友，当时他说不用办手续了，所以没拿行李牌。您看……”小李忙说：“哟，这可麻烦了，小张已下班了，他下班时也没有向我交代这件事。”王先生焦急地问：“您能不能给我想想办法？”“这可不好办，除非找到小张，可他正在回家路上……”“请您无论如何想个法子帮我找到他，一会儿我就要赶6点多的班机回去。”王先生迫不及待地打断了小李的话说道。“他正在挤公交车，家又住得远，现在无法跟他联系。”小李表示无可奈何。“我的行李提不出来，我就得误班机了！”王先生沮丧之极。“对不起，先生。”小李表示无能为力。“唉，想不到熟人帮忙，结果反而误了大事。”王先生不无抱怨地自言自语……

问题： 服务员小张犯了什么错误？酒店该如何避免类似事件的发生？

分析提示： 首先，小张遇上熟人王先生存放行李，绝不能图方便随便免去手续，应照章办事，发给行李牌。客人在任何情况下都可以按正常手续及时领取行李，不至于发生提不出行李而延误班机的意外事故。

其次，小张在下班前应将王先生寄存行李之事交代给下一班的小李。这样，开始没有办理登记手续的过错也能得到弥补。当然，行李房服务员小李坚持照章办理，在没有凭据和没有得到上一班服务员交代的情况下绝不轻易发放行李，虽然客观上给客人带来麻烦，但这一做法是正确的，无可非议。

规章制度是在管理服务的大量实践中总结出来的“法规”，是保证酒店正常运转、维护客人利益所必不可少的，酒店服务人员必须严格执行。特别是关系到客人财产安全的部门、环节，更要一丝不苟，来不得半点疏忽。本案例中客人因行李不能及时提出而误了班机，其责任在于行李房服务员小张违反了服务规程，当引以为戒。

5）行李破损、错送、丢失的处理

（1）破损行李的处理

①在酒店签收前发现破损的行李，酒店不负任何责任，但必须在团体行李进店登记簿上登记。

②签收后行李破损，由酒店负责。或者应尽力修复，或者与客人协调赔偿事宜。

（2）错送行李的处理

①当多出行李时，应把多余的行李存放在行李房中。在行李标签上注明到店时间及与哪个团体行李一起送来，等候查找。

②团体行李中少了行李，亦应在签收单上加以说明，同时与旅行社取得联系，尽快追回。

③对于错送的行李，要把非本团行李挂上行李标签注明后，存放于行李房，等候别的团队来换取，或通过旅行社联系换取事宜。

④对无人认领的行李，如价值较高，应尽量查找线索，找寻失主，如果超过了酒店规定的保存期，可予拍卖；如无价值，则可丢弃。

（3）行李丢失的处理

①行李到店前丢失。如果酒店押运的行李，是在去酒店的途中丢失的，酒店负责任。已订房客人的行李，如果因酒店的行李员在运往酒店的途中丢失，其处理方法同上。

②客人到达酒店后，在办理入住登记手续之前，或办理退房手续之后丢失的行李，酒店一般不负责任。但为了酒店的声誉和长远利益，酒店也可以酌情适量予以赔偿。

③已寄存的行李丢失，酒店在一定的限额内应予以赔偿，因为酒店对贵重物品的保存有明确的规定。

④客房中的行李丢失，酒店则酌情赔偿。

⑤因客人的过失引发事故造成行李的损失，酒店可以不负责任。如果酒店同时也有过失，则双方应视责任的大小各自承担一部分责任。

⑥不可抗力造成的地震、火灾等事故引起客人财物损失，酒店一般不负责任。

同步思考4-2

客人行李箱上面的小轱辘不见了

背景与情境：事情发生在英国的辛顿克罗酒店内。一位住店客人准备离店，行李员到该客人房间取走三件行李，用车推到前厅行李间以后才绑上行李牌，等待客人前来点收。当客人结完账，行李员准备搬上汽车，要客人清点时，那位客人忽然发现了什么，于是很不高兴地指着一只箱子说："这只箱子上面的轱辘被磕掉了，我要你们酒店负责！"行李员听罢感到很委屈，于是辩解道："我到客房取行李时，你为什么不讲清楚，这只箱子明明原来就是坏的，我在运送时根本没有碰撞过呀。"客人一听就恼火起来："明明是你弄坏的，自己不承认反而咬我一口，我要向你的上级投诉。"这时前厅值班经理听到有客人在发脾气，于是马上走过来向客人打招呼，接着耐心听取客人的指责，同时仔细观察了箱子受损的痕迹，然后对客人说："我代表酒店向您表示歉意，这件事自然应该由本店负责，请您提出赔偿的具体要求。"客人听了这话，正在思索讲些什么的时候，前厅值班经理接着说："由于您及时让我们发觉了服务工作中的差错，非常感谢您！"客人此时感到为了一只小轱辘，没有必要小题大做，于是保持沉默，这时前厅经理便顺水推舟，和行李员一起送客人上车，彼此握别，了结了一起行李受损的事件。

问题：上述案例中的行李员在对客服务中犯了哪些错误？值班经理的处理成功之处在

哪里？为什么？

理解要点： 前厅值班经理的做法是比较明智的。他果断地在没有搞清楚箱子究竟为何受损的真相之前，就主动向客人表示承担责任，这是由于：第一，行李员到客房内取行李时未查看行李是否完好无损，而且没有当场绑上行李牌请客人核对行李件数。第二，行李员已经直接和客人争辩，为了避免矛盾激化，这样做有助于缓和气氛。第三，前厅值班经理懂得，如果你把"对"让给客人，把"错"留给自己，在一般情况下，客人并不至于因此得寸进尺；相反，如果这位值班经理也头脑发热，要和客人争个是非曲直的话，那后果是不言而喻的。上述这种事件既然已经发生，那么谁是谁非的结论恐怕难以争论得明白，或者可以说根本不存在谁是谁非的问题。相反，客人越是"对"，酒店的服务也就越能使客人满意，从这个意义上理解，客人和酒店双方都"对"了。

4.1.3　委托代办服务

1）呼叫寻人服务

根据住客的要求，行李服务处的服务人员可协助客人在公共区域内呼唤寻人。提供这项服务时，服务人员应注意步态节奏及寻呼工具的音量。

2）转交递送服务

这项服务的对象主要包括客人的邮件、留言、报纸、客人的物品、内部单据等。为了减少打扰客人，通常行李员将宾客留言条、普通信件、报纸从客房门缝底下塞入房间；对于宾客电报、电传、传真、挂号信、包裹等其他有关物品的递送，一定要面交宾客，并请宾客在登记本上签收，不得延误。之后填写"行李员工作任务记录表"。

3）出租服务

为了体现细致入微的服务，满足宾客需要，酒店大多提供出租自行车、雨伞和自行用车服务。租用手续简单方便，填好租用单、预交订金即可。对于租用车辆的宾客，应提醒其注意安全。

4）泊车服务

对于驾车出行的客人，有些酒店的前厅行李服务处专设泊车员来负责车辆的停放工作。当客人的车停到酒店门口时，泊车员将车辆钥匙寄存牌交给客人，将客人的车辆停妥后，将停车的车位、车号、经办人等内容填写在记录单上。这时，泊车员要仔细检查客人的车辆有无损坏之处、车内是否有贵重物品等，并提醒客人。当客人用车时，请其出示寄存牌，核对无误后，泊车员去停车场将客人的汽车开到酒店门口，交给宾客，并在记录本上注明具体时间。

5）预订出租车

客人外出要预约出租车时，行李员要替客人联系预订出租车。根据客人要求，也可以提前预订包车。出租车到达酒店门口时，行李员要向司机讲清客人的姓名、要到达的地方。必要时充当客人的翻译向司机解释客人的要求，或填写一张向导卡给客人，卡上用中文写上客人要去的目的地。

6）衣物寄存

酒店有较大规模活动时，一般由前厅行李处安排人员承担客人衣物的寄存服务。行李处接到通知后，提前将存衣处（衣帽间）内的挂衣架、存包架、存衣牌等准备充足；客人存衣物时，服务人员应主动说明谢绝寄存贵重物品；将存衣牌取下交给客人，并提醒客人妥善保管存衣牌；客人凭存衣牌取衣物时，请客人当面确认衣物是否完好无缺；认真保管客人所存衣物，闲杂、无关人员不得进入存衣处。

7）外修外购

当客人提出修理箱包、手表、照相机等要求时，值班员应仔细问清楚所修物品的规格、型号、时限、故障及房号、姓名等情况，并填写工作记录；外出为客人修理物品的行李员应迅速完成送修、取送任务，手续清楚，各项费用、单据齐全，符合规定。

4.2　金钥匙服务

4.2.1　金钥匙概述

"金钥匙"是一种"委托代办"（Concierge）的服务概念。"Concierge"一词最早起源于法国，指古代酒店的守门人，负责迎来送往和掌管酒店的钥匙。随着酒店业的发展，其工作范围不断扩大，在现代酒店业中，Concierge已成为为客人提供全方位"一条龙"服务的岗位，只要不违反道德和法律，任何事情Concierge都应尽力办到，以满足客人的要求。其代表人物就是他们的首领"金钥匙"，他们见多识广、经验丰富、谦虚热情、彬彬有礼、善解人意。

"金钥匙"（Les Clefs d' Or）通常身着燕尾服，上面别着十字形金钥匙，这是委托代办的国际组织——"国际酒店金钥匙组织联合会"（Union International Concierge Hotel Les Clefs d' Or）会员的标志，它象征着"Concierge"就如同万能的"金钥匙"一般，可以为客人解决一切难题。

"金钥匙"尽管不是无所不能，但一定要做到竭尽所能，这就是"金钥匙"的服务哲学。

4.2.2　中国金钥匙服务项目

国际"金钥匙"组织成立于1952年4月25日。这一天，在巴黎斯克拉酒店礼宾司捷里特先生的倡导下，在法国戛纳举行了第一届国际金钥匙组织会议，并在此会议上正式成立了国际"金钥匙"组织。捷里特先生也因此而被誉为"金钥匙"组织之父。

国际"金钥匙"组织自1995年被正式引入中国，最早由著名爱国人士霍英东先生倡导引入广州白天鹅宾馆。1997年中国申请加入国际酒店金钥匙组织，成为第31个成员。金钥匙服务已被国家旅游局列入国家星级酒店标准。

2008年国际金钥匙组织中国区荣幸地受到第29届奥运会北京奥组委的邀请，作为唯一的品牌服务机构参与到运动员村和媒体村的接待服务，百年奥运首次展现金钥匙的服务。

业务链接4-1

中国酒店金钥匙服务项目

①行李及通讯服务：运送行李、电报、传真、电子邮件等。

②问询服务：指路等。

③邮寄服务：快递、紧急包裹等。

④接送服务：车站、机场接送服务。

⑤旅游服务：个性化旅游服务线路介绍。

⑥修理服务：修鞋、修电脑等。

⑦代订服务：订票、订花、订餐、异地订房等。

⑧出租服务：租车、租房等。

⑨代购服务：商场购物。

⑩其他：美容、按摩、跑腿、看孩子等。

金钥匙服务不收服务费，如果需要外出为客人办理业务，将根据路程收取相应的车费。酒店不承担代办事项中所出现的任何问题。

教学互动4-1

订婚的故事

1月21日，中都酒店金钥匙小孙在大厅遇见6017房客申先生，礼貌地上前问好，看出申先生好像有什么事似的，便主动问道："有什么可以帮忙的吗？"申先生就把周三要订婚的事情告诉小孙，因为家人都不在郑州，很多事情都不是太清楚，找个人商量的都没有。小孙关切地说："有什么困难可以和我们说，我们一定会尽力帮助您的。"申先生说："到时要送礼金，想让帮忙找个小盒子，大概装6万元现金。"小孙满口答应。告别客人后，小孙很快从精品屋找来一个装茶杯的盒子，但盒子颜色是白色的，好像和喜庆的气氛不合，小孙又找来一张红色的礼品包装纸，准备包装一下盒子，同时到商务中心下载了一张精美的卡通图片（两只可爱的小老鼠身着结婚礼服步入婚礼殿堂），贴在礼盒内侧。很快，一个包装精美、饱含着吉祥和祝福的礼盒呈现在大家眼前，当申先生回店拿到礼盒时非常高兴，一个劲地说"谢谢！"这时，申先生又不好意思地说，还有两件事需要麻烦一下：一是刚买5千克糖果想让帮忙分装一下，装成22袋；二是送的彩礼定为66 666元6角（6个6比较吉利），想让帮忙换一下零钱。小孙爽快地答应了客人的要求，一边协调礼宾部的同事，利用工作空闲时间帮助客人包装糖果，一边联系财务部帮忙换零钱。很快，糖果包好了，并送到了客人房间；可是换零钱时遇到了麻烦，因为按老风俗，送彩礼的钱应该尽量是面值为双数的，可财务出纳那里只有三张20元的，而三张2元的和三张2角的都没有。小孙决定去外面的银行看看能不能换一下，跑了几家银行只换到三张2角的，还是没有三张2元的，只好用六张新的1元代替。第二天上午，小孙将申先生的礼金用红丝带全部扎好，正准备出发时，与申先生同行的一位长者说："按风俗，最好能用一块红布把礼盒包起来。"可是哪里有红布呢，眼看时间就快到了，小孙马上联系礼宾部小田外出给客人购买。申先生说："时间快到了，我们先去，如果买回来了，麻烦直接给我们送去。"说着留下了中午用餐的地址。小田马上出发，用最短的时间买到红布，并送到申先生订婚的酒店。当申先生看见小田冻红的脸，对中都的服务表示由衷的感谢。16：40，申先生一行订婚宴结束回到酒店，第一件事就是来大堂表示感谢，小孙只是微笑着说："没事的，我们只是做了一些小事，只要能帮助您解决问题，对我们来说就足够了。"

互动问题：此案例中，金钥匙小孙提供了哪些服务？体现了金钥匙服务的什么精神？

要求：同"教学互动1-1"的"要求"。

4.3　问询留言服务

前厅问询处的服务项目包括解答宾客的各种询问、提供留言服务、处理邮件以及收发保管客用钥匙等。

小型酒店或一些中型酒店一般不设专职的问询员，其工作由总台服务员完成。大、中型酒店的问询员，一般是两班制，从早上7：30到晚上11：30，分两个班次为客人服务；个别大型酒店的问询处，实行三班制，24小时都有问询员为客人服务。

4.3.1　问询服务

问询员在掌握住客信息及其他大量信息资料的基础上，尽可能地解答客人提出的问题，尽量满足客人的要求，尽力帮助客人，以达到完美服务的境界，给客人以宾至如归的感觉。

1）回答到店访客的问询

若访客到店问询关于住店客人的信息，如客人是否在该酒店入住、房号、房间电话甚至同宿人的情况时，但是不能讲清问询的缘由或者住客没有留言可以接受访客的问询，一般情况下，要对住店客人的信息做保密处理。

若访客确知住客下榻在该酒店，问询房号或者电话号码时，问询员首先应与住客联系，是否愿意将信息告知访客或接受访客拜访。如果住客在酒店，则可以征得客人意见；如果住客暂时不在酒店，可请访客留言，以便联系。

即使客人已经离店，一般情况下，尽量也不要把离店客人的信息、去向等告诉来访者。

2）回答住店客人的问询

（1）回答客人有关酒店内部信息的问询

例如，酒店各类客房不同季节的房价表，服务项目及收费标准和时间，本酒店营业推广、促销活动的内容，内部服务设施的分布情况，酒店疏散通道平面图及消防设施配置图，酒店主要负责人及有关人员的地址、电话号码，酒店当日活动安排表、各项规定、制度等，酒店所属集团提供的旅游宣传品（如旅游小册子、风景明信片）等。

（2）回答客人有关酒店外部信息的问询

①关于酒店周边相关设施及配套服务情况问询。当地著名的电影院、剧院地址和即日上演的节目及时间；当地的银行，特别是可兑换外币的银行的地址及营业时间；当地大医院的地址及电话号码，特别是急诊处的电话号码；当地的著名工商机构名称、地点及营业时间；当地与市郊名胜地的距离、特点及营业开放时间；当地可供外宾参观的工厂、学校、幼儿园、村庄的地址及电话号码；当地的著名大专院校以及学术研究机构的名称、地址和电话号码；当地的政府各部门及各旅游机构的地址及电话号码；当地其他主要酒店的电话号码；当地各大购物中心的地址及营业时间等。

②关于城市交通状况的问询。各种交通工具（包括飞机、火车、轮船、汽车等）的时刻表、价目表及里程表；出租汽车至市内主要景点、机场、车站和附近城市的里程及每公里收费标准；交通部门关于购票、退票、行李重量大小的详细规定；酒店所在城市至国内

其他大城市的距离；当地市区的详细地图等。

③关于城市风土人情及娱乐方面的问询。当地的主要风土人情及习俗；当地著名的土特产商品以及风味餐馆的地址、电话号码及营业时间；当地的主要公园、游乐场、风景点的地址及开放时间；当地著名展览馆、博物馆的地址、开放时间；当地著名娱乐场所的地址及开放时间；当地体育场地址及附近的海滨浴场、游泳池的地址及开放时间、比赛项目及场次安排等。

④其他问询。有关时差计算方法的资料；全国、全省、本市的电话号码簿及邮政编码簿；各类人名、地名、汉英、英汉、汉日、日汉等词典；当天本市的天气预报；本市及全国各主要旅游城市的气象资料等。有些酒店在公共区域包括大堂安置了电脑终端，用电脑终端来查阅信息使得宾客可以不用依靠前厅员工，自己就可以获得所需信息。此外，许多酒店用书面的日程告示或闭路电视系统来显示每日的活动。展示每日活动内容的布告栏通常将团体名称、活动内容、各项活动的时间及时发布，因此，可减少在总服务台的问询数量，客人同时也可以及时获得信息。

4.3.2　留言服务

留言服务可以帮助客人传递信息，所以是很重要的一项服务。通常电话留言由总机处话务员完成，其余留言则由问询员（有些酒店是接待员）处理。

1）访客留言

当被访问的住店客人不在酒店时，问询员要征求来访者的意见，问他是否愿意留言，如果愿意，由来访者自己填写然后问询员签字或可由来访者口述，由问询员根据情况记录，并由客人过目签字。

访客给住客的留言单一式三份，其中第一联放在钥匙架上，客人回店取钥匙时可交给客人；第二联送总机处，由接线员打亮客房内电话机上的留言指示灯，客人回房后发现留言指示灯亮着，可以打电话询问留言内容；最后一联由行李员从房间门下送入客房，或由问询处留底。

如果来访者没有留言，可以填写留言单，通知被访的住店客人，在他外出时有人来访。客人的留言一定要在留言单上记录，以防漏传或误传。接受客人的留言后，必须在留言单上用打时机打上时间，如表4-6所示。

表4-6 访客留言单

＿＿＿＿＿＿女士或先生　　　　　房号：＿＿＿＿＿＿
当您外出时
来访客人姓名＿＿＿＿＿来访客人电话＿＿＿＿＿
□有电话找您　□将再来找您
□请回电话　　□将再来看您
□来访时您不在
留言：
经手人：　　　　日期：　　　　时间：

教学互动 4-2

住店客人信息保密

某天，两位外宾来酒店前厅，要求协助查找一位叫柏特森的美国客人，同时出示了一份公务公文，想知道他是否在此下榻，并想尽快见到他。问询员立即进行查询，果然有位叫柏特森的先生。问询员于是接通客人房间电话，但长时间没有应答。问询员便告诉来访客人，确有这位先生住宿本店，但此刻不在房间，也没有他的留言，建议来访者在大堂休息等候或另行约定。这两位来访者对接待员的答复不太满意，并一再说明他们与柏特森先生的关系，要求问询员告诉他柏特森的房间号码。问询员和颜悦色地解释道："为了住店客人的安全，本店立有规定，在未征得住店客人同意之前，不便将房号告诉他人。两位先生远道而来，正巧柏特森先生不在房间，建议您可以给柏特森先生留言，或随时与我们联系，我们乐意随时为您服务。"来访客人听了接待员这一席话，便写了一封信留下来。晚上，柏特森先生回到酒店，问询员将来访者留下的信交给他，并说明为安全起见和不打扰他休息的原因，接待员没有将房号告诉来访者，敬请他原谅。柏特森先生当即表示予以理解，并表示这条规定有助于维护住店客人的权益，值得赞赏。

互动问题：接待员没有满足访客的要求，是否违背酒店"顾客就是上帝"的宗旨？请对此案例进行解析。

要求：同"教学互动 1-1"的"要求"。

2）住客留言

住店客人暂时离开酒店，如果想告诉来访者自己在何处，可以填写"住客留言单"一式两份，如表 4-7 所示。一份存放在问询处，另一份放在总台。因留言有时效性，若错过了有效时间，可将留言单作废。为了确保内容的留言准确性，受理电话留言时，一定要做好相关记录，复述给对方，得到确认。

表 4-7　　　　　　　　　　住客留言单

日期：_____
女士或先生：_____　　房号：_____
我将在_____时间回店　　我在_____
□酒店内
□酒店外　电话_____
留言：
经手人：　　　　　　　　　　客人签字：

4.3.3　邮件服务

邮件服务在有些酒店中，由邮政部门派人设点服务，有些酒店由传达室代办，有些酒店则由行李员、问询员或接待员代办。邮件服务包括为客人代发、代寄邮件，代售邮票、明信片等。不设商务中心的酒店，电传、复印等也由问询处来完成。

1）邮件的处理

收到邮件时，问询员要仔细清点、签字。然后用打时机在每份邮件上打上时间，明确邮件的到店时间、件数。把邮寄给客人的信件，按收信人姓氏的英语字母顺序排列、分类。

2）寄给住店客人的邮件

对寄给住店客人的邮件，应按住店客人的房号发放住客邮件通知单（如表4-8所示），通知客人来取。对电报、电传等应立即通知客人来取，或立即给客人送去；如果客人门口挂着"请勿打扰"的牌子，应用电话先与客人联系，然后根据客人的意见处理。客人接受特种邮件（如挂号信和电传等）时，都应请客人在邮件收发簿上签字，表示收到，以免发生纠纷时责任不清。

表4-8 住客邮件通知单

住客通知
日期：_____
女士或先生：_____ 房号：_____
您的(电报、邮件、传真、挂号信)在问询处,请您在方便的时候与我们联系。
经手人： 日期： 时间：

3）"查无此人"的邮件

寄给住店客人名单上查无此人的邮件，处理可分为如下几种情况：

①对寄给已离店客人的一般邮件，如果客人离店时留下地址，并委托酒店转寄邮件，则酒店一般予以办理，填写"邮件转寄单"（如表4-9所示）。

表4-9 邮件转寄单

日期_____
姓名_____ 房号_____
转寄地址_____
截止日期_____
超过以上日期请送到_____ 联系电话
永久地址_____
注意:邮件转寄服务仅在30天内有效。
经手人： 日期：

②客人订了房间但尚未抵店。这种情况应把邮件放在待领邮件架上，或与该客人的订房表一起存档，待客人入住时转交。

③客人订房后又取消了订房。除订房客人有委托，并留下地址，酒店应按地址予以转寄外，其余情况一律把邮件退回寄件人。客人的快件、电报等，应立即退还，如果客人订房后，只是推迟了抵店日期，仍要把给他的邮件放在待领架上，或与订房表一起存档，等客人入住登记时转交给客人。

④客人姓名不详或查无此人。此种情况，急件应立即退给寄件人；平信可保留一段时间，经常查对，确认无人认领后，再退给寄件人。

4.3.4　客房钥匙控制

酒店钥匙的分发与控制既是一项服务，又是一种保证安全的手段，为了保证客人的人身和财产安全，越来越多的酒店采用最先进的科学技术成果，完善酒店的钥匙性能，如电子暗码锁、IC 卡锁及电子磁卡钥匙。

在进行客房钥匙服务时注意以下几点：

①客人外出回来未随身携带房卡，问询员应问清该客人的姓名，然后请客人稍候，从记录或计算机上核对，确认无误后将钥匙交给宾客，此时客人应有能证明身份的证件。

②对已遗失房卡的住客，且房卡与磁卡钥匙一体，必须核实确认，方可补办。同时做好记录，以备结算时核实按规定赔偿。

③客人结算离店时，问询员应提醒宾客归还钥匙，团队客房钥匙则由前厅负责收回，可请陪同或领队协助完成。

4.4　总机服务

4.4.1　总机服务项目

总机处是酒店内外信息沟通、联络的通讯枢纽，又是为客人提供服务的工具。客人对酒店的第一印象，往往是在与话务员的第一次接触中形成的，而这种接触所具有的特点又使热情、快捷、高效的对客服务只能通过悦耳的嗓音体现出来。因此，总机服务越来越被酒店所重视。

电话总机提供的服务项目有：转接店内、外电话；挂接国际、国内长途电话；提供叫醒和呼叫找人、留言查询、"免电话打扰"服务等。

4.4.2　总机的服务操作程序

1）转接电话

电话总机是酒店对外的无形门面，话务员的服务态度、语言艺术和操作水平决定话务服务的质量，影响着酒店的形象和声誉。因此，总机要在使用热情、礼貌、温和的服务语言的同时，话务员还必须熟练掌握转接电话的技能：了解本酒店的组织机构、各部门的职责及业务范围；掌握各部门的职责范围、服务项目及最新住客资料等信息；熟悉酒店主要负责人和部门经理的姓名、声音；熟悉本店和本地常用电话号码。

（1）在接转来自店外的电话时，要先报店名并向对方问好，然后询问需要什么帮助。

（2）在接转来自店内电话时，要先报总机，然后问好，再转接；对无人接或占线电话，要主动提议是否需要受话者留言或再次打来。如果碰到查找不到受话人姓名或房号的麻烦时，应注意保持冷静，迅速仔细核对查找，切勿急躁。

转接电话时还应注意以下几点：

①能够辨别电话的来源，尤其是店内电话能够辨别主要管理人员的声音并给予适当的尊称。

②用热情、悦耳的语音和语调向来电者致意问好。

③报出酒店名称及岗位名称，必要时还要报出工号。

④听清和明确地了解来电者的要求，按要求进行下一步操作。

⑤请客人等候时，播放音乐。

2）挂接国际、国内长途电话

酒店所提供的长途电话服务，常分为三种：一是住客在房内直拨的国际长途（IDD）和国内长途（DDD）；二是通过长途电话台挂拨的人工长途；三是由话务员为店外客人代为直拨的长途。为了方便住店客人，酒店设计了电话服务指南及电话卡，供客人查阅使用，大大减轻了话务员的工作量。另外，注意随时为入住登记的客人开通长途电话服务及为结账离店的客人及时关闭长途电话服务。若团体会议客人需处理电话费用，则应设立相应分账单。

在总机长途电话服务过程中，难以控制的是长途费用的跑账、漏账，部分客人常在结账离店后，仍发生长途电话费用等问题。对此采取的有效措施是：话务员必须掌握当日预计离店客人的结账情况，并主动与前台收银处密切联系。一旦客人结账离店，话务员就立即关闭客房的长途电话，直至该客房重新出租给新的住客。

3）提供叫醒服务

通过电脑系统可以自动实施叫醒，但许多酒店仍由总台话务员或总机话务员来完成叫醒服务，原因是客人最喜欢的依然是面对面服务。

（1）人工叫醒服务的程序

①受理客人的叫醒服务预订。

②确认房号和叫醒的时间。

③填写叫醒记录，再次跟客人复述确认。

④使用定时钟定时。

⑤使用电话叫醒客人时，话务员先向客人问好，告之叫醒时间已到。

⑥核对叫醒记录。

⑦若无人应答，隔5分钟再人工叫一次。再次无人应答时，立即通知大堂副理和客房部，查明原因，采取措施。

（2）自动叫醒服务的程序

自动叫醒服务的程序跟人工叫醒服务程序的前三步一致，不同的是确认客人的叫醒预订后，要输入电脑，并检查屏幕显示与打印机记录是否一致，然后核审当日叫醒记录，并检查设备是否运转正常。注意查看是否有无人应答记录的房间，立即改用人工方式叫醒客人，并通知客房服务中心，做详细记录。

（3）叫醒失误的原因

①酒店方面的可能原因：话务员漏叫；话务员做了记录，但忘了输入电脑；记录得太潦草、笔误或误听，输入电脑时输错房号或时间；电脑出了故障。

②客人方面的可能原因：客人本身错报房号；电话听筒没放好，无法振铃；睡得太死，电话铃响没听见。

业务链接 4-2

叫醒服务时，电话没人接怎么办？

客人提出叫醒要求时，服务员要根据客人要求在"叫醒时间表"或"交班记录表"上做好详细记录，叫醒客人时间必须准确，并有礼貌地说："早上好……"但有时房间无人接听电话怎么办？

这时应立即通知楼层，当值服务员去敲门，确实做好叫醒客人的服务。

有时即使有人听电话，但五分钟内还需要服务员亲自敲门嘱咐客人起床时间已到，做到双重保险，以防客人接完电话后埋头又睡着了。

如有客人提出叫醒，注意听清楚客人吩咐的叫醒时间，问清客人的房号，写在"叫醒时间表"上，通知总机叫醒某房间的叫醒服务（时间、房号）。

4）充当酒店临时指挥中心

在酒店出现紧急情况（诸如发生火灾、水灾、伤亡事故、刑事案件等）时，电话总机除提供以上服务外，还应该成为酒店管理人员采取相应措施的指挥中心。有类似情况时，酒店管理人员必须借助于电话系统来迅速控制局势。此时，话务员应注意以下几个要点：

①保持冷静。问清报告者事情发生的地点、时间，报告者姓名、身份，并迅速做好记录。

②电话通报酒店有关领导及各部门，并根据现场指挥人员的指令，迅速与市内有关部门（如消防、安全等）紧急联系。随后，话务员应相互通报，传递所发生的情况。

③严格执行现场管理人员的指令。

④坚守岗位，继续对客服务，安抚客人。

⑤详细记录紧急情况发生时的电话处理，并加以归类存档。

4.5　商务中心服务

4.5.1　商务中心的服务项目

1）商务中心的主要职能

为满足客人的商务需要，越来越多的酒店设立了商务中心。通常商务中心设在酒店一层或二层的公共区域内，并有明显的指示标记牌，便于客人查找。中心除拥有上述先进、齐全的设备和物品外，还应配备具有一定专业经验的工作人员。商务中心是现代酒店的重要标志之一，是客人"办公室外的办公室"。一般以房间为单位进行设计，具有安静、隔音、舒适、幽雅、整洁等特点。

商务中心拥有的设备及用品包括：复印机、传真机、电传机、多功能打字机、程控直拨电话机、录音机、装订机、碎纸机及其他办公用品，同时还应配备一定数量的办公桌椅、沙发，以及相关的商务刊物、报纸、指南、资料等。商务中心提供 24 小时的服务，显现出它在酒店中的特殊地位。由于商务中心工作的特殊性，要求商务中心的人员热情礼貌。商务中心的主要职能如下：

①提供各种高效的秘书性服务。

②为客人提供、传递各种信息。

③直接或间接为酒店争取客源（特别是商旅客人）。

2）商务中心的服务项目

商务中心的服务项目包括复印、打字、电传、传真、电报、翻译（多种语言）、听写/会议记录、抄写、文件核对、代办邮件、会议室出租、文件整理及装订、信息咨询、安排会晤等。

4.5.2　商务中心的服务操作程序

1）复印服务工作程序

①主动问候客人，按要求受理此项业务。

②问明客人要复印的数量及规格，并做好记录。

③告知所能达到的最快交文件时间。

④告诉客人复印价格。

⑤复印后清点，按规定价格计算费用，办理结账手续。

⑥复印完毕，取出复印件和原件如数交给客人，询问客人是否需装订或放入文件袋。

⑦礼貌道谢。

⑧在"复印登记表"中登记。

2）打印服务程序

①了解并记录客人的相关要求。

②说明收费标准，征询付款方式。

③告诉所能达到的最快交文件时间。

④浏览原稿件，不明之处向客人提出。

⑤记录客人的姓名、联系电话、房号。

⑥打字完毕后认真核对一遍，并按照客人的要求予以修改、补充，确保无误。

⑦客人确认文件定稿后，询问文件是否存盘及保留的时间，或按客人的要求删除。

⑧通知客人取件，送到客人房间或指定地点。

⑨收费，礼貌道谢。

3）传真发送与接收服务程序

①礼貌问候客人，了解发往地区。

②查看客人提供的地区号码，并进行核对。

③向客人说明收费具体标准，如按时间或页数计算。

④输入传真号码后，先与稿件上号码核对，确认无误后，再按发送键。

⑤传真发出后，应将发送成功报告单连同原件一起交给宾客。

⑥办理结账手续，账单上注明传真号码以及发送所用时间。

⑦填写商务中心日发送传真报表。

⑧如果接收传真，到问询处确认收件人姓名及房号，并将接收报单与来件存放一起。

⑨填写商务中心日传真来件报表。

⑩电话通知客人。按酒店服务标准，或请客人来取，或派行李员送到房间。客人不

在，可留言（留言单右上角应注明宾客离店日期、时间，以便能在宾客离店前将传真送给宾客）。开出的账单交前厅收银处，以备结算。

4）受理票务服务程序

①礼貌询问宾客的订票需求，如航班、线路、日期、车次、座位选择及其他特殊要求等。

②通过电脑快捷查询票源。如遇客人所期望的航班、车次已无票时，应向宾客致歉，并作解释，同时主动征询客人意见，是否延期或更改航班、车次等。

③请客人出示有效证件或证明，办理订票手续，注意与登记单内容进行核对。

④出票、确认。

⑤向客人微笑致谢，目送客人。

5）会议室出租服务程序

①接到预约，要简明扼要地向客人了解租用者的姓名或公司名称，酒店房间号码或联系电话，会议的起始时间及结束时间、人数、要求等项目内容，并做好记录。

②介绍租用费用，带领客人参观所租的会场。

③预收订金。租用会议室以收到预订金时开始有效，如果客人取消预约未及时通知酒店，影响酒店的再次出租，不退还预订金。

④在会议室出租预订单上做好相关记录。

⑤将上述情况汇报主管或领班以及问询处，将预订单副本交前厅部。

⑥根据客人要求在其他部门的配合下安排布置会场或会议室。

4.6　收银服务

总台结账处亦称前台收银处，每天负责核算和整理各业务部门收银员送来的客人消费账单，为离店客人办理结账收款事宜，编制各种会计报表。从业务性质来说，前厅收银处一般情况下直接归属于酒店财务部，但由于它还处于接待客人的第一线岗位上，又需要接受前厅部的指挥。所以，前厅客账管理工作的好坏，直接关系到能否保证酒店的经济效益和准确反映酒店经营业务活动的状况，也反映了酒店的服务水平和经营管理效率。

作为前厅服务人员，应该了解并掌握总台结账服务的主要工作任务、操作规程及相关要求。总台收银处的主要工作任务包括客账管理、外币兑换业务、贵重物品保管。

4.6.1　客账管理

1）建立客人账户

前厅接待处给每位登记入住的客人设立一个账户，供收银处记录该客人在酒店居住期间的房租及其他各项花费（已用现金结算的费用除外）。它是编制各类营业报表的信息来源之一，也是客人离店结算的依据。

（1）散客账户的建立

①签收客人账单。检查账单各项内容是否填写齐全、正确，如有异议，应立即核实。

②核准付款方式。对照信用卡公司或银行机构所发"黑名单"（注销名单）予以核实。

③检查有关附件。如住宿登记表、房租折扣审批单、预付款收据等是否齐全。

④将客人账单连同相关附件放入标有相应房号的分账户夹内，存入账单架中。

（2）团队的账户建立

①签收团队总账单。检查总账单中团队名称、号码、人数、用房总数、房价、付款方式、付款范围等项目是否填写齐全、正确。

②查看是否有换房、加房、减房或加床等变更通知单。

③建立团队客人自付款项的分账单，注意避免重复记账或漏记账单。

④将团队总账单按编号顺序放入相应的账夹内，存入住店团队账单架中。

2）记录客人消费

①客人在酒店入住期间所发生的费用，要分门别类地按房号设立分户账准确记录。

②客人支付的预付款、应收账款等，应分门别类地记入该客人的分户账。

③逐项核收店内各营业点传递来的各种账单（凭证）。

④将核准的账单（凭证）内容分别记入分户账或总账单内。注意把结账时要交给客人的单据与分户账单收存在账夹内，其他单据按部门划分存收，交稽核组复核。

3）客人账目结算

（1）散客结账

总台夜班接待员按时打印次日预期离店客人名单（未使用电脑的酒店可根据客房状况卡条记录予以统计）；向预期次日离店的客人房间发放离店结账通知书，由收款员通过电话联系等方式予以通知。核准房号、姓名、抵店及离店日期等。核准无误后打印账单，将总账单和所有附件交请客人过目，回答客人询问。通知楼层检查客房使用的状况、最新消费、电话消费等情况，确保所有消费账目都已入账。根据不同付款方式结账，并在账单或收据上加盖"已收讫"印章，打印结账离店日期和时间。打出"离店单"，提醒客人离店时交回客房钥匙。告诉相关部门客人离店的信息，以更正核准客房房态信息。

职业道德与企业伦理4-1

结账离店

背景与情境：某日，一位在北京丽都假日酒店长住的客人到该店前台收银处支付一段时间在店内用餐的费用。当他一看到打印好的账单上面的总金额时，马上火冒三丈地讲："你们真是乱收费，我不可能有这样的高消费！"

收银员面带微笑地回答客人说："对不起，您能让我再核对一下原始单据吗？"客人当然不表示异议。收银员开始检查账单，一面对客人说："真是对不起，您能帮我一起核对吗？"客人点头认可，于是和收银员一起对账单进行核对。期间，那位收银员顺势对几笔大的账目金额（如招待宴请访客以及饮用名酒……）作了口头提示以唤起客人的回忆。等账目全部核对完毕，收银员有礼貌地说："谢谢，您帮助我核对了账单，耽误了您的时间，费神了！"客人听罢连声说："小姐，麻烦你了，真不好意思！"

问题： 本案例中收银员成功熄灭客人怒火的成功之处是什么？该收银员的行为符合职业道德与企业伦理要求吗？

分析提示： 上述案例中的收银员用美好的语言使客人熄灭了怒火。一开始她就揣摩到客人的心理，避免用简单生硬的语言（像"签单上面肯定有你的签字，账单肯定不会错……"之类的话），使客人不至于下不了台而恼羞成怒。本来该店有规定：账单应该由有异议的客人自己进行检查，而那位收银员懂得"顾客就是上帝"这句话的真谛，因此在处理矛盾时，先向客人道歉，然后仔细帮客人再核对一遍账目，其间对语言技巧的合理运用也是很重要的，尊重是语言礼貌的核心部分。说话时要尊重客人，即使客人发了火，也不要忘记尊重客人也就是尊重自己这个道理。前台收银处对客人来说是个非常"敏感"的地方，也最容易引起客人发火。

在通常情况下，长住客人在酒店内用餐后都喜欢用"签单"的方式结账，简单易行而且方便。但是由于客人在用餐时往往会忽视所点菜肴和酒水的价格，所以等客人事后到前台付账，当看到账单上汇总的消费总金额时，往往会大吃一惊，觉得自己并没有吃喝了那么多，于是就责怪餐厅所报的账目（包括价格）有差错，结果便把火气发泄到无辜的前台收银员身上。

（2）团队结账

根据预期离店团队名称、房号等，通知客房服务中心、楼层、总机和礼宾部。核准团队的付账范围，打印团队总账单，请团队陪同确认并签名。为该团队客人分户自付账打印账单及收款。将团队账单转送有关部门进行收款工作。

（3）结账方式

①现金结账。这是最受酒店欢迎的结算方式，所收款额能立刻用于生产运营，在缩短了资金运转周期的同时，提高了酒店流动资金的运转效率。收银员按照电脑打印的账单或账单卡所列各项账目的应付款数，请客人交款便可。

②信用卡结账。信用卡的使用减少了携带大量现金带来的麻烦。结算时，收银员首先核验客人所持信用卡是否属于在本酒店可以使用的信用卡，有无残缺、破损并核实有效期限，然后使用刷卡机刷卡，打印出签购单，请客人签名，仔细核对上述情况和客人的签名。

③支票结账。通常国内企业用现金支票支付，国外客人使用旅行支票支付费用。在实际操作中要注意拒收字迹不清、过时失效的支票；核查支票持有者的有效身份证件并登记；对于有背书的二手支票，应请客人再次背书；对有疑惑之处应当面问清，并立即向财务主管负责人汇报或进行银行查询。

④转账支付。接待员将客人要求与预订单付款方式核准无误后，向客人具体说明转账款项范围，如房租、餐费、电话费、洗衣费等，同时当面说明客人自付项目的有关手续及规定。对于转账，一般需制作两份账单：一份（A单）记录应由签约单位支付的款项（已在合同及预订单、登记表中标明范围）；另一份（B单）则记录客人的自付款项。

⑤他人代付。有些客人提出为其他客人代为支付在店费用。总台收银员找出并核对代付客人所填写的"承诺付款书"（如表4-10所示），将相关账单转在代付客人名下。

表4-10　　　　　　　　　　　　　承诺付款书

××酒店
承诺付款书
我承诺支付＿＿＿＿＿＿房＿＿＿＿＿＿先生/小姐＿＿＿＿＿＿的
1)全部房费
2)房费
3)其他费用(请特别说明)
付款方式为现金/信用卡(信用卡号码:　　　　　　　　　　　　　　　　)
I will guarantee pay the
ⅰ)total charges　　　　　　　　Mr.＿＿＿＿＿＿＿
ⅱ)room charges for Mrs.＿＿＿＿＿
ⅲ)others(please specify*)　　Ms.＿＿＿＿＿＿
of room number＿＿＿＿during the stay from＿＿＿＿＿to＿＿＿＿＿
By Cash/My Credit Number＿＿＿＿＿
客人姓名　　　　　　　签　名
Guest Name　　　　　　Signature
房　号　　　　　　　　日　期
Room Number＿＿＿＿＿　　Date＿＿＿＿＿
* 特别费用说明:
Please specify the other charges:
经办人:
Prepared By:

同步案例4-2

客人即将逃账

背景与情境: 陈先生是QQ酒店的常客,每次到贵阳来都住在这里。这次来在QQ酒店住了一个星期了,交的2 000元预付款已经用完了,总台照惯例电话催收了一次,他答应来补交,过了一天他没有来,后又催收了一次,他说,我每次都住在你们酒店,你们应该很了解我了,我不会赖账的,我还有那么多生意在贵阳,你们放心好了,我会交的。可几天过去了他依然没来,欠款还在增加。这下酒店觉得他的表现有些反常,便从他的合作单位了解到,他的生意已经办妥了,已经订好机票过两天就要离开了,可能不会再来贵阳了。

问题: 作为收银处工作人员,此时你该怎样处理这件事?

分析提示: 面对这种现状,客人确实已有逃账的嫌疑。为避免酒店的损失,首先将此事报告收银主管或前厅主管,最重要的是需及时要回欠款。因陈先生是酒店的常客,同时顾虑客人的面子问题,需妥善解决。可在主管的授意之下,向陈先生赠送当地特产,在必要的客套之外，可暗示陈先生已知晓其即将离开本市，同时询问是否需要行李服务或者租车服务，最后欢迎陈先生以后还来贵州，还下榻QQ酒店。这样陈先生为顾忌个人声誉，会主动还清欠款。

4.6.2 外币兑换服务

目前可在中国银行或指定机构兑换外币，兑换服务的程序和要求如下：

①礼貌问候客人，问清客人的兑换要求，同时请客人出示护照或有效证件。

②根据当日国家外汇管理局公布的现钞牌价，当面清点并唱收兑换的外币种类和金额。

③使用货币识别机鉴别钞票的真伪，同时核准该币种是否属现行可兑换之列。

④填写两联水单，请客人在水单上签名，写上房号或地址。

⑤兑换时按当日牌价，要经收款员核算和复核员审核，以确保兑换数额清点准确。

⑥核准无误后将水单和所兑换现款金额付给客人并礼貌道别。

4.6.3 贵重物品保管服务

酒店为住店客人通常免费提供两种形式的贵重物品保管服务：一种是设在客房内的小型保险箱；另一种则是设在前台的客用保险箱，由收银员负责此项服务。贵重物品保管服务程序如下：

①客人前来保管贵重物品，服务员主动迎接问好，向客人介绍保管方法和注意事项。

②请客人出示房卡，查看并确认是否属于住店客人。

③请客人填写贵重物品保管寄存单，如表4-11所示，一式两联，并在电脑上查看房号与客人填写的是否一致。

表4-11　　　　　　　　　　　　贵重物品保管寄存单

（正面）

Service Hour 07:30—23:00 Safety Deposit Box Service			箱号 Box No.	
房号 Room No.	姓名 Name	签名式样 Specimen Signed	日期 Date	经手人 Approved By
签名 Counter	日期/时间 Date/Time	签名 Counter	日期/时间 Date/Time	
阅读反面说明 Please see conditions on reverse				

（反面）

条例：

1.保险箱只是供给本酒店客人免费使用。

2.如遗失此钥匙,必须更换新锁,您须赔偿价款的半数金额。

3.如您退房离店时未能将此钥匙交到前台收款处,本酒店有权自行开启并移出保存物品,不负任何责任。

4.我认可已取走所有存放物品,以后与酒店无关。

Conditions:

1.Safe Deposit Boxes are furnished without change to hotel guests only.

2.If this key lost,we wilt not only replace a new key but a new lock,you will be charged half the cost.

3.The hotel management reserves the right to open the box and remove contents,without liability,if key is not surrendered when guest departs from hotel.

4.I hereby acknowledge that all property stored in the safe box has been safely withdrawn therefore and liability of said hotel therefore is released.

客人签名

Guest Signature

房号　　　　　　　　　　　　日期

Room No.　　　　　　　　　　Date

④根据客人需求选择保险箱，将保险箱号记录在寄存单上。审查单据、物品件数与签字，将一把钥匙交给客人，双方共同开启保险箱，请客人存放物品，已填好的寄存单第一联放入保险箱，再由双方同时上锁，将寄存单第二联和该箱钥匙交给客人保存。

⑤客人每次开启保险箱，都在寄存单相关栏内签名，记录开启日期及时间，收款员核对、确认并签名。

⑥若客人终止存放物品，收款员请客人交回第二联寄存单和钥匙，在终止栏内注明日期、姓名，经手人签名。

⑦若客人钥匙丢失，应迅速通知保安部、工程部有关人员，四方在场，由工程部人员强行撬开保险箱，请客人取走所有物品。其钥匙和修理费用按酒店规定向客人收取，做好记录，以备查核。

4.6.4　夜审及营业报表编制

1）夜审

夜审，就是要核查上个夜班以后所收到的账单，把房租登录在宾客账户上，并做好汇总和核查工作。由酒店收银处夜间工作人员承担这项工作。夜间审计员的具体工作步骤如下：

①检查是否所有营业部门的账单都已转来；检查是否所有单据都已登上账户；将所有尚未登账的单据登入账户。

②按部门将单据分类，计算出各部门的收入总额；累计现金表，检查收到现金和代付现金的总额；检查是否所有现金表上的项目都已登录在账户上。

③进行一切必要的纠正；检查所有折让和回扣是否有适当的签字批准，以及是否登录在账户上。

④将当日房租登记在账卡上；将每个账卡的借方和贷方金额分别相加，求出当日的余额。

⑤将当日余额记入下一日新开账页的对应行内。

在上述整理汇总的基础上，夜间人员要将账户上的信息按项目登录到有关的账册上并求出总数，然后做好下列检查工作：检查每个营业部门的借方栏总数是否与相应的销售收入一致；将现金收入栏和代付栏总数与现金表相比较，以确认两数相符；检查折让和回扣总数是否与有关单据上的总数相符；将开账余额栏的总和与上一天结账时的余额总和相比较，检查是否相符。

2）营业报表编制

客房营业日报表（如表4-12所示）是全面反映本酒店客房营业情况的业务报表，一般由前厅收银处夜审人员负责编制，其中一份于次日早晨送往总经理办公室，以便总经理及时掌握营业情况；另一份送交财务部门，作为核对营业收入的依据。

表4-12　　　　　　　　　　　　　　　　**客房营业日报表**

年　月　日

项　　目	今　　天	本月累计	与去年同期相比
客房总数			
维修房			
免费房			
职工用房			
可出租客房			
已出租客房			
客房出租率			
房租变更+			
房租变更−			
客房收入			
平均房价			

项目	人数	房数	今天在店	人数	房间
预订			散客		
取消预订			团队		
按预订已到			长住客		
按预订已到的团队			VIP		
未预订开房					
延长停留			备注		
实际在店					
原定今天离店					
提前离店					
今天实际离店					
明天预期离店					
明天预期抵店					
预计明天空房			制表人：		复核人：

①根据客房状况资料，以楼层为单位，统计客人数及其用房数与散客用房的营业收入；统计免费房、内宾用房、空房、待修房以及职工用房的数量；统计在店团体的用房数、人数及租金收入。统计出当日出租的客房数、在店客人数及客房营业收入。

②根据客人离店的资料及"抵店客人名单"，统计出当日离店客人的人数、用房数；当日抵店客人的人数、用房数。然后用下列方法来核对第一步骤中汇总的当日出租的客房数与在店客人数：

当日出租客房数=昨天出租的客房数-当日离店的客人用房数+当日抵店的客人用房数

当日在店客人数=昨天在店客人数-当日离店的客人数+当日抵店客人数

③与财务部的夜审人员核对当天的客房营业收入；核对散客租金收入；核对团体租金收入；核对当天房价变更的统计结果。

④计算当日客房出租率及当日的实际平均房价。这两个重要数据分别从出租的客房数量及出租的收益中简明、集中地反映当天的客房营业情况。有的酒店根据自身的特点，还要求统计团体用房率和散客的平均房价。计算方法如下：

客房出租率=（已出租的客房数÷酒店可供出租的客房数）×100%

团体用房率=（团体用房数÷已出租的用房数）×100%

散客平均房价=散客用房的租金收入÷散客用房数

实际平均房价=客房营业收入÷已出租的用房数

将以上数据汇总计算，经核对后填入营业日报表。

本章概要

□内容提要与结构

▲内容提要

●在越来越商业化的酒店服务中，系列服务以它多元化的内容赢得了消费者的认可，并且随着社会的发展和消费者需求而不断地改变和充实着自身。

●本章通过礼宾服务、"金钥匙"服务、问询留言服务、总机服务、商务中心服务、收银服务等方面的讲解，要求学生了解当今酒店的系列服务包括的内容、它们彼此之间的相互关系及每一项服务中对消费者的承诺。通过这一章的学习，对酒店服务工作能有一定的认识。

▲内容结构

本章内容结构如图4-3所示。

□主要概念和观念

▲主要概念

前厅系列服务　金钥匙　夜审

▲主要观念

礼宾服务　问询留言服务

□重点实务与操作

▲重点实务

金钥匙服务　总机服务

迎送宾客服务
行李服务
委托代办服务
礼宾服务

金钥匙概述
中国金钥匙服务项目
金钥匙服务

问询服务
留言服务
邮件服务
客房钥匙控制
问询留言服务

总机服务项目
总机的服务操作程序
总机服务

商务中心的服务项目
商务中心的服务操作程序
商务中心服务

客账管理
外币兑换服务
贵重物品保管服务
夜审及营业报表编制
收银服务

前厅系列服务

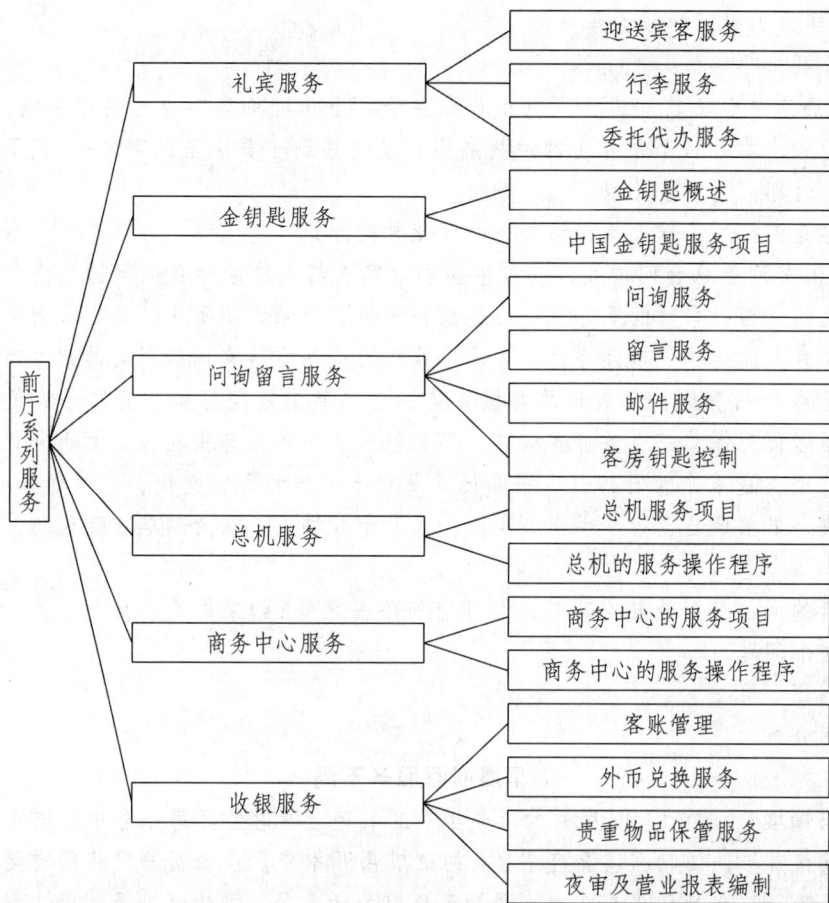

图4-3 本章内容结构

▲重点操作

前厅系列服务

━ 基本训练 ➡

□理论题

▲简答题

1）简述"金钥匙"的理念及其在中国的发展。

2）简述问询服务中对住店客人的服务范围。

3）一般酒店商务中心的服务项目是什么？

▲讨论题

1）前厅系列服务需要酒店各个部门的相互配合吗？

2）前台收银处、前厅部与财务部之间的关系有哪些？

□实务题

▲规则复习

1）简述为客人存取行李的注意事项。

2）简述散客抵店行李服务流程。

3）简述人工叫醒的服务程序。

▲业务解析

1）某酒店总台。前厅工作人员小黄正在给915房间的客人办理离店手续。闲聊中，那位客人旁顾左右，捋下手指上的一枚戒指，偷偷塞到小黄手里低声道："我下星期还要来长住一个时期，请多多关照。"

如果你是该前厅工作人员，该如何处理此种问题？

2）上海某酒店总台问询处，一位中国香港客人怒气冲冲地责问问询员为什么拒绝转交朋友给他的东西，当班的服务员小孙连忙查阅值班记录，不见上一班留有有关此事的记载，便请求客人讲述一下事件经过。客人说他几天前住在这家酒店，去苏州办事几天，离店前预订了今天的房间，并告诉总台服务员，在他离店期间可能有朋友会将他的东西送来，希望酒店代为保管，服务员满口答应了。但这位服务员却未在值班簿上做记录。第二天当客人的朋友送来东西时，当班服务员见没有上一班的留言交代，又见送来的是衬衫，便拒绝接收，要求他自己亲手去交。所以，客人十分恼火，认为酒店言而无信，是存心跟他过不去。

该酒店的问询处对此转交事件的处理有何不妥之处？如果你是小孙，你该如何处理现在面临的这个问题？

□案例题

▲案例分析

早晨叫醒服务不周

背景与情境： 住在1102房间的周先生在某日晚上9时给客房服务中心打电话，要求次日早上6点叫早，同时强调要赶乘8点的班机离开本市。值班员当晚将所有要求叫醒的客人名单及房号（包括周先生在内）通知了总机处话务员，并由话务员记录在叫醒服务一览表之中。次日6点钟之际，话务员依次叫早。当叫到周先生时，电话响了一阵，周先生才接起电话。话务员照常规说："早晨好，现在是早晨6点钟的叫醒服务。"接着传出周先生微弱不清的声音："谢谢。"谁知周先生回答以后，马上又睡着了，等他醒来时已是6点55分了。等赶到机场，飞机已起飞，只好折回酒店。客人事后向酒店大堂值班经理提出飞机退票费及等待下班飞机期间的误餐费的承担问题。值班经理了解情况之后，向周先生解释说："您今天误机的事，我们同样感到遗憾，不过接线员已按您的要求履行了叫醒服务的职责，这事就很难办了！"周先生并不否认自己接到过叫醒服务的电话，但仍旧提出意见说："你们酒店在是否弥补我的损失这一点上，可以再商量，但你们的叫醒服务大有改进的必要！"

（资料来源　佚名.客房服务案例[EB/OL].[2012-07-19]http://www.docin.com/p-415224577.html.原文经改编）

问题：

1）酒店此次叫醒服务为什么叫而不醒？

2）酒店该如何解决此次因叫醒服务失误而给客人带来的损失问题？

3）在叫醒服务操作过程中，你有何好的对策和建议？

分析要求： 同第1章本题型的"分析要求"。

▲善恶研判

转递资料

背景与情境： 北京某酒店的前台，服务员正在忙于接待客人。此时，两位西装革履的中年人提着一个看上去有点重量的箱子径直往问询处走来。

"您好，需要我效劳吗？"刚放下电话的问询处小马主动问道。

"有件事需要麻烦一下。"其中一位说道，但似乎不知从何说起，目光对着地上的那只箱子。

"我们一定尽力而为，请您说吧。"小马说道。

"我们是海南光明工贸公司的驻京代表，这一箱资料，要尽快交给我公司总经理，他定于今天下午3点到达这里。我们下午不能前来迎接，所以想把箱子先放在贵酒店，待总经理一到，请你们交给他本人。"

"请放心，我们一定办到。"小马再三保证。

下午3时已到，海南那家公司的总经理还未抵达酒店，小马打电话到机场，获知飞机没有误点。但因那两位中年人没有留下电话和地址，所以小马别无选择，只能再等下去。又是两个小时过去了，那位总经理仍然没有来，小马不得不做好交接箱子的思想准备。就在这一瞬间，电话铃响了。

"问询处吗？今晨我们留在前台的那只资料箱本是想交给我们总经理的。刚才接到总经理电话，说他被一位住在××酒店的朋友邀去，决定就住在那儿了，而那箱资料是他急用的……"还是那驻京代表的声音。

"您不用着急，我会设法把箱子立刻送到××酒店的"。

小马放下电话即安排一位员工办理此事。半小时后，那位驻京代表又打来电话，但小马已经下班了。

"请转达小马，箱子已经送到，万分感谢。我们总经理改变主意住到了别的酒店，你们不但没有计较，还为我们服务得那么好，真不知如何表达我们的感激。总经理说，下回一定要住你们酒店。"对方诚恳地说道。

（资料来源 佚名.酒店服务案例[EB/OL].[2012-02-22].http: //www.canyin168.com/glyy/yg/ygpx/fwal/201202/39590.html.原文经改编）

问题：

1）本案例中酒店前台为客人提供了什么服务？

2）试对上述案例作出你的善恶研判。

3）通过网上或图书馆调研等途径搜集你作善恶研判所依据的行业规范。

研判要求： 同第1章本题型的"研判要求"。

□实训题

"前厅系列服务"业务胜任力训练。

【实训目的】

见本章"章名页"中"学习目标"中的"实训目标"。

【实训内容】

专业能力训练：其"领域"、"技能点"、"名称"和操作"规范与标准"见表4-13。

表 4-13　　　　　　　**专业能力训练领域、技能点、名称及其参照规范与标准**

能力领域	技能点	名称	参照规范与标准
前厅系列服务	技能 1	礼宾服务技能	(1) 能熟练操作迎送宾客的服务流程并现场模拟 (2) 能区别进行散客和团体的行李服务 (3) 能进行各种类型的委托代办服务
	技能 2	问询留言服务技能	(1) 能进行有效问询服务 (2) 能进行访客留言和住客留言服务的操作规程 (3) 掌握不同情况的邮件的处理服务
	技能 3	收银服务技能	(1) 能根据酒店各部门消费信息进行汇总客账管理 (2) 能根据外币兑换的服务程序和要求进行外币兑换 (3) 能进行夜审及简单的营业报表编制
	技能 4	撰写《前厅系列服务实训报告》技能	(1) 能合理设计《酒店前厅系列服务调查问卷》的结构，层次较分明 (2) 能依照商务应用文的规范撰写《酒店前厅系列服务实训报告》 (3) 本教材"网络教学资源包"的《学生考核手册》中表 4-2 所列各项"考核指标"和"考核标准"

职业核心能力和职业道德训练：其内容、种类、等级与选项见表 4-14；各选项的操作"规范与标准"见本教材附录三的附表 3 和和附录四的附表 4。

表 4-14　　　　　**职业核心能力与职业道德训练内容、种类、等级与选项表**

内容	职业核心能力							职业道德						
种类	自我学习	信息处理	数字应用	与人交流	与人合作	解决问题	革新创新	职业观念	职业情感	职业理想	职业态度	职业良心	职业作风	职业守则
等级	中级	中级	中级	中级	中级	中级	中级	认同级	认同级	认同级	认同级	认同级	认同级	认同级
选项	√			√	√	√	√		√	√	√	√	√	

【组织形式】

将班级学生分成若干实训小组，根据实训内容和项目需要进行角色划分。

【实训任务】

(1) 对表 4-13 所列专业能力领域各技能点，依照其"参照规范与标准"实施应用相关知识的基本训练。

(2) 对表 4-14 所列职业核心能力选项，依照本教材附录三的附表 3 的"参照规范与标准"实施应用相关知识的"中级"强化训练。

(3) 对表 4-14 所列职业道德选项，依照本教材附录四的附表 4 的"规范与标准"实施"认同级"相关训练。

【实训要求】

(1) 实训前学生要了解并熟记本实训的"目标"、"能力与道德领域"、"任务"与

"要求";了解并熟记本教材网络教学资源包中《学生考核手册》考核表4-1、考核表4-2的"考核指标"与"考核标准"内涵,将其作为本实训的操练点和考核点来准备。

(2)通过"实训步骤",将"实训任务"所列三种训练整合并落实到本实训的"活动过程"和"成果形式"中。

(3)实训后,学生要对本次"前厅系列服务"的实训活动进行总结,在此基础上撰写实训报告。

【情境设计】

将学生分成若干实训组,分别选择不同的酒店(或本校专业实习基地),运用前厅系列服务知识,参与其前厅系列服务实训,完成本实训的各项实训任务。各实训组对所选酒店(或本校专业实习基地)的前厅系列服务实训体验进行总结,并对其本次实训的成功经验和存在的问题进行分析,提出改进方案或建议,最后撰写《××酒店前厅系列服务实训报告》。

【指导准备】

知识准备:

(1)"礼宾服务"的理论与实务知识。

(2)"问询留言服务"的理论与实务知识。

(3)"收银服务"的理论与实务知识。

(4)本教材"附录一"的附表1中"职业核心能力"选项的"知识准备参照范围"中所列知识。

(5)本教材"附录三"的附表3和"附录四"的附表4中,涉及本章"职业核心能力领域'强化训练项'"各技能点和"职业道德领域'相关训练项'",需要对学生事先培训的"规范与标准"知识。

操作指导:

(1)教师向学生阐明"实训目的"、"能力与素质领域"和"知识准备"。

(2)教师就"知识准备"中的第(4)、(5)项,对学生进行培训。

(3)教师指导学生就操练项目进行调研、资料收集与整理。

(4)教师指导学生撰写《××酒店前厅系列服务实训计划》。

(5)教师指导学生实施《××酒店前厅系列服务实训计划》,并就操练项目进行现场指导。

(6)教师指导学生撰写《××酒店前厅系列服务实训报告》。

【实训时间】

本章课堂教学内容结束后的双休日和课余时间,为期一周。

【实训步骤】

(1)将班级每8~10位同学分成一组,每组确定1人负责。

(2)分配各组实训任务,确定每个组实训的酒店。

(3)各实训组参与所选酒店(或本校专业实习基地)的前厅系列服务实训。

(4)各组对实训操作的实际情况进行总结。

(5)各组在此基础上,总结实训酒店(或本校专业实习基地)前厅系列服务的成功之处和不足之处,并提出改进建议。

（6）各实训组在实施上述训练的过程中，融入对"自我学习"、"与人交流"、"与人合作"、"解决问题"、"革新创新"等职业核心能力各"技能点"的中级"强化训练"（突出其"知识准备参照范围"所列知识的学习和应用）和对"职业理想"、"职业态度"、"职业良心"、"职业作风"和"职业守则"等职业道德各"素质点"的"认同级"相关训练。

（7）撰写作为最终成果形式的《××酒店前厅系列服务实训报告》。

（8）在班级交流、讨论各组的《××酒店前厅系列服务实训报告》。

（9）根据交流、讨论结果，各组修订其《××酒店前厅系列服务实训报告》，并使之各具特色。

【成果形式】

实训课业：《××酒店前厅系列服务实训报告》。

课业要求：

（1）本课业应包括学生对所选酒店（或本校专业实习基地）的前厅系列服务的全面总结为基本内容，并分析本次运作中的问题与不足，最后提出改进建议，并包括"关于'能力与道德领域'其他训练的补充说明"等内涵。

（2）报告格式与体例参照本教材"课业范例"的范例综-3。

（3）各组的《××酒店前厅系列服务实训报告》初稿必须先经小组讨论，然后才能提交班级交流、讨论。

（4）经过班级交流、讨论的《××酒店前厅系列服务实训报告》由各小组进一步修改与完善。

（5）《××酒店前厅系列服务实训报告》定稿后，在报告标题下注明"项目组长姓名"和"项目组成员姓名"。

（6）将附有"教师点评"的优秀实训报告在班级展出，并纳入本校该课程的教学资源库。

━ 单元考核 ━➤

考核要求：同第1章"单元考核"的"考核要求"。

第5章
客房清洁卫生

学习目标

通过本章学习，应该达到以下目标：

理论目标：学习和把握客房清洁卫生质量标准，公共区域清洁保养的范围和特点；能用所学理论知识指导"客房清洁卫生"的相关认知活动。

实务目标：学习和把握各种客房状态清理的程序、客房计划卫生，客房卫生质量控制，公共区域清洁保养的内容，清洁设备与清洁剂的种类及使用，清洁剂的管理控制，"业务链接"所及相关业务等知识；能用所学实务知识规范"客房清洁卫生"的相关技能活动。

案例目标：能运用所学的"客房清洁整理"、"公共区域的清洁保养"和"清洁设备与清洁剂"的概念和观念研究相关案例，培养和提高在特定业务情境中分析问题与解决问题的能力；能结合"客房清洁卫生"教学内容，依照"职业道德与企业伦理"的行业规范或标准，分析企业行为的善恶，强化职业道德素质。

实训目标：参加"客房清洁卫生"业务胜任力的实践训练。在学习和把握本实训所涉及"能力与素质领域"相关"技能点"的"规范和标准"基础上，通过切实体验"客房清洁卫生"各实训任务的完成、系列技能操作的实施、《客房清洁卫生实训报告》的准备与撰写等有质量、有效率的活动，培养"客房清洁卫生"的专业能力，强化"自我学习"、"与人交流"、"与人合作"、"解决问题"和"革新创新"的职业核心能力(中级)，并通过"认同级"践行"职业情感"、"职业态度"、"职业良心"、"职业作风"和"职业守则"等规范，促进健全职业人格的塑造。

引例　雨伞套

背景与情境：某杂志社几位采编人员一连三天躲在酒店的房间里整理采访来的材料。忽然，门铃响起，开门一看，正是他们翘首等待几天的同济大学某教授。他们发现教授手中的雨伞外有一个细狭的塑料套子，不禁赞扬教授的细心。要是没有这个套子的话，大酒店豪华的地毯早就被雨伞上的水滴弄湿了。"哪里，哪里，"教授一边坐下一边说，"我哪里想到这一层，是酒店大堂服务员给每个进店拿着雨伞的客人套上的。既方便了客人，又保护了酒店地毯，保持了酒店环境整洁。"

问题：通过这个案例折射出了什么？你对保持酒店整洁的环境有何体会？

5.1　客房的清洁整理

5.1.1　客房清洁卫生质量标准

1）客房清洁卫生的顺序

为提高客房利用率和服务质量，客房清洁整理应根据客房的不同状况，按一定的先后顺序进行。一般而言，淡季时清扫顺序为：挂"请速打扫"牌房间、VIP房间、住客房、走客房、空房。而旺季时的清扫顺序可调整为：空房、走客房、挂"请速打扫"牌房间、VIP房间、住客房。具体操作可视不同情况灵活运用。

2）客房清洁卫生的时间

客房清洁卫生的标准时间是客房管理者确定服务员工作定额和进行客房定员的依据。

清洁一间客房需要花费的时间，取决于以下几方面因素：客房清洁的方法是否科学，客房类型和面积大小，客房状态和住客素质的高低，服务员的熟练程度和工作经验。

一般而言，根据客房卫生清扫种类不同，每间客房每次整理所需要的时间长短也不相同。按我国各酒店的一般经验，三星级以上酒店的时间标准可参照以下客房整理类型掌握：

空房（包括做夜床）：简单清扫，5～7分钟。

住房：一般清扫整理，15～20分钟。

走房：重点清扫整理，30～35分钟。

VIP房（含长住客人刚刚离店的客房）：彻底清扫整理，45～50分钟。

3）客房清洁卫生的标准

客房清洁卫生的标准指酒店员工及客人通过视觉、嗅觉、味觉、触觉、听觉等感觉器官能直接感受到的标准。

客房的"六净"标准：四壁净、地面净、家具净、床上净、卫生洁具净、物品净。

客房的"四无"标准：眼看到的地方无污迹、污渍；手摸到的地方无灰尘、无脏物；耳听到的地方幽雅安静无异声；鼻闻到的浴室空气清新无异味。

客房的"十无"标准：天花板、墙面、墙角无尘挂；地毯（地面）干净无杂物、无污渍、无破损；玻璃、灯具明亮无积尘；楼面无虫害；布草洁白无破损；茶具、杯具消毒整洁无痕迹；金属用具光亮无锈污；家具设备完好无破损、无脏迹；墙纸、墙壁干净无污渍、破损；卫生间清洁无异味，用具完好、用品齐全。

4）客房清洁卫生的原则

酒店根据自身不同的特点，在客房清洁卫生的操作和管理中，会有细节上的差异和特色，但一般遵循的清理原则包括：

（1）从上到下，抹拭衣柜时应从衣柜上部抹起，逐渐向下抹。

（2）从里到外，特别是最后的吸尘和检查工作，由里向外工作既能保证整洁，又可防止遗漏。

（3）先铺后抹，房间清扫应先铺床，后抹家具物品。如果先抹尘，后铺床而扬起的灰尘就会重新落在家具物品上。

（4）环形清理，家具物品的摆设是沿房间四壁环形布置的，因此，在清洁房间时，亦应按顺时针或逆时针方向进行环形清扫，以求时效和避免遗漏。

（5）先房间后卫生间，卫生间清洁是带水操作，清洁后服务员的鞋下可能有水渍，后清扫可以避免在房间走动造成的重复污染。

（6）干湿分开，即在抹拭家具物品时，干布和湿布要交替使用，针对不同性质的家具，使用不同的抹布。例如，房间的镜子、灯罩，卫生间的金属电镀器具等只能用干布擦拭。

5.1.2 客房清理程序

1）清理前的准备工作

主要是准备工作车、清洁工具。工作车是客房服务员整理、清扫房间的主要工具，准备是否妥当直接影响清扫的效率。工作车和清洁工具的准备工作一般有两种形式：如果有楼层工作间，可在前一天工作结束时，将第二天的用品提前备好，第二天进客房前再做一次检查，以提高工作效率。如果没有楼层工作间，为了减少物品丢失，减少来回搬运的麻烦，可在当天班前会后，领取客用品。

准备工作的基本内容为：将车擦拭干净，将干净的垃圾袋和布草袋挂在挂钩上，再把棉织品、水杯、烟缸、文具用品及其他各种客用消耗品备好，整齐摆放。备齐各种清洁剂、干湿抹布、不同刷子、清洁手套等各种清洁工具。检查清扫工具如吸尘器各部件是合严密，有无漏电现象，检查蓄尘袋的灰尘是否倒掉。

2）走客房的清理程序

合理的清洁程序、操作方法是提高客房清洁效率、保证服务质量的前提。

清洁整理程序有"敲"、"开"、"放"、"插"、"开"、"查"、"报"、"关"、"通"、"撤"、"铺"、"整"、"抹"、"补"、"吸"、"检"、"关"、"取"、"送"、"记"、"报"。具体内容如下：

（1）敲：轻敲房门三次，一次敲三下，每次间隔约 3 秒，每敲一次报："Housekeeping、服务员、服务员。"

（2）开：插门卡，轻推房门，开门约 20 厘米，报："服务员。"确认无客人，再将房门全打开，并挂"房间清扫牌"。

（3）放：将工作车横放在门前，并预留 1/3 门道。

（4）插：插卡取电。

（5）开：打开客房照明及电器设备开关。

（6）查：检查照明及电器有无故障，房间装饰、设施有无损坏。

（7）报：向房务中心报请维修故障及设施。

（8）关：关闭照明及电源开关。

（9）通：拉开窗帘，打开窗户，通风换气。

（10）撤：撤除物架、写字台、行李架、茶几、床头柜及地面上的废纸、果皮、杂物倒入房间垃圾桶内；将茶杯内的茶水倒入马桶内，将茶根和烟灰缸内的烟头倒入垃圾桶内，然后将烟灰缸、皂碟、香巾放在卫生间洗手盆上；撤除完毕将垃圾桶内垃圾袋撤下，放进布草车大垃圾袋内，并取一新垃圾袋放入房间垃圾桶内。撤除卫生间内洗手盆上、地面上和淋浴间内用过的洗漱品、包装袋以及废品、杂物，倒入卫生间垃圾桶内，撤除完毕将垃圾桶内垃圾袋撤下，放入布草车上的大垃圾袋内，并取一新垃圾袋放入垃圾桶内。撤除卫生间内用过的布草放于工作车布草袋内；撤除被套、枕套、床单，将枕芯、被芯放在行李台、沙发或座椅上；将布草放于工作车布草袋内，并取下新被套、枕套、床单放于写字台上。

（11）铺：铺床单，拉直、抻平，按规定掖边于床垫下，认真检查床单上有无毛发。装被套，装正抻平，将被头上翻20厘米叠平，将被尾折角掖紧。然后再装上枕套，拉平，两只枕头叠放在床头中央，标准间枕套开口与床头柜相反放置，单人大床房间枕套开口与床头柜相对放置。

（12）整：整理卫生间。

①用专用清洁工具、洗涤剂、消毒剂洗刷坐便器，消毒，用专用抹布抹净，擦干，盖好。

②洗刷淋浴间内所有洁具、浴缸、支架、挂件，抹净，擦干。

③洗刷脸盆架上撤下的茶杯、漱口杯、烟缸、皂碟、香巾盘，擦干，放在工作车上，带回消毒备用。

④清洁、擦干洗手盆、架。

⑤卫生间抹尘。从左至右、自上而下，先用洗净拧干的抹布，后用纯干抹布在卫生间内抹尘，四壁抹完后再擦洗，抹净、擦干地面。

（13）抹：房间抹尘。先用洗净拧干的抹布，后用纯干抹布自左至右、自上而下环形擦拭，普遍抹尘。

（14）补：补充房间、卫生间内可用物品。

补充物架上的食品、饮品、茶叶，将消过毒的茶杯（玻璃杯）从工作间取出，在物架上摆放整齐；补充卫生间内洗漱用品和浴巾、毛巾、地巾、手巾，并在规定位置叠放整齐；补充消过毒的漱口杯、皂碟、手巾盘，在洗漱台规定位置摆放整齐；补充挂衣橱内拖鞋、擦鞋布并摆整齐；补充写字台上文具、宣传资料、印刷品、手提袋、火柴、烟缸并摆放整齐；补充茶几上的茶叶，补充消过毒的茶杯、烟缸，在茶几规定的位置摆放整齐。

（15）吸：分别用专用吸尘器从左至右、从里到外进行地面吸尘、沙发吸尘和卫生间地面吸尘。

（16）检：按"客房检查表"所列内容，逐项自检、自查客房整理是否合格，不合格的立即整改，合格后在"客房检查表"上签字。

（17）关：关闭窗户，上锁，拉上窗帘。

（18）取：取下取电卡。

（19）送：把撤下的布草送本楼层布草周转间。

（20）记：在"客房用品单"上逐项登记补充的布草、物料、用品数量。

（21）报：向房务中心报告："×××号房间整理完毕。"

业务链接 5-1

敲门进入房间

由于客房是客人的私密空间，无论是什么样的房态，客房员工都应在进房间前先敲门通报，待客人允许后再进入房间。这是一种尊重客人、礼貌服务的规范性行为，是服务员必须养成的服务习惯，也是服务意识和服务行为的基本要求。同时，还要注意卫生间门是否关闭，如果关闭也必须敲门，经证实无人后，才能打开卫生间房门。须注意敲门时不得从门缝或门视镜向内窥视，不得耳贴房门倾听。在清洁整理房间的过程中，无论客人是否在房间，要始终将房门敞开，以避免引起客人不必要的误会。

3）住客房的清理

（1）确认可以小整的房间

确认客人是否在房间，如不在，则需对房间小整。

（2）进房

按敲门程序敲门；在"客房部清洁日记表"填写进房时间。

（3）撤换垃圾袋

收集房间、浴室垃圾，更换垃圾袋。

（4）整理房间

整理床铺，将客人用过的床铺整理好；更换用过的杯具，将烟缸洗刷干净；将客人用过的物品归位摆放。

（5）整理卫生间

补充更换卫生间物品、布草；刷洗客人用过的浴缸并抹干；清理台面卫生，擦拭地面杂物。

（6）补充酒水

统计房间用过的酒水种类、数量，填写"杂项单"，签名后交房务中心，将相应数量的酒水补入房。

（7）检查

检查有无疏漏之处；检查房间设施设备运作情况，发现异常，立即报修。

（8）离开

关闭卫生间门至 1/3 处，房门关严；在"客房部清洁日记表"填写出房时间。

业务链接 5-2

尊重客人隐私，规范服务行为

住客房与走客房的房间清洁程序基本相同，但由于住房是客人仍然使用的房间，所以在清扫时有些地方要引起我们特别的注意。

1）客人在房间时

如果进房后发现客人在卫生间，或正在睡觉、正在更衣，应立即道歉，退出房间，并关好房门。如果客人在房间，要立即礼貌地向客人问好，讲明身份，征询是否可以进房清理。操作要轻，程序要熟练，不能与客人长谈。若遇到有来访客人，应询问是否继续进行清洁工作。清洁完毕，向客人致歉，并询问是否有其他吩咐，然后向客人行礼，退出房间，轻轻地关上房门。

2）客人中途回房

在清理工作中，遇到客人回房时，要主动向客人打招呼问好，征求意见是否继续清理，如未获允许应立即离开，待客人外出后再继续进行清理。若客人同意，应迅速地把房间清理好，离开时应礼貌地向客人致谢，退出房间时注意要轻轻地关上房门。

3）不用客房电话

房间电话是客人的通讯工具，为了尊重客人对房间的使用权和避免不必要的麻烦，清理房间时不要使用客房电话，也不要接听客房电话。

4）不乱动客人物品

客人的物品不应乱动或翻看，必要时应轻拿轻放，清扫完毕要放回原位。若不小心损坏了客人的物品，应如实向主管反映，并主动向客人赔礼道歉；如属贵重物品，应由主管陪同前往，征求客人意见；若对方要求赔偿时，应根据具体情况，由客房部出面给予赔偿。

5）尊重客人的生活习惯

注意了解客人的生活与工作习惯，以便开展针对性的服务。（1）对于长住客人，更应注意客人的生活规律，按客人的时间要求整理房间。（2）注意观察客人物品的摆放习惯，按客人的习惯整理摆放文件、书报、衣物。（3）除了垃圾桶里的东西外，其他物品不经客人允许不能随意丢掉。

6）客人挂"请勿打扰"牌

当客房门把上挂有"请勿打扰"牌时，或在锁中露出红色标志——表示已上双重锁；或在房门一侧上方墙壁上亮着"请勿打扰"指示灯时，客房服务员不能敲门进房间，避免打扰客人。到下午两点时，仍然挂着"请勿打扰"牌，表示客人没有离开房间，服务员可打电话到房间了解情况，并注意礼貌用语："您好，我是服务员，请问可以进房打扫卫生吗？"客人同意后方可进入。如果无人接电话，说明客人可能生病或有其他问题，应立即报告主管和保卫部，采取措施进入房间，以保证客人的人身安全。

教学互动 5-1

不翼而飞的隐形眼镜

王先生和妻子来广州旅游，住进一家五星级酒店。第二天，他们一早去吃早餐，回来后准备去越秀公园转一转。可是当回到房间内，王先生发现他妻子的隐形眼镜不见了。他妻子说："刚才吃早餐之前还看见了呢。"于是二人四处查找，哪里都没有，无奈王先生向酒店提出投诉。经核对，王先生夫妇二人从去吃早餐到回房，准确的时间是50分钟，而在这一段时间内，只有实习生小平进入房间进行打扫。小平回忆起当时的情景时发现自己把杯子里的隐形眼镜和药水当做剩水给倒掉了。对此小平后悔莫及。

互动问题：隐形眼镜为什么会不翼而飞？小平的行为符合职业要求吗？

要求：同"教学互动1-1"的"要求"。

4）空房的清理

空房是清洁整理合格等待出售的OK房。为了保持OK房的卫生标准，空房也必须每天清扫。具体清扫内容是：

（1）每天进房开窗通风换气。

（2）家具、设备、门窗、卫生间抹尘。

（3）卫生间各水龙头放水1分钟，直到水清为止，以保持水质洁净。

（4）检查卫生间的"四巾"是否柔软富有弹性，如果干燥不合要求，要在客人入住前更换。

（5）检查各类用品是否齐全。

（6）连续空着的房间，每隔3~4天吸尘一次。

（7）检查房间设备情况，观察房间四壁和天花板，有无蜘蛛网和灰尘，地面有无鼠迹和虫类。

5）开夜床

（1）准备工作

①每天18：00开始逐间开夜床。

②将宾客不需要开夜床房号记录在"客房部夜床服务表"上。

③按房间数量准备相应数量的水果、报纸、小礼品放在工作车上。

④将部分房间的早餐券准备到位，妥善保管。

（2）征求宾客意见

①宾客在房间时，要有礼貌地致电询问宾客："先生/女士：晚上好，请问我可以进来开夜床吗？"待宾客同意后方可进房。

②宾客挂"请勿打扰"牌时，应在"客房部夜床服务表"上注明，等宾客取消"请勿打扰"外出后，补开夜床。宾客出来后，要征求宾客意见是否可以补开夜床，以免宾客外出忘记关"请勿打扰"灯或忘记取下"请勿打扰"牌而出现漏开。

（3）进房

①按敲门程序敲门，无人应答时进房。

②填写"客房部夜床服务表"的进房时间。

（4）开灯拉窗帘

①打开卫生间排气扇、卫生间门。

②拉开窗帘。

③打开房间所有灯具，检查是否正常。

（5）补充更换赠品

将水果放在果盘内（拿取水果时必须戴一次性手套操作），报纸或早餐券放在床头柜上，小礼品放在枕头前方，晚安卡放在枕头上。

（6）开夜床

①根据"客房部夜床服务表"上的人数为宾客开夜床。

②住一位宾客时一般开靠近卫生间一侧的床。若住一位宾客，两张床都用过，一般开较乱的一张；最佳的开床方式是开宾客习惯睡的床。

③如遇宾客床上摆放物品较多或有大件行李放在床上，可不开夜床。

④将饰单和抱枕叠好放在行李柜下层。

⑤将靠近床头柜一侧被头折成1/2床的90度角。

⑥将床面整理平整、无褶纹，枕头饱满充实，检查床头上面有无毛发。

⑦将枕头放下摆平。

⑧将拖鞋撑开放于距床头1/3处。

（7）整理房间

①更换用过的杯具、烟缸。

②更换垃圾袋。

③台面、桌面、茶几面抹尘及物品定位。

④补充小物品如茶叶等。

⑤清洁地面垃圾杂物。

⑥取下浴衣袋叠好放于壁橱内，将浴衣挂于卫生间门后的挂钩上。

⑦将热水壶接满水烧开。

（8）检查房间

①检查设施设备运行情况，发现情况立即报修。

②检查电视机收视效果，并处于待机状态。

③检查窗帘，以下垂、整齐、不透光为标准。

（9）清洁卫生间

①倒掉垃圾，更换垃圾袋。

②洗刷烟缸并抹干。

③更换使用过的"四巾"。

④整理台面，物品定位摆放。

⑤将浴帘放至浴缸的2/3位置。

⑥将地巾铺在浴缸外正中间地面上，店标朝外。

⑦将防滑垫铺好。

⑧补充物品。

⑨检查卫生间设施设备工作情况。

⑩抹干净地面，做到地面上无水迹、毛发等杂物。

教学互动5-2

下午3点多，莫小姐入住某酒店1801房间，因为公司业务的需要，她将在此逗留一周。莫小姐放下行李，休息了一会儿，近6点时到餐厅用餐。当她用餐完毕回到房间时，发现夜床已经做好，服务员为她开的是靠卫生间墙壁的一张床。莫小姐打开电视机，靠在开好的一张床上看电视，但觉得电视机的位置有些偏，不是很合适，于是又去将电视机的方向转至合适位置。第二天，莫小姐办完事情回到酒店已经是晚上7点左右，夜床已经做好，莫小姐惊奇地发现这次服务员为她开的是靠窗户的一张床，而且电视机也已经摆正。

互动问题： 该酒店客房为什么采取这种做夜床的方式？这种做法能够取得哪些好处？

要求： 同"教学互动1-1"的"要求"。

5.1.3 客房计划卫生

各酒店客房根据自己的工作计划和要求，根据客房的清洁卫生标准、设施设备情况，合理科学地做出安排，制定计划卫生的内容和时间。计划卫生的项目应该尽量设计全面，不可遗漏。针对不同的计划卫生项目，应按不同的周期进行清洁保养。计划卫生的周期有日、短期、季节和年度。

同步思考 5-1

客房清洁卫生是否需要进行计划卫生？为什么？

理解要点： 客房清洁卫生是否及为什么需要计划卫生，应依据客房计划卫生的意义来回答。（1）客房计划卫生是指在搞好客房日常清洁工作的基础上，拟订一个周期性清洁计划，采取定期循环的方式，对平时清扫中不易清洁整理的项目及家具设备进行彻底的清扫和维护保养。（2）客房计划卫生的意义是进一步保证客房的清洁保养质量，维持客房设施设备良好状态，同时又不至于造成酒店人力资源的浪费和紧张。（3）客房部应有计划地对一些特殊项目进行周期性清洁保养。

客房计划卫生保养的内容主要有家具除尘、家具打蜡、地板维护保养、地毯清洗、墙面的清洁与保养、纱窗床罩等的清洗、通风口清洁、金属器具的擦拭等。

5.1.4 客房卫生质量控制

1）强化员工卫生质量意识

为提高客房清洁卫生质量，必须做好岗前及岗位培训。首先，要求客房管理人员及服务人员具有良好的卫生意识，从自身做起，注意个人卫生，既完善自身形象又加强卫生意识和卫生习惯，让员工树立起卫生第一、规范操作、自检自查的岗位责任感。其次，不断提高客房员工对涉外星级酒店卫生标准的认识，严格与自己日常的卫生标准相区别，与国际卫生标准接轨，以免将一些国际旅游者正常的卫生要求视为"洁癖"。

2）明确清洁卫生操作程序和标准

不同酒店的客房清洁规程和程序会略有不同，但均符合"方便客人、方便操作、方便管理"的原则。标准包括感官标准、生化标准和微小气候标准。操作程序和标准是确保客房清洁卫生的基础，也是对客房清洁员工作进行考核、监督的依据。客房管理者和清洁卫生工作人员应熟悉本店卫生操作程序和标准，不断对照改进，提高服务质量和管理水平。

3）严格逐级检查制度

客房部的逐级检查制度主要是指对客房部的清洁卫生质量实行服务员自查、领班全面检查和管理人抽查的逐级检查制度。客房部各级管理人员对自己下属实施的检查不受级别限制，任何一个管理人员对自己直接下属和所属下属中的任何岗位，都有检查的权利。这是确保客房清洁卫生质量的有效管理方法。

（1）服务员自查

服务员每整理完一间客房，应对客房的清洁卫生状况、物品的布置和设备的完好等做自我检查。这在服务员客房清扫程序中要予以规定。通过自查，可以加强员工的工作责任心和服务质量意识，以提高客房的合格率，同时也可能减轻领班的查房工作量。

（2）领班全面检查

服务员整理好客房并自查完毕，由楼层领班对所负责区域内的每间客房进行全面检查，并保证质量合格。通常，领班每天检查房间的数量为100%，即对其所负责的全部房间进行普查，但有的酒店领班负责的工作区域较大，工作量较重，每天至少应检查90%以上的房间，一般可以对住客房或优秀员工所负责的房间进行抽查。领班检查完毕后填写"楼层客房每日检查表"。领班查房时如发现问题，要及时记录并加以解决，对不合格的项目，应开出做房返工单，令服务员返工，直到达到质量标准。对于业务尚不熟练的服务员，领班查房时要给予帮助和指导，这种检查实际就是一种岗位培训。领班的责任重大，必须由工作责任心强、业务熟练的员工来担任。

（3）管理人员抽查

管理人员抽查主要指主管抽查和经理抽查。酒店中设置主管职位，客房主管是客房清洁卫生任务的主要指挥者，加强现场的督导和检查，是其主要职责之一。楼层主管每天要对领班检查过的客房再进行重点检查，其检查数量为管辖范围内的客房总数的20%～25%。重点检查VIP客人和重要贵宾将要入住和已经入住的客房，以确保达到重要贵宾和VIP客人的接待规格；抽查长住房、OK房、住客房和计划卫生的大清扫房；检查维修房，促使其尽快投入使用；检查公共区域的清洁。主管检查完毕后填写"客房主管工作日报表"。主管查房是对领班的一种监督和考查，同时为客房部管理工作的改进提供信息。

客房部经理每天要拿出一定时间到楼层巡视，抽查客房的清洁卫生质量，特别要注意对VIP房的检查。巡视抽查可以掌握员工的工作情况，了解客人的意见，不断改进管理。客房的逐级检查制度应一级比一级严，所以客房部经理的查房要高标准、严要求，宜采用不定期、不定时方式。

酒店总经理也要定期或不定期地亲自抽查客房，或派值班经理代表自己进行抽查，以掌握客房的清洁卫生动态，控制客房的清洁卫生质量。如果有特别重要的VIP客人住店，酒店总经理或副总经理还需要亲自检查，特别对室内卫生、空气，房间的装饰布置，增加的客用物品，赠送给客人的鲜花、花篮、水果、饮料、总经理名片等进行认真检查。

逐级检查出的清洁保养中的错误均有明确的责任承担者，不会出现事故的空白责任区。作为客房管理者应十分注意客房清洁整理结果的分析，增强检查结果的效应。如某些客房部将检查结果输入电脑，既可作为考查服务员和管理人员工作业绩的重要依据，又可作为客房管理的第一手资料。

同步案例 5-1

客房卫生严把关

背景与情境： 6月13日晚上10点半，东莞市某局伍局长一行五人莅临酒店，酒店工作人员到前台告诉总台接待员有VIP客人入住，并直接把客人领到客房。总台领班马上通知客房部有 VIP 客人入住 6218、6219、6221、6223 四间客房。由于客人未有预订，夜班楼层领班接到通知赶到 VIP 房做全面检查时，客人已经入住客房。6 月 14 日，VIP 客人投诉房间不干净，说床底下有垃圾。接到投诉后，酒店和客房部高度重视，就客房卫生工作的督促与检查召开专门会议来解决这一问题。

问题： 客人的投诉反映了什么问题？酒店应该如何避免类似问题的发生？

分析提示： 客人投诉说明客房服务员责任心不强，或服务技能不足，没有严格遵守客房清洁的操作程序；另外，早班领班的卫生检查也不到位，VIP 入住前又没来得及重新检查，导致了事件的发生。卫生工作要求层层把关。服务员清洁必须保证质量，注重卫生死角的清理；领班检查与管理人员抽查相结合，领班检查每一间房，以确保每间客房卫生正常，主管和经理每天抽查严格把关，VIP 入住前，主管、经理、总经理或副总经理再次把关。

4）设置"宾客意见表"

客房卫生质量的好坏，最终取决于客人的满意程度。所以，搞好客房清洁卫生工作，要发挥客人的监督作用，重视客人的意见和反映，有针对性地改进工作。设置"宾客意见表"是较好的一种方法。意见表设计应简单易填，形式要轻松，摆放要显眼。现许多酒店将它设计成"致总经理密函"，内有酒店总经理真诚热情的欢迎、意见请求、祝福致辞。附一份简单而较为具体的宾客意见书，让客人好像在和朋友交流一般轻松自然地道出各自宝贵的意见。

同步案例 5-2

意见卡

背景与情境： 为争取早日成为四星级酒店，竹辉酒店特地开设了一个行政楼——翡翠楼，为客人提供特殊服务：休息厅内免费供应早餐和下午茶；客房部主任随时为客人提供商务洽谈的场所或解决传真、打字、翻译等方面的问题；还为客人提供新加坡、中国香港等地的报纸和各种咨询等，一年来深获客人的好评。为进一步提高服务质量，竹辉酒店又强化了"意见卡"的作用，真正做到虚心接受意见，有则改之，无则加勉。

从新加坡来苏州寻找投资对象的姚先生，才在翡翠楼 5 楼住下 3 天，已先后和四家当地大公司的领导进行了试探性的接触，并在他们的邀请下做了考察。每到晚上他独自冷静思索时，总觉得手边还缺少些什么。那些客人滔滔不绝地介绍，他走马观花似地兜了一圈，可就是不知道那些地方的精确位置和周围环境、交通、商业等情况，他缺少的是一张苏州地图。当天晚上，他从《服务指南》中取出酒店征询客人意见和建议的"意见卡"，写道："希望酒店能提供苏州最新地图。"第二天早上，姚先生被一家公司请出去了，午餐后回来发现《服务指南》中已经添了一本最新版的苏州交通地图。对于竹辉酒店的办事效率，姚先生暗自称道。当晚，姚先生临睡前在沙发上读《苏州日报》，在调整落地灯的亮度时，觉得旋钮开关有点生涩，旋了好久，灯的亮度才变动一点儿，他在意见卡上又写了一条意见。第二天中午，客房部主任按响门铃，首先对姚先生帮助酒店改进服务质量直率提出意见一事表示感谢，接着便询问他对落地灯旋钮开关修理结果是否满意。"已经修好了？"姚先生感到诧异，他试旋了一下，果然已与昨晚大不相同。

　　问题：竹辉酒店的意见卡发挥了应有的作用了吗？为什么？

　　分析提示：几乎每家酒店都在《服务指南》之类的夹子里放着客人"意见卡"，但往往流于形式，而苏州竹辉酒店的"意见卡"却真正发挥了其应有的作用。评判酒店服务水准高低的依据是客人的感觉，而不是酒店的自我感觉。因此，国外酒店管理专家曾说过，在很多情况下顾客比酒店管理者更高明。酒店如要改进服务质量，最好的办法是让客人参与管理，听取客人意见，并努力遵照客人的意见改进服务质量，就是请客人参与管理的表现。

5.2　公共区域的清洁保养

　　酒店的公共区域（Public Area，PA）是宾客和酒店员工共同享有的活动区域，分为酒店外部公共区域和酒店内部公共区域两个部分。酒店外部公共区域包括广场、停车场、花园、前后门、外墙、车道等。酒店内部公共区域又可分为前台区域和后台区域，前台区域是客人活动的场所，如大厅、酒吧、餐厅、客用洗手间等；后台区域是酒店员工工作和生活的地方，包括员工餐厅、更衣室、活动室、宿舍等。

5.2.1　公共区域清洁卫生的范围及特点

1）公共区域清洁卫生的范围

公共区域所辖区域广泛，清洁卫生保养业务的主要范围是：

（1）负责酒店室内、室外各部分公共区域的清洁保养工作。

（2）负责酒店的吊灯、窗户、墙体、玻璃幕墙的清洁保养工作。

（3）负责酒店所有排污、排水等管道系统的清疏和垃圾的清理工作。

（4）负责酒店的绿化布置和苗木的保养繁殖工作。

（5）负责酒店的卫生防疫、喷药"杀害"工作。

2）公共区域清洁卫生的特点

（1）地位重要，反映酒店的整体形象

公共区域是客人流动量大、活动频繁的地方，许多客人在酒店期间的活动范围仅限于公共区域。公共区域的卫生状况会给酒店客人留下深刻的第一印象，公共区域的卫生质量，反映了酒店卫生质量的水准，客人也将其作为衡量整个酒店的标准。有人称大厅的卫生是酒店的脸面，也有人说公共洗手间是酒店的"名片"，这都充分说明了公共区域清洁保养对酒店声誉的重大影响。做好公共区域的清洁卫生工作是客房部工作的重要组成部分。

（2）任务繁杂，管理难度大

公共区域面积大、范围广，清扫员工作地点分散；清洁保养项目繁多，清洁方法和技术要求差别大；公共区域客流量大，清洁环境不易保持，清洁次数频繁，时间不固定；清洁保养质量不易控制。因此，公共区域服务员要具有较高的质量意识和工作自觉性，根据所管辖的区域和范围以及规定的卫生项目与标准，划片定岗，实行岗位责任制，使员工明确自己的责任与质量标准。管理人员要加大巡视和督促，才能保证公共区域的卫生质量。

（3）专业性强，技术含量高

公共区域清洁项目繁多、性质各异，清洁要求差别很大，使用的清洁剂、清洁工具完全不同。例如，大理石的打蜡和木质地板的打蜡，前者使用水性蜡而后者使用油性蜡，使用不当会对大理石或木质地板造成损坏。公共区域的工作人员需要掌握所使用清洁剂、清洁工具的性能、使用方法及工具的保养与维修，具有较高的专业技术性。酒店应对工作人员进行应有的培训与考核。

（4）环境多变，工作条件差

和客房部其他岗位相比，公共区域的工作条件和工作环境比较艰苦。比如，负责车场和酒店周围卫生的服务员，无论是炎热的夏季，还是寒冷的冬天，都在室外工作，还要尽职尽责。特别是人员分散，给管理工作带来难度。不少服务员思想不稳定，工作不安心，根据这种情况，管理人员既要严格管理，保证服务质量，又要关心体贴，调动他们的工作积极性，使他们热爱并做好公共区域的清洁保养工作。

5.2.2　公共区域清洁保养的内容

1）门庭环境清洁

（1）门前地面要不停地清洁，及时清除汽车带到门前的泥沙和污渍，每天 2～3 次清理门前花盆、花坛内烟头、纸屑等杂物，清理走道、路边的垃圾和废弃物，保持地面无烟头、杂物、纸屑，夜间或清早对大门庭院进行冲洗清扫。

（2）白天对玻璃门窗、指示牌等的指印和污渍进行擦抹，尤其是大门的玻璃应始终保持一尘不染。夜间对门庭的台阶、门窗、标牌、墙面进行全面的擦拭，保持光洁明亮，沿街的门庭和门窗要适当增加擦拭次数。

2）大堂的清洁保养

大堂是酒店中客流最大、最频繁的区域，大量过往的客人短暂停留，不时带来尘土、烟蒂、纸屑等，因此要求日夜不停地清洁保养，才能保持其清洁光亮的面貌，给客人留下美好的印象。

（1）大堂的大理石地面，白天用尘推进行循环拖擦，维护地面清洁。拖擦过程中应及时取下清洁工具上的灰尘杂物。夜间对大堂地面进行彻底清扫，定期上蜡抛光。大厅内有地毯处每天要吸尘 3～4 次，每周清洗一次。大堂地面清洁要仔细，不能有任何遗漏点。

（2）经常进行大厅的清洁抹尘工作，包括擦拭休息区的桌椅、沙发，服务区的柜台及展示性的家具，确保干净无灰尘。

（3）及时倾倒并擦净立式果皮箱，勤换客用烟缸，烟缸内烟蒂不能超过 2 个。更换烟缸时，应先将干净的烟缸盖在脏的上面一起撤下，然后将干净烟缸放上，以免烟灰飘扬洒落。随时注意茶几、台面上的纸屑杂物，一经发现，及时清理。

（4）注意清理花池和花盆里的烟头、纸屑等废弃的杂物；花木要每日进行养护整理，如擦去叶面上的浮尘，剪除枯枝败叶。

（5）大堂的不锈钢、铜、铝合金等金属装饰物，如柱面、台面、栏杆、各种告示牌（广告架牌、指示标牌）、扶手及各种装饰等为酒店增添了光彩，这些器件容易沾上污迹，而且容易受到腐蚀失去光泽，每天都要清洁。擦拭时要选用专用清洁剂、保护剂，不要留下划痕或者造成器件的严重损坏。

同步思考5-2

大堂保养清洁的注意事项有哪些？

理解要点：（1）在操作过程中，根据实际情况，适当避开客人和客人聚集的区域，待客人离散后，再进行补做。客人进出频繁和容易脏污的区域，要重点拖擦，并增加拖擦次数。（2）遇下雪或下雨天，要在大堂进出口处，及时放置伞袋，放置踏垫，铺上防滑地毯，并增加拖擦次数，防止雨水带进大堂；树立"小心防滑"的告示牌，以防客人滑倒。（3）门厅及大堂入口区域应设专人除尘，随时擦除人们进入时的脚印。（4）门厅及大堂地面多为花岗石、大理石、水磨石等硬质地面，有的局部铺设地毯，应根据不同材质，采取不同的清洗方法。

3）公共洗手间的清洁

客人对公共洗手间的清洁质量要求高，如果有异味或不整洁，就会给酒店带来不利的影响。所以，公共洗手间必须保持清洁卫生、设备完好，客用品齐全。

（1）白天的一般清洁整理内容包括：擦去台面、水龙头上的水迹，擦亮镜子，擦亮所有金属镀件，清理垃圾。喷洒空气清新剂，保持空气清新无异味。补充客用品并摆放整齐。检查水龙头、皂液器、自动烘干器等设备的完好状况，一般1~2小时进行一次。

（2）全面清洁整理：一般下午和后半夜进行，主要是清洁抽水马桶及便池，洗刷地面、墙壁，清除水箱水垢。进行全面清洁整理时，必须在洗手间门外竖立一块牌子，说明关闭原因，并指出临近洗手间所在位置。

业务链接5-3

公共洗手间清洁的注意事项

（1）员工作业时要注意自身保护，应带防护手套和口罩，预防细菌感染，防止清洁剂损坏皮肤。中间休息或作业完毕后，应使用药用肥皂洗手。

（2）清洁卫生间所用的器具应专用，使用后应定期消毒，与其他清扫器具分开保管。

（3）作业时应在现场竖立"正在清扫"告示牌，以便客人注意并予以配合。

（4）注意卫生间内的通风，按规定开关通风扇或窗扇。

4）客用电梯的清洁保养

电梯是酒店十分重要的垂直交通工具，根据用途可分为客用电梯、员工电梯、货运电梯、消防电梯等，客人乘坐和运送服务物资十分方便、快捷。对客用电梯的清洁保养分为日间常规性清洁和深夜彻底清洁。

（1）白天服务员应经常对电梯的厢门、厢壁、厢顶、扶手、挡杆、玻璃护挡进行擦拭，深夜应进行彻底的清洁保养，同时更换地毯，使电梯内外、上下、四周均无灰尘、无指印、无污迹。

（2）应注意根据梯厢的材质，采用相应的除尘和去污方法。

（3）电梯厅内的电梯开关、电梯运行显示器等手按动的开关部分，应按规定进行擦拭、消毒，确保其光亮无指印、无污迹。

5）走廊、通道的清洁保养

（1）白天不停地循环依次清扫地面，将地面推擦干净后，将物件按原位摆放好。

（2）夜间定期进行全面大清扫，并打蜡。

（3）清倒烟灰垃圾桶，擦干并按原位摆放好。

（4）按预定顺序，依次擦拭门窗、窗台、墙壁饰物、镜面、开关盒、消火栓门、标牌、风口、踢脚板等。

（5）每日工作结束前，把楼面上垃圾集中后，带到指定地点。楼面不准有垃圾过夜。

6）绿化布置及清洁养护

绿化布置能给宾客耳目一新、心旷神怡的美好感受，所以，酒店在店外的绿化规划和店内的绿化布置上都应有所开拓。客人进出场所的花卉树木按要求造型、摆放；定期调换各种盆景，保持时鲜；接待贵宾或举行盛会时要根据酒店通知进行重点绿化布置；在绿化布置和送达楼面的鲜花摆放时要特别注意客人所忌讳的花卉。

每天按顺序检查、清洁、养护全部花卉盆景；拣去花盆内的烟蒂杂物，擦净叶面枝杆上的浮灰，保持叶色翠绿、花卉鲜艳；及时清除喷水池内的杂物；及时修剪整齐花草；定期换水，对水池内的假山、花草进行清洁养护；定期给花草树木喷药灭虫；养护和清洁绿化时，应注意操作时溅出的水滴弄脏地面，注意不可影响客人的正常活动。

7）后台区域的清洁卫生

员工食堂、浴室、更衣室、服务通道、员工公寓、娱乐室的卫生状况对员工的思想和精神状态、对酒店的服务质量有重要的影响。

后台区域的清洁卫生工作有：做好员工食堂、浴室、更衣室的日常清洁维护、消毒；对员工公寓、娱乐室等进行定期清扫等；搞好员工通道等的清洁保养，为全店员工创造良好的生活、工作环境。

8）消灭"虫害"部位

虫害主要指苍蝇、蚊子、蟑螂、蚂蚁、老鼠等能传播疾病的害虫。这些虫害的存在，严重损坏了酒店的形象，影响了清洁的环境，还可能带来疾病的传播。酒店要定期在害虫活动的部位和区域，施放药物或喷洒杀虫药，消灭害虫和孳生地。同时应注意防止药物的滥用和流失，注意及时收回，防止出现其他意外。

❀**职业道德与企业伦理 5-1**

日本邮政大臣曾喝厕水

背景与情境： 日本邮政大臣野田圣子既是日本内阁中最年轻的阁员，也是唯一一位女性大臣。她的工作经历是从负责清洁厕所开始的。

野田圣子的第一份工作是在帝国酒店当白领丽人，在受训期间负责清洁厕所，每天都要把马桶抹得光洁如新才算合格。可是她从未做过如此粗重的工作，因此第一天伸手触及马桶的一刻几乎呕吐，甚至在上班不到一个月时便开始讨厌这份工作。有一天，一名与圣子一起工作的前辈在清洁马桶后居然伸手盛了满满一杯厕所水，并在她面前一饮而尽，理由是向她证明经他清洁过的马桶干净得连水也可以饮用。此时，野田圣子才发现自己的工作态度有问题，根本没资格在社会上肩负起任何责任，于是对自己说："就算一生要洗厕所，也要做个洗厕所最出色的人。"结果在训练课程的最后一天，当她清洁马桶之后，也毅然喝下了一杯厕所水，并且这次经历成为她日后做人、处事的精神力量的源泉。

问题：野田圣子喝厕水的行为说明了什么？她的行为符合酒店职业道德与企业伦理要求吗？

分析提示：作为酒店员工，无论是高级管理者，还是普通服务员，所扮演的都是服务角色。无论是谁只要到酒店上班，就统一成了服务角色。所以，国外的酒店有一项不成文的规定，凡是到酒店的新员工，都必须从洗厕开始干起。只有端正工作态度，实现角色的转换，才能真正进入酒店服务角色的正常状态，担负起工作的重任。她的行为符合酒店职业道德与企业伦理要求。

5.3 清洁设备及清洁剂

酒店为了保持自己的服务水准，在日常清洁卫生工作中，需要经常使用清洁剂。使用清洁剂不仅要把清洁对象清洁干净，同时还应注意到不损坏被清洁对象并使其光亮如初。

5.3.1 清洁设备

清洁设备，包括一般清洁器具和机器清洁设备。

1）一般清洁器具

一般清洁器具包括扫帚、簸箕、拖把、玻璃清洁器、喷雾器、油灰刀或刮刀、百洁布、抹布、鸡毛掸子、丝瓜布、铝丝绒等。

2）机器清洁设备

机器清洁设备包括吸尘器、洗地毯机、洗地机、吸水机、高压冲洗机、吹干机、打蜡机等。

5.3.2 清洁剂

1）清洁剂的种类

一般清洁剂包括三种类型：酸性清洁剂、中性清洁剂、碱性清洁剂。清洁剂的化学性质通常用 PH 值来表示。一般清洁剂包括多功能清洁剂、家具蜡、碧丽珠、酒精、漂白水、玻璃清洁剂、香蕉水、洁夫液、不锈钢保养油、不锈钢金属防护剂、不锈钢清洁光亮剂、地板亮光蜡、地面蜡、起蜡水、三合一清洁剂、地毯清洁剂、地毯芳香剂、万能清洁剂、瓷洁、金属擦拭上光剂、铜油、去油能（化油剂）、除锈水、空气清新剂等。

2）清洁剂的管理控制

清洁剂是化学用品，呈酸性或碱性，会对人体肌肤造成危害；高压罐装的清洁剂和易挥发的清洁剂属易燃易爆物品，使用和管理不当均有一定危险。正确使用和管理清洁剂，可以减少对人体伤害和对环境的污染，保证酒店家具用品和设备的正常使用，降低酒店经营成本。

（1）注意清洁剂的产品质量

酒店客房部在选择、购买清洁剂时要注意选择优质产品，避免使用劣质的粉状清洁剂，尤其是对表面光洁度高的瓷器，防止沙砾研磨而损坏瓷器表面。注意标签上是否有生产企业、质量检验合格证号、卫生许可证号、生产日期、产品有效期、使用方法和注意事项。同时注意观察清洁剂的包装外观，注意观察液体清洁剂有无沉淀物或悬浮物，对于超过保质期的清洁剂、变质清洁剂坚决不买不用。对于废弃不用的、变质的、劣质的以及剩余时间较长的清洁剂，应妥善处理。

（2）注意清洁剂的使用数量

无论是酸性、碱性还是中性的清洁剂，一次使用过多都会对被清洁对象产生副作用。从市场购回来的清洁剂多为浓缩剂，使用前应按说明书中的稀释比例进行稀释。做好有计划的每天的、定期的清洁工作，使用适量的清洁剂，不仅省时、省力，卫生效果也好。不能养成长期不清洁，到了一定时候再用大量的清洁剂的习惯。

（3）掌握清洁剂的正确使用方法

清洁剂使用者要了解各类清洁剂的主要性能，掌握清洁剂的正确使用方法，这样既能保护自己，又对清洁物品有利。应对员工进行使用方法和注意事项的培训。

①避免皮肤主要是手部皮肤直接接触浓缩的清洁剂，特别是使用清除重垢型清洁剂时，应尽量缩短与高浓度清洁剂的接触时间，或稀释后再用。使用强碱、强酸性清洁剂的最好方法是戴橡胶手套，戴防护眼镜。

②倾倒清洁剂时要特别小心，不要溅洒，特别要避免粉状清洁剂的飞扬扩散，以免对眼睛和呼吸道黏膜产生刺激作用。

③工作结束后，用水将皮肤上的清洁剂冲洗干净，以免残留的清洁剂继续对皮肤产生刺激作用。也可适量涂抹一些油性较大的护肤用品。

④所有的清洁剂的容器都要贴上标签，摆放整齐，注明危害性。装清洁剂的空容器也不能随意丢弃，以免误用。

⑤清洁剂使用不当会使员工产生皮肤过敏现象，如皮肤的刺激反应、过敏反应等，应立即对伤害部位进行处理，并停止使用该清洁剂。

▬ 本章概要 ▬➡

□内容提要与结构

▲内容提要

●客房管理的重要任务是向客人提供清洁卫生的客房，客房部工作的重要内容是清洁卫生，服务员必须按照酒店清洁卫生的程序与要求，完成客房清洁卫生工作，提供合格的客房产品。

●制订计划卫生清洁计划，采取定期循环的方式，定期清洁保养重点与局部清洁项目。

●公共区域是酒店的门面，代表了酒店的形象，体现了酒店的档次。做好公共区域的卫生清洁工作，有着特别重要的意义。

●正确选购、使用、管理清洁设备、清洁剂，有助于降低经营成本，提高工作效率，完成经营目标。

●明确客房清洁卫生质量标准。客房卫生质量控制包括强化员工卫生质量意识，明确清洁卫生操作程序和标准，严格逐级检查制度，设置"宾客意见表"。

▲内容结构

本章内容结构如图5-1所示。

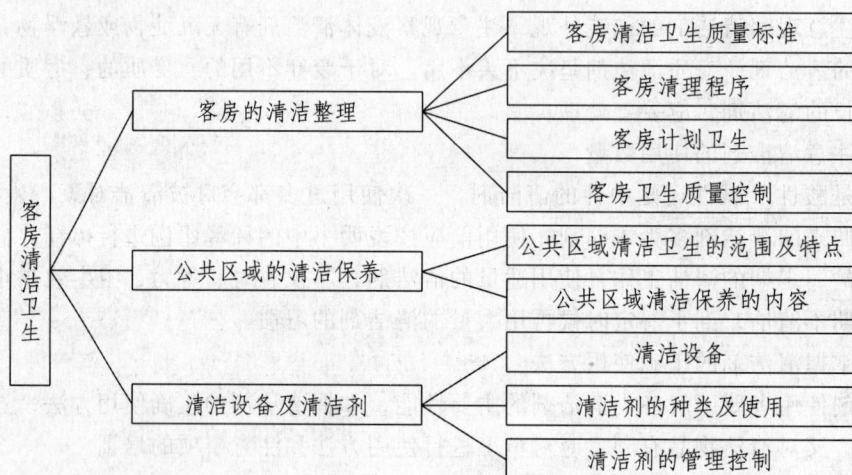

图5-1　本章内容结构

□主要概念和观念

▲主要概念

公共区域　清洁设备

▲主要观念

客房清洁卫生质量标准　公共区域清洁卫生的范围及特点

□重点实务与操作

▲重点实务

客房清理程序　客房计划卫生　客房卫生质量控制　公共区域清洁保养的内容　清洁设备与清洁剂的种类及使用　清洁剂的管理控制　相关"业务链接"

▲重点操作

客房清洁卫生

⇒基本训练⇒

□理论题

▲简答题

1) 什么是客房清洁卫生的"十无"标准？

2) 什么是公共区域？

3) 简述公共区域清洁卫生的特点。

▲讨论题

1) 如何理解客房清洁卫生的原则？

2）分析说明公共区域清洁卫生的特点与其清洁卫生的关系。

□实务题

▲规则复习

1）简述走客房的清理程序。

2）简述住客房的清理程序。

3）简述空房的清理程序。

▲业务解析

1）实习生郭亮工作的楼层是很重要的回头客楼层。一天，郭亮拿到房态表后，就开始了紧张有序的工作。按工作程序先打扫 OC（住客）房、CO（走客）房，然后是 VD（空脏）房。由于开房率较高，工作很紧张，郭亮就没有再检查 VC 房（干净空房）。按规定，VC 房每天也应该检查，稍微整理。但就是这一天，这一楼层的房态表的打印出现错误，把一间 OC（住客）房打成了 VC 房（干净空房）。而郭亮又没有进这间 VC（实际是 OC）房，所以他也没有检查出这一错误。这间 VC 房恰恰住的是一位重要的日本客人。晚上客人办完事回到酒店，发现自己的房间竟然没有整理，非常生气，难道这就是五星级酒店的服务标准吗？日本客人直接向总经理投诉。郭亮的疏忽造成的后果十分严重，给酒店造成了很坏的影响。

该楼层造成日本客人投诉的责任在谁？你认为郭亮应该怎样才能做得更好？

2）某酒店公共区域服务员小张在晚上 12：00 点开始了对大厅地面的清洁工作，她先把清洁剂洒到地面准备拖地，突然想到没有放置安全警示牌，她先用抹布把洒有清洁剂的地面围起来，急忙去拿警示牌。正在这时两位在酒店夜总会消费后离店的客人出现在大厅，小张正想提醒客人注意安全，不想客人已经走到洒有清洁剂的地面，一位客人摔倒在地。客人极为不满，向酒店大堂副理进行了投诉，酒店免费为客人清洗了弄脏的衣物，并赔付了一定的医疗费。

该酒店发生这一事件的原因是什么？为了避免类似事件发生，你认为应该怎样做？

□案例题

▲案例分析

发生在酒店客房的一幕

背景与情境：

"当当当，当当当"，服务员小刘小心地敲着 1603 房的门。小刘刚想敲第三次，手指关节刚落到门上，门却突然打开了，一张充满怒气的脸出现在眼前。"没看到请勿打扰的灯亮着吗？敲什么门啦？我刚躺下一会儿就被你吵醒，真是的！"小刘连忙看了一下手表说："先生，对不起，现在已经是下午 2 点 40 分，按规定长时间亮着请勿打扰灯的房间，我们是要敲门的，以防止客人发生意外，如果你不需要整理房间，那我就不整理了。对不起，打扰了！""你说什么？怕我出意外？我中午刚刚睡下，休息一会儿就会出意外？你胡说什么呀？！"客人怒气更盛，声音也更大了。"你的房间上午不是就亮着请勿打扰灯吗？1603，没错，我的卫生整理报告表上明明做着记号表明上午还亮着请勿打扰灯的呀！"小刘还在申辩着。"上午我没睡觉，你不来做卫生，下午刚睡下，你就来敲门，真是的！算了，没时间跟你啰唆。"说完门"砰"的一声重重地关上了。这时恰巧领班走了过来，问怎么回事。小刘说完刚才发生的事，两行热泪流了下来……

（资料来源 佚名.职业技能鉴定1（2）：案例2[EB/OL].[2010-11-02].http：//www.fanwencn.com/article/article_20101102_122580_2.html.原文经改编）

问题：

1）在本案例中出现的不愉快情形，到底是谁的错？错在哪里？

2）如果当时你是服务员小刘，你会如何处理？

3）针对该酒店客房部清洁卫生反映出来的问题，你有何建议？

分析要求：同第1章本题型的"分析要求"。

▲善恶研判

OK房不OK

背景与情境：

一支德国团队客人住进饭店才20分钟，大堂副理就接到了客人的投诉电话——612房间恭桶水箱无水。大堂副理的头脑里顿时出现疑团：客房领班事前不是已查过两次612房间了吗？大堂副理答应马上派人前去修理。不到5分钟，一个工程维修人员出现在612房间。他先代表饭店向客人道歉，接着便熟练地动手干起来。一支烟工夫，故障就全部排除了，水箱里很快便注满了水。

大堂副理做出修理安排后又立即与客房部联系，了解该房情况，后查明此系一领班的责任：把非OK房报了OK房。这支德国团队早在两周前就在该饭店预订了房间，前厅部在前一天已做了安排。612房原住着一对西班牙夫妇，今天中午前办了离店手续。早上服务员清扫过房间后，领班按程序检查，但未发现抽水马桶水箱无水的问题，报告这间走客房一切正常。中午客人走后，前厅部又一次通知客房部，证实612房确为走客房要求再检查一遍，领班又把水箱给疏忽了。领班两次查房均未发现洗手间的问题，最后导致客人投诉，后果是严重的。事后，大堂副理赶到612房，再次郑重地向德国客人致歉，同时要求客房部按程序再认真检查一遍所有客房并把该事情经过写进当天的大事记录本中。

（资料来源 佚名.酒店管理案例[EB/OL].[2010-05-16].http：//wenku.baidu.com.原文经改编）

问题：

1）本案例中反映出的问题有哪些？

2）客房部为避免类似事故发生，可以采取的措施有哪些？

3）客房部要以此为鉴，做好哪些工作？

研判要求：同第1章本题型的"研判要求"。

□实训题

"客房清洁卫生"业务胜任力训练。

【实训目的】

见本章"章名页"之"学习目标"中的"实训目标"。

【实训内容】

专业能力训练：其"领域"、"技能点"、"名称"和操作"规范与标准"见表5-1。

表 5-1　　　　　　　　　　专业能力训练领域、技能点、名称及其参照规范与标准

能力领域	技能点	名称	参照规范与标准
客房清洁卫生	技能 1	客房清洁整理的技能	（1）能把握客房清洁卫生质量标准 （2）能按照相应的程序和要求，较规范地进行客房清理 （3）能较好地进行客房计划卫生 （4）能较有效地进行客房卫生质量控制
	技能 2	公共区域清洁保养的技能	（1）能分析公共区域清洁卫生的范围及特点 （2）能有针对性地采取相应的清洁保养的方法
	技能 3	清洁设备及清洁剂管理控制的技能	（1）能把握清洁设备和清洁剂的种类和使用 （2）能较好地进行清洁设备及清洁剂的管理控制
	技能 4	撰写《××酒店客房清洁卫生实训报告》技能	（1）能合理设计《××酒店客房清洁卫生实训报告》的结构，层次较分明 （2）能依照商务应用文的规范撰写《××酒店客房清洁卫生实训报告》 （3）本教材"网络教学资源包"的《学生考核手册》中表 5-2 所列各项"考核指标"和"考核标准"

　　职业核心能力和职业道德训练：其内容、种类、等级与选项见表 5-2；各选项的操作"规范与标准"见本教材附录三的附表 3 和和附录四的附表 4。

表 5-2　　　　　　　　职业核心能力与职业道德训练内容、种类、等级与选项表

内容	职业核心能力							职业道德						
种类	自我学习	信息处理	数字应用	与人交流	与人合作	解决问题	革新创新	职业观念	职业情感	职业理想	职业态度	职业良心	职业作风	职业守则
等级	中级	中级	中级	中级	中级	中级	中级	认同级	认同级	认同级	认同级	认同级	认同级	认同级
选项	√			√	√	√	√		√		√	√	√	√

【组织形式】

将班级学生分成若干实训小组，根据实训内容和项目需要进行角色划分。

【实训任务】

（1）对表 5-1 所列专业能力领域各技能点，依照其"参照规范与标准"实施应用相关知识的基本训练。

（2）对表 5-2 所列职业核心能力选项，依照本教材附录三的附表 3 的"参照规范与标准"实施应用相关知识的"中级"强化训练。

（3）对表 5-2 所列职业道德选项，依照本教材附录四的附表 4 的"规范与标准"实施"认同级"相关训练。

【实训要求】

（1）实训前学生要了解并熟记本实训的"目标"、"能力与道德领域"、"任务"与"要求"；了解并熟记本教材网络教学资源包中《学生考核手册》考核表 7-1、考核表 7-2

的"考核指标"与"考核标准"内涵，将其作为本实训的操练点和考核点来准备。

（2）通过"实训步骤"，将"实训任务"所列三种训练整合并落实到本实训的"活动过程"和"成果形式"中。

（3）实训后，学生要对本次"客房清洁卫生"的实训活动进行总结，在此基础上撰写实训报告。

【情境设计】

将学生分成若干实训组，分别选择不同的酒店（或本校专业实习基地），运用客房清洁卫生知识，参与其客房清洁卫生实训，完成本实训的各项实训任务。各实训组对所选酒店（或本校专业实习基地）的客房清洁卫生实训体验进行总结、并对其本次实训的成功经验和存在的问题进行分析，提出改进方案或建议，最后撰写《××酒店客房清洁卫生实训报告》。

【指导准备】

知识准备：

（1）"客房的清洁整理"理论与实务知识。

（2）"公共区域的清洁保养"理论与实务知识。

（3）"清洁设备及清洁剂"理论与实务知识。

（4）本教材"附录一"的附表1中"职业核心能力"选项的"知识准备参照范围"中所列知识。

（5）本教材"附录三"的附表3和"附录四"的附表4中，涉及本章"职业核心能力领域'强化训练项'"各技能点和"职业道德领域'相关训练项'"，需要对学生事先培训的"规范与标准"知识。

操作指导：

（1）教师向学生阐明"实训目的"、"能力与道德领域"和"知识准备"。

（2）教师就"知识准备"中的第（4）、（5）项，对学生进行培训。

（3）教师指导学生就操练项目进行调研、资料收集与整理。

（4）教师指导学生撰写《××酒店客房清洁卫生实训计划》。

（5）教师指导学生实施《××酒店客房清洁卫生实训计划》，并就操练项目进行现场指导。

（6）教师指导学生撰写《××酒店客房清洁卫生实训报告》。

【实训时间】

本章课堂教学内容结束后的双休日和课余时间，为期一周。

【实训步骤】

（1）将班级每8~10位同学分成一组，每组确定1人负责。

（2）分配各组实训任务，确定每个组实训的酒店。

（3）各实训组参与所选酒店（或本校专业实习基地）的客房清洁卫生实训。

（4）各组对实训操作的实际情况进行总结。

（5）各组在此基础上，总结实训酒店（或本校专业实习基地）客房清洁卫生的成功之处和不足之处，并提出改进建议。

（6）各实训组在实施上述训练的过程中，融入对"自我学习"、"与人交流"、"与人合作"、"解决问题"、"革新创新"等职业核心能力各"技能点"的"中级"强化训练（突出其"知识准备参照范围"所列知识的学习和应用）和对"职业情感"、"职业态度"、"职业良心"、"职业作风"和"职业守则"等职业道德各"素质点"的"认同级"相关训练。

（7）撰写作为最终成果形式的《××酒店客房清洁卫生实训报告》。

（8）在班级交流、讨论各组的《××酒店客房清洁卫生实训报告》。

（9）根据交流、讨论结果，各组修订其《××酒店客房清洁卫生实训报告》，并使之各具特色。

【成果形式】

实训课业：《××酒店客房清洁卫生实训报告》。

课业要求：

（1）本课业应包括学生对所选酒店（或本校专业实习基地）的客房清洁卫生的全面总结为基本内容，并分析本次运作中的问题与不足，最后提出改进建议，并包括"关于'能力与道德领域'其他训练的补充说明"等内涵。

（2）报告格式与体例参照本教材"课业范例"的范例综-3。

（3）各组的《××酒店客房清洁卫生实训报告》初稿必须先经小组讨论，然后才能提交班级交流、讨论；

（4）经过班级交流、讨论的《××酒店客房清洁卫生实训报告》由各小组进一步修改与完善。

（5）《××酒店客房清洁卫生实训报告》定稿后，在其标题下注明"项目组长姓名"和"项目组成员姓名"。

（6）将附有"教师点评"的优秀实训报告在班级展出，并纳入本校该课程的教学资源库。

⬤━ 单元考核 ➡

考核要求：同第 1 章"单元考核"的"考核要求"。

第6章
客房设备用品

学习目标

通过本章学习，应该达到以下目标：

理论目标：学习和把握客房设备用品的管理范围、管理要求、布件的分类、客房设备的分类、客用品的分类等陈述性知识；能用所学理论知识指导"客房设备用品"的相关认知活动。

实务目标：学习和把握客房设备用品的管理方法，客房设备选择、使用、保养，布件的贮存及保养，布件的日常使用和管理，客用品日常控制，客用品消费定额制定，"业务链接"等程序性知识；能运用所学实务知识规范"客房设备用品"的相关技能活动。

案例目标：运用所学"客房设备用品"的理论与实务知识研究相关案例，培养和提高在特定业务情境中分析问题与解决问题的能力；能结合"客房设备用品"教学内容，依照"职业道德与企业伦理"的行业规范或标准，分析企业行为的善恶，强化职业道德素质。

实训目标：参加"客房设备用品管理"业务胜任力的实践训练。在了解和把握本实训所涉及"能力与道德领域"相关技能点的"规范与标准"的基础上，通过切实体验"客房设备用品管理"各实训任务的完成、系列技能操作的实施、《××酒店客房设备用品管理实训报告》的准备与撰写等有质量、有效率的活动，培养"客房设备用品"的专业能力，强化"数字应用"、"与人交流"、"与人合作"、"解决问题"和"革新创新"等职业核心能力(中级)，并通过"认同级"践行"职业观念"、"职业态度"、"职业良心"、"职业作风"和"职业守则"等行为规范，促进健全职业人格的塑造。

引例　如家酒店

背景与情境： 如家酒店创立于2002年，是中国著名的经济型酒店连锁企业，2006年10月在美国纳斯达克上市，是中国在美国纳斯达克上市的第一个酒店业品牌。如家酒店，作为中国酒店业海外上市第一股，始终以顾客满意为基础，以成为"大众住宿业的卓越领导者"为愿景，向全世界展示中华民族宾至如归的"家"文化服务理念和民族品牌形象。如家酒店借鉴欧美成熟的经济型酒店连锁模式，倡导"适度生活、自然自在"的生活理念，致力于为来店宾客提供"干净、温馨、快捷、方便"的酒店住宿产品。如家的客房设计十分讲究：墙面以淡粉色、淡黄色为主，挂着法国风格的艺术画，地毯的色彩与墙面协调，小巧的高圆桌代替了写字台和茶几，木质的床头柜简洁、别致。简洁、温馨、方便是客人对如家酒店最直接、最深刻的印象，在这里每一位客人都会感受到家的温暖。此外，如家客房提供星级酒店的设施，空调、电视、电话、磁卡门锁、标准席梦思床具、配套家具、独立卫生间、24小时热水供应等设施一应俱全。

（资料来源　佚名.如家酒店简介[EB/OL].[2011-01-14].http：//baike.baidu.com/view/1156031.htm）

问题： 你如何评价如家酒店的客房设备用品管理？

客房的设备和用品是酒店为宾客提供客房服务的最基本的物质条件和物质基础。一般地说，客房部在酒店内所占的空间及其在总投资额中所占的比例都在首位。因此，对客房设备及用品管理的好与坏不仅关系到能否保证酒店整体的服务水准和服务质量，同时也体现了酒店管理水平的高低。另外，客房设备和用品的管理水平也会影响客房的出租率，甚至会引起客人的投诉，以至于影响酒店的名声和信誉，自然也就会导致酒店日常经营活动中的成本和费用的增加，致使利润和效益下降。事实证明，对客房设备及用品进行严格科学的管理和及时、合理的清洁保养及维修，确实是非常重要的，不仅会提高其使用率，而且还会延长其使用寿命。

6.1　客房设备用品管理

通常对于客房用品的管理范围仅限于单纯的仓库管理，但激烈的市场竞争，导致了服务产品之间的压价竞争，从而使酒店利润急剧下降。因此，控制经营成本，开源节流，越来越多地受到管理者的重视。客房用品管理在组织上的业务范围也更为扩大和系统化。一般来说，客房设备用品的管理包括：客房设备用品的选择与采购、使用与保养、储存与保管。对于客房部门来说，主要是做好用品的计划、使用控制和储存保管工作。

教学互动6-1

客房设备用品的管理要求

酒店客房设备用品的质量和配备的合理程度、装饰布置和管理的好坏，是客房商品质量的重要体现，是制定房价的重要依据。

互动问题： 客房的设备用品有哪些？客房设备用品的管理要求是什么？

要求： 同"教学互动1-1"的"要求"。

同步案例6-1

"严禁"与"请勿"

背景与情境：某市机械进出口公司戴副总经理下榻绍兴酒店。办好住店手续后，戴先生进入房间，一眼瞅到床头柜上有一块写着"欢迎参加我们的环保活动"的醒目牌子，正文写着：欢迎参加我们的活动，您只需在离开房间前做几件事：将房间的灯熄灭，关掉暖气、空调、电视、收音机；减少被单、浴巾的更换次数，节约用水。我们绍兴酒店的全体同事对您为节约资源所做的一切表示衷心的感谢！牌子的另一面则写着"床上请勿吸烟"。

戴先生脑海中立刻浮现出另一幅画面。三天前，他下榻另一座中等城市的一家规格不低的酒店，床头柜上白底红字"严禁床上吸烟"，后面还有一个不容疏忽的大感叹号。在这儿，"严禁"换成了"请勿"，戴先生感到非常亲切。戴先生又转到卫生间，贴在梳妆镜旁边的绿色卡片留住了他的目光："在世界各地千万家旅馆中所使用的床单、浴巾每天都需要更换清洗，用掉了以几百万加仑计的水和以吨计的清洁剂。通常我们每天都对客人的浴巾、毛巾进行换洗，如果您觉得不必要时，请将继续使用的浴巾、毛巾放到毛巾架上；如果需要换洗，请将它们放在梳妆台下的藤筐里。"

问题：该酒店如何体现"顾客至上"的原则？酒店是否做到了既控制客房用品消耗量又体现了绿色环保理念？

分析提示：绍兴酒店在这类告示中以"请"字取代那些生硬的词语，体现出酒店对客人应有的礼貌。客房是酒店的主体，客房用品的使用和消耗是酒店资源利用、减少污染的重要构成，绍兴酒店对创建"绿色客房"做了不少努力。酒店在客房卫生间和卧室的床头柜放置环保宣传卡，动员客人减少毛巾或床单的洗涤，节约水资源、洗衣粉使用和减少污染排放等。

6.2　客房设备管理

6.2.1　客房设备的分类和选择

1）客房设备分类

客房设备主要包括家具、电器、洁具、安全装置及一些配套设施。

（1）家具

家具是人们日常生活中必不可少的主要生活用具。客房使用的家具主要有卧床、床头柜、写字台、软座椅、小圆桌、沙发、行李架、衣柜等。

（2）电器设备

客房内的主要电器设备有：

①照明灯具。客房内的照明灯具主要有门灯、顶灯、地灯、台灯、床头灯等。它们既是照明设备，又是房间的装饰品。

②电视机。电视机是客房的高级设备，可以丰富客人的生活。

③空调。空调是使房间保持适当温度和调换新鲜空气的设备。

④音响。供客人收听有关节目或欣赏音乐的设备。

⑤电冰箱。为了保证客人饮料供应，在客房内放置小冰箱，在冰箱内放置酒品饮料，

方便客人随意饮用。

⑥电话。房间内一般设两部电话机,一部放在床头柜上,另一部装在卫生间,方便客人接听电话。

(3)卫生设备

卫生间的设备主要有洗脸台、浴缸、坐厕、毛巾架、镜子、灯具、垃圾桶等。

职业道德与企业伦理6-1

花台架缺损了一个角

背景与情境: 某五星级酒店内,8楼服务员打扫807房时,发现房内大理石花架台面缺损了一个角,便及时向客房部经理做了汇报。客房部经理赶到房间,在地面上果然找到一块碎片。经检查,是人为损坏。服务员告诉经理,这里住的两位客人是来自法国的中年胖太太。

傍晚,客人回到房间。客房部经理彬彬有礼地前往了解。客人承认是昨晚坐在台角上拍照时损坏的。接着其中一位年轻一些的太太怒气冲冲地说,她坐在台面刚开始拍第一张照片时,一个角便掉了下来,当时她没穿袜子,尖角还弄破了皮肤。另一位客人则埋怨,五星级酒店里怎么能采用如此差的设施。客房部经理不动声色地听完申诉,接着说:台面的大理石是世界上最好的意大利进口货,花架台是放置盆花的。如果由于花盆质量而导致台面掉角,责任在酒店,倘若客人因此受伤,酒店应负全部责任。然而,此次事故因压了不应压的重物才发生,显然不应由酒店负责。

听经理的口气,是要她们赔偿,两位客人面露难色。其中一位说,她们住进来时便发现这个台面一角有浅浅的裂痕。客房部经理对破损边缘做了仔细的检查,果然发现有污痕,于是他礼貌地对客人说,台面的确早有裂痕,说完便打电话把工程部有关人员请来。客房部经理建议划去台面周围一圈,改成一个较小的花架台,工程部人员同意这个建议。当法国太太被告知只需赔偿200元人民币时,心服口服,当场便付了钱。

问题: 客房部经理的处理方法是否得当?谈谈你的想法。

分析提示: 客人付费住宿后,所取得的权利是对客房用品的使用权,而非所有权。客人一旦损坏了物品,是需要进行赔偿的。

本例中,客房部经理在以下两方面处理得非常出色:

第一,他极尊重客人,重视她们的意见。当他发现台面早有裂痕时,能够站在维护客人的利益的立场上,坚持实事求是的原则,让客人支付最低限度的赔偿,客人在这种情况下没有理由不接受他的建议。

第二,他的说话艺术十分高明,摆事实、讲道理,分清责任。在讲道理的过程中,又特别用了"重物"一词来代替"胖"字,避开了肥胖者的忌讳,这就赢得了两位太太的好感,为最后圆满处理这一事故奠定了基础。

(4)安全装置

为了确保宾客安全,客房内一般都装有烟雾感应器,门上装有窥视镜和安全链,门后张贴安全指示图,标明客人现在的位置及安全通道的方向。楼道装有电视监控器、自动灭火器。安全门上装有昼夜照明指示灯。

2）客房设备选择

选择客房设备，是为了选购技术上先进、经济上合理、适合酒店档次的最优设备，有利于提高工作效率和服务质量，满足宾客需求。每个酒店要根据自身的特点，确定客房设备的选择标准，这是进行客房设备管理的基础。客房设备选择的标准如下：

（1）适应性。适应性是指客房设备要适应客人需要，适应酒店等级，与客房的格调一致，造型美观，款式新颖。

（2）方便性。方便性是指客房设备的使用方便灵活，简单易操作，同时易于维修保养，工作效率高。

（3）节能性。节能性是指能源利用的性能。随着水、电能源的日益紧张，人们节能意识也逐渐加强。酒店用电、用水量都比较大，节水、节电成了大家比较关心的问题。在选择设备时，应该选择节能设备。

（4）安全性。安全是酒店客人的基本要求。在选择客房设备时要考虑是否具有安全可靠的特性和装有防止事故发生的各种装置。

（5）成套性。成套性是指各种设备的配套，以保持家具的一致性和外观的协调性。

（6）可发展性。为了配合新时代商务旅客对酒店服务的需要，酒店在选购设备时要综合考虑其设备的经济性和发展性。

以上是选择客房设备要考虑的主要因素，对于这些因素要统筹兼顾，全面权衡利弊。

同步案例6-2

热水系统出故障

背景与情境： 某年盛夏，7楼领班小杨值夜班。第二天清晨伊始，小杨已经在走廊里忙个不停了。她偶然打开热水龙头时发现，昨夜不知什么时候热水系统出了故障。她连忙走到值班室，向工程部挂电话，希望来人抢修，她知道外国人大多有起床洗澡的习惯。20分钟后，她又给工程部去了电话，获悉热水系统的某个主要部件损坏了，酒店内没有备件，要到9点商店开门才有望配到。挂上电话，小杨急中生智，把7楼值夜班的几名服务员召集到一起，告诉她们立即用煤气烧开水，以最快速度为每个房间供应热水。不一会儿，值班室便忙开了，灌水的、烧水的、送水的，几名服务员有条不紊地忙了起来。7点半，每个房间平均有3瓶热水，值班室里还准备了10多瓶热水专供早上洗澡的客人用。不多时，客人陆续起床，当他们知道热水是服务员今晨用煤气赶烧出来的，都十分感动。一次潜在的投诉变成了阵阵赞扬声。

问题： 小杨服务的成功之处在哪？请谈谈案例对你的启示？

分析提示： 本案例中小杨带动楼层值班服务员，用煤气烧热水送到一间间客房，其劳动强度是可以想象的，她们用自己的辛苦补偿了酒店硬件的不足。旅游酒店是以物资设备为依托，向客人提供各种服务的。酒店设施、设备是否完好和正常运转，取决于酒店是否按照"预防为主"的方针去搞好设施、设备的维修与保养；同时，只有建立一支过硬的"万能工"队伍，才能保证服务的及时性和有效性。

6.2.2　客房设备的使用、保养与管理

客房设备的使用，主要涉及员工与客人两方面。客房部要加强对职工的技术培训，提高他们的操作技术水平，懂得客房部设备的用途、性能、使用方法及保养方法。同时，要建立客房设备档案，包括客房装修资料、客房历史档案、工作计划表等。

同步思考6-1

如何理解客房设备保养的重要性？为什么？

理解要点： 客房作为商品出租，不仅要为客人提供舒适优雅的休息环境，还要使客房设备保持良好的状态，设施、设备的完好程度直接影响到客人对酒店的评价，最终影响到客房出租。这就要求我们在做好客房服务工作的同时，认真做好对客房设备的维护保养工作，它不仅关系到为客人提供优良的服务，还可以延长设备的使用寿命，减少更新次数，达到降低营业成本、提高经营利润的目的。

6.3　布件管理

布件，又称为布草、布巾或棉织品，不仅是一种日常生活必需品，也是酒店客房装饰布置的重要物品。布件是酒店日常经营和工作中必需的物品之一，对客房的格调、气氛起着很大的作用，布件的管理及控制对每个酒店的管理者来说都是非常重要的。因为布件管理的好与坏、严与松、有序和混乱不但会直接影响酒店客房的服务质量，而且直接影响着酒店的整体形象，同时还直接关系到酒店的经营成本和效益。

6.3.1　布件的分类

1）按照使用部门及用途划分

（1）床上布件。包括床单、枕套等。

（2）卫生间布件。包括方巾、面巾、浴巾、地巾等。由于它们基本上属毛织物，故都可称为毛巾。

（3）装饰布件。如窗帘、椅套等。

2）按照质地划分

（1）棉织物。如客房内的各种布件。

（2）丝织物。如客房的装饰物或豪华客房的睡衣、睡袍等。以上两种都属于天然纤维织物，基本特点是舒适、透气性好，耐洗性较差，易缩水、退色、泛黄。

（3）棉涤混纺织物。现在不少酒店的床上布件都使用棉涤织物。当然，在不同档次的酒店，织物中涤纶的含量有所不同。一般四、五星级酒店要求涤纶的含量不超过20%，一、二、三星级酒店客房布件涤纶的含量较高，但一般也不能超过50%。

6.3.2　布件的管理

1）确定布件的配备数量

各酒店由于规模、档次、客房出租率和洗涤设施条件的不同，布件的配备数量有所差

异。自设洗衣房的酒店一般要求配备3~5套（每套4张或6张）；其中一套在客房，一套在楼层布件房，一套在洗衣房，另外一套或两套在中心库房，而在店外洗涤布件的酒店则还应多配备一套。确定单房配备量后，整个客房部的各种布件总数应按客房100%的出租率来配备。确定布件单房配备量时要考虑酒店的档次、资金情况以及维护正常的客房运转的需要。

2）确定布件的消耗定额

配备完成后，只有到了更新周期才陆续补充和新购布件，因此应制定出客房布件消耗数量定额，这是加强布件科学管理、控制客房费用的重要措施之一。定额不合理，布件过多或过少都会影响客房经营活动的正常运转，影响客房部的经济效益。定额的确定方法，首先应根据酒店确定的单房配备数量，确定布件的损耗率，然后制定出消耗定额。

（1）根据单房配备量，确定年度损耗率

①损耗率，是指布件的磨损程度。酒店要求对破损或陈旧过时的布件进行更换，以保持酒店的规格和服务水准。确定损耗率要考虑两点：

A.布件的洗涤寿命。不同质地的布件有着不同的洗涤寿命。例如，全棉床单的耐洗次数为250次左右，毛巾约为150次，涤棉床单的耐洗次数为450次左右。

B.酒店的规格等级要求。不同规格等级的酒店对布件的损耗标准是不同的。例如，豪华型酒店对布件六成新即行淘汰，改作他用，而经济型酒店则可能到破损才淘汰。

②损耗率的计算。损耗率的计算步骤是首先根据配备和换洗情况计算出布件每年实际的洗涤次数，然后根据布件每年的实际洗涤次数、洗涤寿命和酒店确定的损耗标准，即可计算出布件的损耗率。具体方法见下例。

某酒店客房床单单间配备为三套，每套四张，床单每天一换，其洗涤寿命为300次。试确定该酒店床单的年度损耗率。

计算如下：

A.每张床单实际年洗涤次数=360÷3=120（次）

B.计算每张床单的年度损耗率：

实际使用年限=300÷120=2.5（年）

年度损耗率=1÷2.5×100%=40%

（2）制定客房布件消耗定额，其计算公式如下

$$A=B×X×F×R \tag{8.1}$$

式中：A表示单项布件年度消耗定额；B表示布件单房配备张数；X表示客房数；F表示预计的客房年平均出租率；R表示单项布件年度损耗率。

业务链接6-1

年度消耗定额的计算

酒店有客房200间，预计客房平均出租率为75%，求其年度消耗定额。

根据上述公式计算得：

A（床单）=B×X×F×R=3×4×200×75%×40%=720（张）

3）布件的日常使用和管理

由于布件是分散在各处的，定额标准掌握及使用的好坏，必须依靠日常的管理。

（1）把好质量验收关

客房部管理者应对新购进的布件进行验收，仔细检查布件的品种、数量、规格、质地等，以确保布件的质量。

（2）布件存放要定点定量

在用布件除客房一套外，工作车上放置多少，楼层布件房存放多少，中心布件房存放多少，各种布件摆放位置和格式等，都应有规定，使员工有章可循。一般工作车放置一个班次的量，楼层布件房存放本楼层一天的量，中心布件房存放按客房数配备每房一套或两套的总量。

（3）建立布件收发制度

布件收发制度包括数量控制和质量控制两个方面的内容。布件领用数量控制的原则是送洗多少脏布件就换回多少干净布件。客房布件的收发一般有两种方式：一是布件房收发员直接到各楼层收发布件；二是客房服务员到布件房送领布件（也有的酒店是通过布件通道直接将各楼层的脏布件输送到洗衣房）。

（4）建立布件报废和再利用制度

布件报废制度，是指对破损、有无法清除的污迹以及使用年限已满的布件定期、分批进行报废。布件报废应有严格的核对审批手续，一般由中心库房主管核对并填写布件报废单，洗衣房主管审批。对可再利用的，可改制成其他用品。

（5）控制员工使用布件

在日常工作中要严格禁止员工使用各种布件，如用布件作抹布，或私自使用客用毛巾等。这样既造成了浪费，又使劳动纪律无法得到保证。

（6）建立盘点制度

布件需定期进行全面盘点，通过盘点了解布件的使用、消耗、库存情况，发现问题及时处理。盘点工作通常为一月一小盘，半年一大盘。大盘点由客房部会同财务部进行，在此基础上进行统计分析，这样做能帮助客房部管理人员及时发现存在的问题，堵塞漏洞，改进管理工作。

6.3.3　布件的贮存及保养

1）布件的贮存

布件的贮存主要有下列几项要求：

（1）库房墙面应经过良好的防渗漏、防霉蛀处理，地面材料最好采用PVC石棉地砖。

（2）具有良好的温、湿度和通风条件。库房的温度以不超过20℃为佳；湿度不大于50%，最好能控制在40%以下。

（3）经常查库，通风晾晒，并放入干燥剂和防虫剂，以免布件变质，特别是在进入雨季时。

（4）防止外来人员随意出入，并要经常清洁整理和定期进行安全检查。

（5）布件要分类上架。布件房不应存放其他物品，特别是化学药剂、食品等，对长期不用的布件要用布兜罩住，防止积尘、变色。

2）布件的保养

布件的保养必须贯穿于使用和贮存的全过程。

（1）尽量减少库存时间，因为存放时间过长会使布件质量下降。所以，备用布件不宜一次购买太多。使用时应遵循"先进先出"原则。

（2）新布件应洗涤后再使用，这样有利于提高布件的强度。

（3）洗涤好的布件应搁置一段时间（24小时）后再使用，以便散热透气，延长布件使用寿命。

（4）切勿将布件随便乱放，以防污染和损坏。

6.4　客房用品的日常管理

酒店在客房中除配备各种家具、设施设备之外，还应配置各种用品供客人使用。星级越高的酒店，其客用品的设计越精致优雅，质量越好。客用品的配备亦可体现对客人的礼遇规格，如在贵宾房或一些特殊客房如套房、商务房内配置比标准间更好的用品，让客人感到自身的与众不同，也更容易接受酒店的房价，有物有所值之感。

6.4.1　客用品的分类

客房正常配备的客用品通常可分为三大类，即客房备品、客用低值易耗品和客用租借物品。

1）客房备品

客房备品，亦称客用固定物品或多次性消耗用品，是指客房内所配备的可供多批客人使用，正常情况下不会在短期内损坏或消耗的物品。这类物品仅供客人在住店期间使用，但不能被损坏、消耗或在离店时带走，如布件、衣架、水杯等。

2）客用低值易耗品

客用低值易耗品，亦称客房日耗品、客用消耗物品、一次性消耗品或供应品等，是指在客房内配备的供客人住店期间使用消耗，也可在离店时带走的物品。这类物品价格相对较低、易于消耗，如牙膏、牙刷、香皂等。

3）客用租借物品

客房备品和低值易耗品通常只能满足住客一般的基本需要，而不能满足住客个别的、特殊的需要。有些酒店为能给客人提供一些具有个性化的服务，通常还备有一些特殊用品，如接线板、加床、婴儿床等，以供住客需要时租借，通常称为客用租借物品。

同步思考6-2

客用品的选择

客用品种类繁多，质量规格各异，不同星级档次的酒店、同档次酒店的不同客房对客用品都会有不同的要求，客用品的选择必须考虑哪些方面？

理解要点：（1）适度。国家旅游局颁布的星级酒店客房客用品的配备和规格的行业标准，以及《酒店星级的划分及评定》国家标准，是酒店选择客用品的基本依据。在此基础上酒店客用品应能体现酒店的星级和客房的档次以及客源特点。在质量要求上，一般星级越高的酒店，客用品相对越为讲究；反之，一些经济型酒店的客用品则以能够满足客人的基本生活需要、符合客房的价格水平即可。在品种数量要求上同样如此，星级高的豪华型酒店为体现其周全的考虑，通常品种、数量都比较多；而经济型酒店则以够用为根本，不必太全而增加营运成本。因此，必须根据本酒店的星级和档次要求选择适当的客用品，并不是越豪华越好，也不是越多越好。

（2）协调。客用品应与客房的装修格调相一致，与周围环境相协调。这就要求同一种类客用品在规格、型号或造型、质地、色调、花纹上统一，没有拼凑现象，高雅美观，并与客房整体风格相协调。随着酒店业的发展，许多酒店甚至要求客用品也要具有一定的文化品位，在包装造型上都经过专门的设计，与酒店的CI设计相吻合。

（3）实用。客用品是为方便客人使用而提供的，能够物尽其用是其基本原则。因此，客用品的选择应以切实可以满足客人需求为标准，有些用品并不是大多数客人所需要的，就没有必要配备或没有必要在所有的客房内配备，如有些酒店摆放的纸制指甲锉等。另外，客用品的质量必须有一定保证。如有些酒店也有梳子，但是一梳就断齿，这种客用品显然不能满足客人的需求。

（4）环保。随着整个社会对环境问题的日益关注，绿色环保行动已经成为酒店行业的时尚，一些酒店在客用品的配备上开始采购、使用环保包装的绿色客用品，并通过宣传、告知等方式，逐渐减少放在客房内的一些并非每个客人都需要的一次性用品的数量，为绿色环保行动尽一份力。

6.4.2　客用品日常控制

客房用品的日常管理是客房用品控制工作中最容易发生问题的一环，也是最重要的一环。

1）控制流失

（1）建立客用品领班责任制。各种物资用品的使用主要是在楼层进行的，因此对客用品的损耗及定额标准的掌握，关键在领班。各楼层应配备专人负责楼层物资用品的领用、保管、发放、汇总以及分析的工作。

（2）控制日常客用品消耗量。客房用品的流失主要是员工造成的。比如，有些员工在清洁整理房间时图省事，将一些客人未使用过的消耗品当垃圾扔掉，因此领班做好员工的思想工作，进行现场指挥和督导，是减少客用品浪费和损坏的重要环节。同时，还要为员工创造不需要使用客房用品的必要条件。客房日用品的发放和使用控制应根据楼层小库房的配备定额明确一个周期和时间。这不仅方便中心库房的工作，也是促使楼层日常工作有条理以及减少漏洞的一项有效措施。

2）每日统计

服务员按规定数量和品种为客房配备和添补用品，并在服务员做房报告上做好登记。楼层领班通过服务员做房报告汇总服务员在每房、每客上的客用品耗用量。

3）定期分析

一般情况下，这种分析应每月做一次。其内容有：

（1）根据每日消耗量汇总表制定出月度各楼层消耗量汇总表。

（2）结合住客率及上月情况，制作每月客用品消耗分析对照表。

（3）结合年初预算情况，制作月度预算对照表。

（4）根据控制前后对照，确定间天平均消耗额。

教学互动6-2

某家酒店一次性用品在使用过程中存在严重的浪费现象。以香皂为例，一块净重30克的香皂，客人每次只使用约1/5，由于大量的团队客人及散客在酒店停留时间只有1天左右，剩余的4/5在清扫房间时只能换掉。通常情况下，打扫客房的时候都会发现，开了瓶的沐浴液、洗发液还剩大半，拆了封的香皂几乎没使用，每天都得扔掉一大堆，非常浪费。酒店决定推广环保行动，将牙刷、牙膏等六小件撤出部分房间，除非客人主动要求，否则不再提供六小件。

互动问题：请问你认为酒店"六小件"是否应该取消?谈谈你的想法。

要求：同"教学互动1-1"的"要求"。

6.4.3 客用品消费定额制定

1）一次性消耗品的消耗定额制定

一次性消耗品消耗定额的制定方法，是以单房配备量为基础，确定每天需要量，然后根据预测的年平均出租率来制定年度消耗定额。其计算公式如下：

$$A=b×x×f×365 \tag{8.2}$$

式中：A表示每项日用品的年度消耗定额；b表示每间客房每天配备额；x表示酒店客房总数；f表示预测的年平均出租率。

业务链接6-2

一次性消耗品年度消耗定额的计算

某酒店有客房300间，年平均出租率为80%，牙膏、圆珠笔的单间客房每天配备额为2支、1支。求该酒店牙膏、圆珠笔的年度消耗定额。

根据上述公式计算得：

牙膏的年度消耗定额=b×x×f×365=2×300×80%×365=17.52（万支）

圆珠笔的年度消耗定额=b×x×f×365=1×300×80%×365=8.76（万支）

2）多次性消耗品的消耗定额制定

多次性消耗品定额的制定基于多次性消耗品的年度更新率来确定。其定额的确定方法，应根据酒店的星级或档次规格，确定单房配备数量，然后确定其损耗率，即可制定消耗定额。其计算公式如下：

$$A=b×x×f×r \tag{8.3}$$

式中：A表示每项日用品的年度消耗定额；b表示每间客房每天配备额；x表示酒店客房总数；f表示预测的年平均出租率；r表示用品的损耗率。

业务链接6-3

多次性消耗品年度消耗定额的计算

某酒店有客房400间，床单单房配备3套（每套4张）。预计客房平均出租率为75%。在更新周期内，床单的年度损耗率为35%，求其年度消耗定额。

根据上述公式计算得：

床单的年度消耗定额=b×x×f×r=3×400×75%×35%=315（套）

■ **本章概要** ━━▶

□内容提要与结构

▲内容提要

●客房设备用品的管理包括客房设备用品的选择与采购、使用与保养、储存与保管。对于客房部门来说，主要是做好用品的计划、使用控制和储存保管工作。

●客房设备用品的管理应达到4R的管理要求：适时、适质、适量、适价。客房设备主要包括家具、电器、洁具、安全装置及一些配套设施。

●布件的日常使用和管理要做到：把好质量验收关、布件存放要定点定量、建立布件收发制度、建立布件报废和再利用制度、控制员工使用布件、建立盘点制度。

●客房正常配备的客用品通常可分为三大类，即客房备品、客用低值易耗品和客用租借物品。客用品的选择必须遵循适度、环保、实用、协调的原则。

▲内容结构

本章内容结构如图6-1所示。

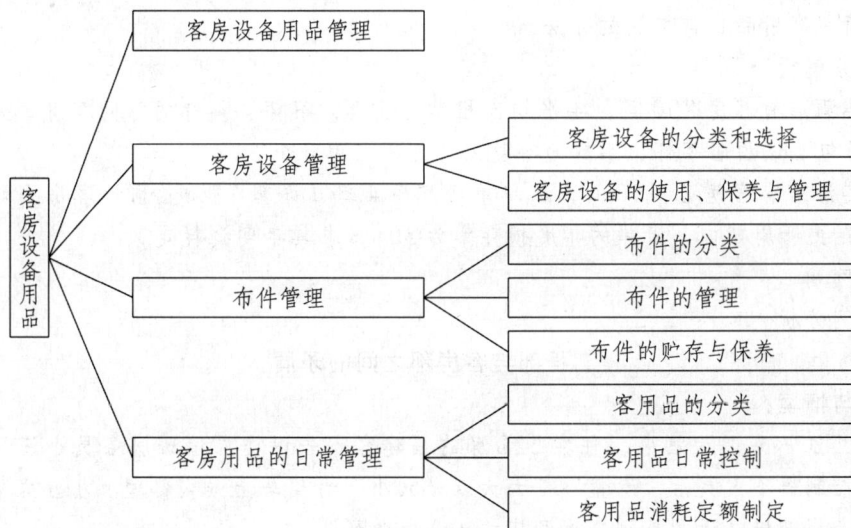

图6-1　本章内容结构

□主要概念和观念

▲主要概念

布件　损耗率　布件报废制度　客房备品　客用低值易耗品

▲主要观念

客房设备用品的管理要求　客房设备选择、使用、保养　布件的分类　客用品的分类

□重点实务与操作

▲重点实务

布件的贮存及保养　布件的日常使用和管理　客用品日常控制　客用品消费定额制定

▲重点操作

客房设备用品管理

━ 基本训练 ➡

□理论题

▲简答题

1）客房设备用品的管理范围是什么？

2）布件的分类是什么？

3）客用品的分类是什么？

▲讨论题

1）如何理解布件不仅是一种日常生活必需品，也是酒店客房装饰布置的重要物品？

2）如何理解加强客房用品的日常管理的意义？

□实务题

▲规则复习

1）简述客房设备用品的管理方法。

2）简述客房设备选择的标准。

3）简述客用品日常控制的方法。

▲业务解析

1）某酒店有客房200间，年平均出租率为85%，茶杯、茶叶的每间客房每天配备额为2只、4包。该酒店茶杯、茶叶的年度消耗定额应为多少？

2）某酒店有客房2 400间，床单单房配备4套（每套4张）。预计客房平均出租率为70%。在更新周期内，床单的年度损耗率为30%，求其年度消耗定额。

□案例题

▲案例分析

工程部与客房部之间的矛盾

背景与情境：

傍晚，江苏南通大酒店。住在518房的福建客人告诉楼层值班服务员小汪，沐浴装置的水量控制器不太灵活，水量不是太大就是太小，希望马上派人修理。小汪立刻与工程部联系，工程部接电话的是刚来大酒店才4天的小阚。

"这不可能，昨天我部的金师傅刚修好518房的沐浴设备，如果仍有问题请他来解决。"小阚把责任推给比他年长10岁的金师傅。

小汪只得把情况反映给客房部主管。小阚最后还是来了，但心里不太高兴，脸上没有笑容。此事传到总经理室。徐总近些日子也听到客房部埋怨设备保养和维修方面的问题，他还找过工程部姚经理谈话。姚经理向徐总反映客房部个别员工在设备使用上操作不当，有些设备刚修好没几天就又来报修。工程部人手紧，有时安排不过来，另外，零件调换频繁造成工程维修成本急剧增加。

徐总获知这些情况后，请裴副总负责协调客房和工程部门之间的关系。

两个部门经理在总经理办公室里由裴副总主持召开协调会。裴副总用短短几句话点明会议目的后，客房部经理开诚布公地谈了本部门使用设备的实际状况，以及需要工程部给予解决的若干问题。由于客房部经理态度诚恳，原先部门之间存在的误会和芥蒂很快便消除了一大半，会议的气氛顿时缓和下来。随后工程部姚经理发言，首先代表工程部全体员工表态：工程部的工作宗旨就是一切为前台、一切为客人，为前台解决设备方面的问题，是工程部义不容辞的责任。我们一定尽最大努力解决前台的后顾之忧。这番话博得了裴副总和客房部经理的一致好评。在充满理解、携手合作的良好气氛中，姚经理又以极其诚恳的口气指出，某些设备故障因使用不当所致，希望客房部经理予以重视，对本部门员工加强必要的培训。

（资料来源　佚名.酒店人的空间[EB/OL].[2010-08-20].http：//wenku.baidu.com/view/1c4f527f5）

问题：

1）本案例对你有何启示？

2）徐总的成功之处何在？

3）对于改进客房设备用品的使用和管理你有哪些建议？

分析要求：同第1章本题型的"分析要求"。

▲善恶研判

棉织品报损的条件及处理

背景与情境：

棉织品在采购库存并投入使用后，在使用过程中的质量保证一般由洗衣房来控制。洗衣房人员在洗涤中发现严重污渍的床单后对其进行单独去渍处理，在折叠熨烫过程中发现有破损应抽出进行处理。旧棉织品是指棉织品由于超常使用洗涤熨烫而变薄变黄，并出现毛边，对于这种棉织品，洗衣房人员应将其挑出单独堆放，进行清点，登记报损。污渍报损，由于各种原因，有些是客人使用不当，有些是由于服务员使用不当造成棉织品污染，洗衣房人员又没有及时发现，经过正常高温和洗涤后，污渍无法去除的棉织品应报损。破损是指棉织品在使用运输洗涤过程中被刮破、绞破或有烟头烧痕等情况，应做报损处理，但是一般的开线开口的破损应送交缝纫组进行修补，不必做报损处理，毛巾类如果出现个别绒头应剪掉绒头继续使用。褪色报损主要指的是由于长期使用和洗涤而严重褪色的应进行报损。

床单如有破洞或脏迹不容易去掉，可将它剪成小块做成枕套。枕套报损后可改作抹布，因为用报损的枕套来擦尘，其纤维少，擦尘效果好。大毛巾可改为小手巾，小毛巾可改为抹布，台布可改为餐巾，餐巾可改为抹布，这样可以节省一些开支。无论是新的棉织品还是报损的棉织品，都需要相应的空间来储存，为尽可能少占用空间，应经常对报损棉织品进行处理，最好寻个价，以便将破损棉织品以最好的价格卖出。

（资料来源　佚名.酒店客房管理[EB/OL].[2012-08-31].http：//www.canyin168.com/glyy/kfgl/kfgl/201208/45360.html）

问题：

1）棉织品变旧的原因有哪些？

2）棉织品报损的处理方法有哪些？

3）试对上述问题作出你的善恶研判。

研判要求：同第1章本题型的"研判要求"。

□实训题

"客房设备用品管理"业务胜任力训练。

【实训目的】

见本章"章名页"中"学习目标"中的"实训目标"。

【实训内容】

专业能力训练：其"领域"、"技能点"、"名称"和操作"规范与标准"见表6-1。

表6-1　　　　　　专业能力训练领域、技能点、名称及其参照规范与标准

能力领域	技能点	名称	参照规范与标准
客房设备用品管理	技能1	客房设备管理技能	(1) 能把握客房清洁卫生质量标准 (2) 能按照相应的程序和要求，较规范地进行客房清理 (3) 能较好地进行客房卫生 (4) 能较有效地进行客房卫生质量控制
	技能2	布件的管理技能	(1) 能分析公共区域清洁卫生的范围及特点 (2) 能有针对性地采取相应的清洁保养的方法
	技能3	客房用品的日常管理技能	(1) 能把握清洁设备和清洁剂的种类和使用 (2) 能较好地进行清洁设备及清洁剂的管理控制
	技能4	撰写《客房设备用品管理实训报告》技能	(1) 能合理设计《××酒店客房清洁卫生实训报告》的结构，层次较分明 (2) 能依照商务应用文的规范撰写《××酒店客房设备用品管理实训报告》 (3) 本教材"网络教学资源包"的《学生考核手册》中表6-2所列各项"考核指标"和"考核标准"

职业核心能力和职业道德训练：其内容、种类、等级与选项见表6-2；各选项的操作"规范与标准"见本教材附录三的附表3和和附录四的附表4。

表6-2　　　　　　职业核心能力与职业道德训练内容、种类、等级与选项表

内容	职业核心能力							职业道德						
种类	自我学习	信息处理	数字应用	与人交流	与人合作	解决问题	革新创新	职业观念	职业情感	职业理想	职业态度	职业良心	职业作风	职业守则
等级	中级	中级	中级	中级	中级	中级	中级	认同级	认同级	认同级	认同级	认同级	认同级	认同级
选项			√	√	√	√	√				√	√	√	√

【组织形式】

将班级学生分成若干实训小组，根据实训内容和项目需要进行角色划分。

【实训任务】

（1）对表6-1所列专业能力领域各技能点，依照其"参照规范与标准"实施应用相关知识的基本训练。

（2）对表6-2所列职业核心能力选项，依照本教材附录三的附表3的"参照规范与标

准"实施应用相关知识的"中级"强化训练。

（3）对表6-2所列职业道德选项，依照本教材附录四的附表4的"规范与标准"实施"认同级"相关训练。

【实训要求】

（1）实训前学生要了解并熟记本实训的"目标"、"能力与道德领域"、"任务"与"要求"；了解并熟记本教材网络教学资源包中《学生考核手册》考核表6-1和考核表6-2的"考核指标"与"考核标准"内涵，将其作为本实训的操练点和考核点来准备。

（2）通过"实训步骤"，将"实训任务"所列三种训练整合并落实到本实训的"活动过程"和"成果形式"中。

（3）实训后，学生要对本次"客房设备用品管理"的实训活动进行总结，在此基础上撰写实训报告。

【情境设计】

将学生分成若干实训组，分别选择不同的酒店（或本校专业实习基地），运用客房设备用品管理知识，参与其客房设备用品管理实训，完成本实训的各项实训任务。各实训组对所选酒店（或本校专业实习基地）的客房设备用品管理实训体验进行总结、并对其本次实训的成功经验和存在的问题进行分析，提出改进方案或建议，最后撰写《××酒店客房设备用品管理实训报告》。

【指导准备】

知识准备：

（1）客用品的采购。

（2）布件的贮存及保养。

（3）客房用品日常控制和管理。

（4）设备设施的保养。

（5）本教材"附录一"的附表1中"职业核心能力"选项的"知识准备参照范围"中所列知识。

（6）本教材"附录三"的附表3和"附录四"的附表4中，涉及本章"职业核心能力领域'强化训练项'"各技能点和"职业道德领域'相关训练项'"，需要对学生事先培训的"规范与标准"知识。

操作指导：

（1）教师向学生阐明"实训目的"、"能力与道德领域"和"知识准备"。

（2）教师就"知识准备"中的第（5）、（6）项，对学生进行培训。

（3）教师指导学生就操练项目进行调研、资料收集与整理。

（4）教师指导学生撰写《××酒店客房设备用品管理实训计划》。

（5）教师指导学生实施《××酒店客房设备用品管理实训计划》，并就操练项目进行现场指导。

（6）教师指导学生撰写《××酒店客房设备用品管理实训报告》。

【实训时间】

本章课堂教学内容结束后的双休日和课余时间，为期一周。

【实训步骤】

（1）将班级每8～10位同学分成一组，每组确定1人负责。

（2）分配各组实训任务，确定每个组实训的酒店。

（3）各实训组参与所选酒店（或本校专业实习基地）的客房设备用品管理实训。

（4）各组对实训操作的实际情况进行总结。

（5）各组在此基础上，总结实训酒店（或本校专业实习基地客房设备用品管理的成功之处和不足之处，并提出改进建议。

（6）各实训组在实施上述训练的过程中，融入对"与人合作"、"与人交流"、"解决问题"和"革新创新"等职业核心能力各"技能点"的"中级"强化训练（突出其"知识准备参照范围"所列知识的学习和应用）和对"职业观念"、"职业态度"、"职业良心"、"职业作风"和"职业守则"等职业道德各"素质点"的"认同级"相关训练。

（7）撰写作为最终成果形式的《××酒店客房设备用品管理实训报告》。

（8）在班级交流、讨论各组的《××酒店客房设备用品管理实训报告》。

（9）根据交流、讨论结果，各组修订其《××酒店客房设备用品管理实训报告》，并使之各具特色。

【成果形式】

实训课业：《××酒店客房设备用品管理实训报告》。

课业要求：

（1）本课业应包括学生对所选酒店（或本校专业实习基地）的客房设备用品管理的全面总结为基本内容，并分析本次运作中的问题与不足，最后提出改进建议，并包括"关于'能力与道德领域'其他训练的补充说明"等内涵。

（2）报告格式与体例参照本教材"课业范例"的范例综-3。

（3）各组的《××酒店客房设备用品管理实训报告》初稿必须先经小组讨论，然后才能提交班级交流、讨论。

（4）经过班级交流、讨论的《××酒店客房设备用品管理实训报告》由各小组进一步修改与完善。

（5）《××酒店客房设备用品管理实训报告》定稿后，在其标题下注明"项目组长姓名"和"项目组成员姓名"。

（6）将附有"教师点评"的.优秀实训报告在班级展出，并纳入本校该课程的教学资源库。

━━ 单元考核 ▶▶

考核要求：同第1章"单元考核"的"考核要求"。

第7章
客房安全

学习目标

通过本章学习，应该达到以下目标：

理论目标：学习和把握客房安全的基本含义、顾客安全管理内容、员工职业安全管理内容等陈述性知识；能用所学理论知识指导"客房安全管理"的相关认知活动。

实务目标：学习和把握客房安全管理工作的任务，客房区域安全设备的正确使用方法，如报警器、灭火器材的识别和使用，各种突发事故的正确处理方法，如火灾事故的处理，"业务链接"等程序性知识；能运用所学实务知识规范"客房安全管理"的相关技能活动。

案例目标：运用所学"客房安全"的理论与实务知识研究相关案例，培养和提高在特定业务情境中分析问题与解决问题的能力；能结合"客房安全"教学内容，依照"职业道德与企业伦理"的行业规范或标准，分析企业行为的善恶，强化职业道德素质。

实训目标：参加"客房安全管理"业务胜任力的实践训练。在了解和把握本实训所涉及"能力与道德领域"相关技能点的"规范与标准"的基础上，通过切实体验"客房安全管理"各实训任务的完成、系列技能操作的实施、《××酒店客房安全管理实训报告》的准备与撰写等有质量、有效率的活动，培养"客房安全"的专业能力，强化"信息处理"、"与人交流"、"与人合作"、"解决问题"和"革新创新"等职业核心能力(中级)，并通过"认同级"践行"职业观念"、"职业态度"、"职业良心"、"职业作风"和"职业守则"等行为规范，促进健全职业人格的塑造。

引例 哈尔滨天鹅酒店火灾

背景与情境：1985年4月18日，美国能源工程（东南亚）有限公司业务发展经理理查镕斯·安德里克和他的同事美国公民伍卓芬·温到祥由北京来到哈尔滨与哈尔滨炼油厂洽谈业务，下榻于哈尔滨天鹅酒店的11楼1116号房间。当日21时30分左右，安德里克酒后回房，在床上吸烟时进入梦乡。入睡时，烟头掉落在床上，引燃床上被褥。23时许，他突然被烟呛醒，竟径自离开房间，匆促跑下楼去，因他走出时打开了房间门，形成空气对流，以致火势很快从室内蔓延到室外，酿成了大火。当时正值深夜，住宿在酒店的大部分旅客都已入睡，刚起火时，人们都未发觉。23时40分左右，住在1116房间对面的1123号房间的一位日本客人突然听到门外有异常响声，便打开房门察看，这时，走道里已是烟雾弥漫。这位日本人意识到失火，一边设法逃生，一边敲打着其他客房的房门，人们发现起火后，即打电话报警，但由于通信线路不畅，至19日零点37分，消防部门才接到报警。这次大火使整个11楼的26个房间有6间客房被全部烧毁，13个房间部分受损，受灾面积500平方米以上。在大火中有10人丧生，其中有外国客人6人；重伤7人，其中有外宾4人。直接经济损失约25万元。

（资料来源 佚名 事故案例[EB/OL].[2011-10-11].http：//www.esafety.com.cn/shiguanli）

问题：你认为该如何杜绝客房安全问题的发生？

客房部不仅要以干净舒适的客房以及服务人员热情好客的态度、娴熟的服务技巧来满足宾客的各种需求，使其乘兴而来，满意而归，而且还要极其重视宾客一个最基本的需求——安全。酒店宾客与其他任何人一样，需要安全和保护，希望免遭人身财产及其他方面的损害。

7.1 客房安全管理

7.1.1 客房安全管理的任务

客房安全（Security），是指客人在客房范围内人身、财产、正当权益不受侵害，也不存在可能导致侵害的因素。

根据公安机关安全工作的有关规定和安保部门对客房部安全管理工作的具体要求，结合客房部工作的基本特点，我们可以把客房部安全管理工作的主要任务总结为以下几点要求：

第一，做好安全的宣传教育工作，对员工经常进行安全培训，增强他们的法制观念和安全意识。

第二，做好客房的防火、防盗、防灾害、防事故等工作，确保宾客和酒店员工人身及财产的安全。

第三，制定客房部安全管理的各项规章制度和工作计划，建立和健全各项安全防范措施。

第四，根据"谁主管、谁负责"的原则，落实客房部各项安全岗位责任制，监督、检查、指导各个岗位的安全工作。

第五，协助公安机关和酒店安保部门，做好案件的侦破及事故预防和处理工作。

第六，在酒店的统一领导下，做好社会治安综合治理工作，确保客房区域的安全，维护客房的正常秩序。

职业道德与企业伦理7-1

面对无磁卡客人时

背景与情境："小姐，开门。""先生，请您出示房卡。""我不记得放在哪里了？我很忙，可不可以帮帮忙，开开门。""先生，对不起，我们宾馆有严格的规定，凭房卡才能开门。""没有房卡，磁卡又掉了，那怎么办？""可以出示您的身份证吗？"宾客一脸无奈："麻烦，规定是死的，人是活的嘛！"客人从包里拿出证件一脸不高兴。"请稍等，我与总台联系一下。"经核对证件与登记，服务员立刻把证件还给客人并为其开门，道歉说："先生，对不起，让您久等了，因为您是我们的客人，而作为宾馆的一名服务员，有义务为您的安全负责。现在，你的磁卡与房卡已经遗失，那么请您去总台再补办一张，好吗？谢谢您的合作！"

问题：服务员为什么要与总台联系？该服务员的行为符合职业道德与企业伦理要求吗？

分析提示：如果马虎的服务员经不起客人的再三催促而为其开了门，这就给许多不法分子提供了作案机会。案例中的这位工作人员就是按照严格的规定层层把关，让客人出示房卡（证件），并经过核对、确认，才开门放行的。最后她依然礼貌地向客人解释宾馆的义务与责任，并再次提醒遗失房卡的客人补一张新卡，从而避免了安全事故的发生。

7.1.2 客房安全设施配置

为保证住店客人生命财产安全，必须在公共区域和客房内加强各类安全设施的配置，同时客房内各种生活设施设备也要安全可靠。

1）电视监控系统

电视监控系统由电视摄像镜头、电视监视器、电视屏幕操作机台、录像等部分组成。电视监控系统是酒店主要的安全装置，除了安装在酒店大厅及公共场所之外，通常作为客房部主要的安全装置，一般设置在楼层过道和客用电梯。在楼层过道安装监控探头，一般采用中、长焦镜头。客用电梯安装监控探头便于对电梯内发生的紧急意外事件和可疑现象进行跟踪和取证，一般采用视野宽阔的广角镜头。

2）自动报警系统

自动报警系统是由各种类型的报警器连接而成的安全网络系统，主要设置在酒店财务部、收银处、贵重物品寄存处以及商场消防通道等区域，用于防盗、防火、防爆报警。

3）消防监控系统

酒店的消防监控系统一般由火灾报警系统、灭火系统、防火设施组成。

4）通讯系统

通讯系统主要有专用电话、传呼系统及对讲机。

5）房间安保设施

（1）门锁

门锁是保障住客安全最基本也是最重要的设施，由于酒店规模、档次的差异，各酒店所使用的门锁各异。

（2）窥镜

窥镜安装在房门上端，为广角镜头，便于住客观察房间的外部情况。

（3）保险箱

保险箱供客人存放贵重财物。

7.2 顾客安全管理

7.2.1 客房消防安全

火灾，是指在时间和空间上失去控制的燃烧所造成的灾害。它是酒店最大的致命伤，其发生率虽然很低，但后果极其严重，会给酒店带来经济和声誉上的双重损失。

1）火灾发生的原因

客房发生火灾的原因主要有如下几种：

（1）吸烟不慎引起火灾

吸烟不慎引起火灾在酒店火灾中居首位，起火部位多为客房。吸烟不慎引起火灾主要有以下五种情况：

①乱扔烟头、火柴棍，引起地毯、沙发、衣服、废纸篓、垃圾道起火。

②躺在沙发、床上吸烟，火星散落其上，引起火灾。这种原因引起的火灾在客房火灾中所占比例最大。

③客人将未熄灭的烟头放在沙发扶手上，因事后遗忘或掉落在沙发上引起沙发起火。

④客人将未熄灭烟头或火柴棍扔入烟灰缸内离去，引起缸内可燃物着火。这类火灾大多发生在烟灰缸靠近其他可燃物的情况下。

⑤在禁止吸烟的地方违章吸烟。在有可燃气体或蒸汽的场所，违章点火吸烟，发生爆炸起火。

（2）电气引起火灾

在酒店火灾中，由电气引起的火灾仅次于吸烟。

①电气线路引起的火灾。

电气线路往往由于超载运行、短路等原因，产生电火花、局部过热，导致电线、电缆和周围可燃物起火。

②用电设备引起的火灾。

用电设备由于质量差、故障或使用不当会引起火灾事故。一些酒店电气线路老化或配置不合理，容易引发火灾；客房内的电熨斗、电暖气、热得快等电热器具，客人使用不当、违章接线或忘记断电而使电器设备过热引燃周围可燃物也会造成火灾。

（3）其他原因

宾客将易爆易燃物品带进客房，引起火灾。员工不按安全操作规程作业，如客房内明火作业，使用化学涂料、油漆等，未采取防火措施而造成火灾。防火安全系统不健全、消防设施不完备等，也会引起火灾。

2）火灾的预防

客房安全管理的重点在于采取有效的措施，防止火灾事故的发生。因此，火灾的预防是客房消防安全管理的主要工作。为预防和控制火灾事故，酒店客房区域的防火措施主要包括下列内容：

（1）配备消防设备和器材

客房及客房区域须按照国家的规定配备符合标准的消防设备和器材。

①报警器

报警器主要有烟感报警器、热感报警器（温感报警器）和手动报警器三类。当室内烟雾达到一定浓度时，烟感报警器便会自动报警，有利于及时发现火情；当火灾的温度上升到热感器的工作温度时，热感报警器的弹片便自动脱落造成回路引起报警；手动报警器一般安装在每层楼的入口处，有楼层服务台的酒店则设在服务台附近的墙面上。当发现附近有火灾时，可以立即打开玻璃压盖或打碎玻璃使触点弹出，引起报警。

②灭火器材

灭火器材主要包括喷淋装置、消防栓和便携式灭火器等。便携式灭火器有一定的使用年限，一般为3年，期满即需要更换。在3年的使用期限内，还要定期检查压力表上的指针是否在正常位置，以确保该表始终处于正常状态。

业务链接7-1

常用灭火器使用方法与注意事项

1．使用方法

（1）干粉灭火器

适用范围：适用于扑救各种易燃、可燃液体和易燃、可燃气体火灾，以及电器设备火灾。

使用方法：右手拖着压把，左手拖着灭火器底部，轻轻取下灭火器；右手提着灭火器到现场；除掉铅封；拔掉保险销；左手握着喷管，右手提着压把；在距离火焰2米的地方，右手用力压下压把，左手拿着喷管左右摆动，喷射干粉覆盖整个燃烧区。

（2）泡沫灭火器

适用范围：适用于扑救各种油类火灾以及木材、纤维、橡胶等固体可燃物火灾。

使用方法：右手拖着压把，左手拖着灭火器底部，轻轻取下灭火器；右手提着灭火器到现场；右手捂住喷嘴，左手执筒底边缘；把灭火器颠倒过来呈垂直状态，用力上下晃动几下，然后放开喷嘴；右手抓筒耳，左手抓筒底边缘，把喷嘴朝向燃烧区，站在离火源2米的地方喷射，并不断前进，围着火焰喷射，直至把火扑灭；灭火后，把灭火器卧放在地上，喷嘴朝下。

（3）二氧化碳灭火

适用范围：适用于各种易燃、可燃液体、气体火灾，还可扑救仪器仪表、图书档案、工艺器和低压电器设备等的初起火灾。

使用方法：用右手握着压把，提着灭火器到现场；除掉铅封；拔掉保险销；站在距火源2米的地方，左手拿着喇叭筒，右手用力压下压把；对着火源根部喷射，并不断推前，直至把火焰扑灭。

2．注意事项

在操作灭火器时，应注意以下几点：

（1）在携带灭火器奔跑时，酸碱灭火器和化学泡沫灭火器不能横置，要保持其竖直以免提前混合发生化学反应。

（2）有些灭火器在灭火操作时，要保持竖直，不能横置，否则驱动气体短路泄漏，不能将灭火剂喷出。这类灭火器有干粉灭火器、二氧化碳灭火器、空气泡沫灭火器等。

（3）扑救容器内的可燃液体火灾时，要注意不能直接对着液面喷射，以防止可燃液体飞溅，造成火势扩大，增加扑救难度。

（4）扑救室外火灾时，应站在上风方向。

（5）若为深位火灾，应将阴燃或炽热燃烧部分彻底浇湿，必要时，将燃烧物踢散或拨开，使水流入其内部。

（6）使用二氧化碳灭火器，要注意防止对操作者产生冻伤危害，不得直接用手握灭火器的金属部位。

（2）预防火灾的具体措施

客房内配置完整的防火设施设备，包括地毯、家具、床罩、墙面、窗帘、房门等，尽可能选择具有阻燃性能的材料制作；禁止客人携带易燃、易爆物品入客房；不得在客房内自行安装电器设备，禁止使用电炉、电暖气等电器。提醒使用电熨斗的客人注意安全；及时清理楼道内的垃圾，保证疏散通道的畅通无阻；定期检查房内电器是否处于正常使用范围，有否超负荷用电；熟悉各种消防设备和设施的存放地点；定期打扫楼梯间、转弯处等隐蔽区域，杜绝隐患的存在；房内床头柜上摆放"请勿吸烟"的标志，烟灰缸应摆放在梳妆台上；发现火情时，应马上报告消防中心。

3）火灾事故的处理

客房楼层发生火灾时，客房服务人员应充分表现平时良好的专业服务能力和紧急应变能力，沉着冷静地按平时防火训练的规定要求迅速行动，确保宾客的人身财产和酒店财产的安全，努力使损失减少到最小限度。

（1）发现火情时的处理

立即使用最近的报警装置，发出警报。及时发现火源，用电话通知总机，讲清着火地点和燃烧物质。使用附近合适的消防器材控制火势，并尽力将其扑灭。拔下安全插销，喷嘴对准火源，用力压下握把。关闭所有电器开关，关闭通风、排风设备。如果火势已不能控制，则应立即离开火场。离开时应沿路关闭所有门窗，在安全区域内等候消防人员到场，并为他们提供必要的帮助。

（2）听到报警信号时的处理

客房服务人员首先要能辨别火警信号和疏散指令信号。如有的酒店规定一停一响的警铃声为火警信号，持续不断的警铃声为疏散信号。客房服务员听到火警信号后，应立即查看火警是否发生在本区域。无特殊任务的客房服务员应照常工作保持镇静、警觉，随时待命，同时做好宾客的安抚工作。

（3）听到疏散信号时的处理

疏散信号表明酒店某处已发生火灾，该信号只能由在火场的消防部门指挥员发出。在疏散时，首先应听明白紧急广播火灾的确切地点，确定安全的疏散方向。然后根据酒店指定的疏散引导人员的位置，在所有的紧急出口、逃生通道、逃生路线的适当地点安排员工站立引导客人到达安全地点，避免客人仓皇中不知方向而造成的混乱。

在疏散过程中，应提醒客人走最近的通道，千万不能使用电梯。一般将事先准备好的"请勿乘电梯"的牌子放在电梯前；应督导客房员工检查每一间客房内是否有客人，并帮助客人通过紧急出口离开，要特别注意帮助老弱病残、行动不便的客人离房，各楼梯口、路口都要有人把守，以便为宾客引路。待人员撤离至指定的地点后，客房部员工应与前厅服务人员一起查点宾客，还要根据出勤记录核对员工是否安全撤离。如有下落不明或还未撤离人员，应立即通知消防队员。

4）火灾逃生要领

客房服务人员应了解火灾发生时的逃生要领，以便在火灾中及时给予宾客适当的指导和帮助，尽量减少火灾中的人员伤亡。

（1）离开客房时，应关好房门、带好钥匙，如有可能，用橡皮筋将钥匙环绕在手腕处以备疏散路线中断时退回到客房自救，并等待外面救援。

（2）离开客房时，随身携带一条湿毛巾，经过烟雾区时用湿毛巾捂住口鼻；经过浓烟区时，需弯腰或爬行前进。

（3）要搞清楚前进方向，从与风向相反的远离着火点的方向疏散。

（4）不得已滞留在房内时，应用湿毛巾或床单将门缝塞上，防止烟雾进入；在浴缸内放满水，将所有易燃物品用水浸湿，可把洗发液和沐浴液等溶解在水里以增强灭火功能。此时若房门或门把手发烫，千万别开门。要不断往门和其他易燃物品上浇水，以降低温度。除非房内充满浓烟，必须开窗换气，否则不可开窗，以防火从窗口窜入。

7.2.2　客房财物安全

偷盗现象在酒店里时有发生，尤其在管理不善的酒店更是如此。偷盗的发生或多或少地影响客人在酒店内的正常活动，直接或间接地影响酒店的声誉。客房部应采取有效措施，预防偷盗事件的发生。

1）客房失窃类型

客房失窃可分为酒店财物失窃和宾客财物失窃两种类型。

（1）酒店财物失窃

酒店失窃的物品通常有床单、毛巾、毛毯以及客房用品。失窃金额虽然比较小，但还是要引起客房部员工的重视。

（2）宾客财物失窃

为避免客人丢失贵重物品，服务员应提醒宾客要做好贵重物品的登记工作。

2）客房失窃的原因

客房失窃事件在各个酒店中都时有发生，不光是客人会受到财物的损失，就是酒店本身也会受到一定影响。分析客房失窃的原因，有如下三种：

（1）员工内盗

员工内盗是指酒店内部员工的偷盗行为。心理学的研究认为，人有从众行为，容易仿效，当一名员工被发现有偷盗行为，而不及时进行阻止的话，其他员工可能会仿效。

（2）宾客盗窃

宾客偷盗是指住店宾客中的不良分子有目的或者顺手牵羊的偷盗行为。

同步案例7-1

高智能客房盗窃

背景与情境：有一服务员早上8时多正在做房，有两个男子嘱其给1303房加两条浴巾，这两人并未进房，而是说完话后即告知服务员，他们要去餐厅用早餐了，在服务人员身边擦肩而过。服务员则遵照其指示，到1303房为其增配两条浴巾，并顺手将床上零乱的东西清理。此时这两位男子又忽然返回，看见服务员正在清理，忙对服务员说："不要清理了，不用麻烦你了，我们自己清理就行了。"这时候，服务员看他们已在收拾他们的物品了，就暂时退出，这两个男子3分钟后从房间走出，刚离去一会儿，又来了两位男子，自己持IC卡进入房间后，即发现房间被盗，损失较多财物。原来前两个是小偷，后两位才是真正的客人。

问题：为什么骗子能获得犯罪的成功？应如何避免此类事件的发生？

分析提示：这是骗子利用心理上的不设防，然后又返回，告知不用麻烦服务员，自己可以清理自己物品的方式，使服务员在心理上形成先入为主的概念，以为对方是客人，因而给犯罪实施人有了可乘之机。要避免此类事件的发生，必须强化员工的安全意识，加强培训，按照严格的规定层层把关，让客人出示房卡（证件），并经过核对、确认，才开门放行。

（3）外来人员盗窃

外来人员盗窃是指社会上一些不法分子进入酒店而引起的偷盗行为。

3）盗窃事故的预防

为有效防止失窃事件的发生，应针对不同的失窃原因采取相应的预防措施。

（1）防止员工偷盗行为

客房部的员工平时接触酒店和宾客的财物，因此，客房部应从实际出发制定以下有效防范员工偷窃的措施：聘用员工时，严格进行人事审查；制定有效的员工识别方法，如通过工作牌制度识别员工；客房服务员、工程部维修工、餐饮部送餐服务员出入客房时应登记其出入时间、事由、房号及姓名；制定钥匙使用制度，客房服务员领用工作钥匙必须登记签名，使用完毕后将其交回办公室；建立部门资产管理制度，定期进行有形资产清算和员工存物柜检查，并将结果公之于众；积极开展反偷盗知识培训和对偷盗者的教育培训。

（2）防止客人偷盗行为

客房部制定科学、具体的"宾客须知"，明确告诉宾客应尽的义务和注意事项。也可以采取以下措施：在酒店用品上印上或打上酒店的标志或特殊标志，使客人打消偷盗的念头；做好日常的检查工作，严格管理制度，杜绝不良客人的企图。

（3）防止外来人员偷盗行为

酒店周围可能会有一些不法分子在盯着客人伺机而动，因此需加强楼层进出口控制及其他场所的不定时巡查；加强安全措施，对于有价值的物品（如景泰蓝花瓶）摆放在公共场所的，要注意保护；注意来往人员携带的物品，对于可疑人员尤其要高度重视。

4）客人报失的一般处理

"报案"，是指酒店客人的财物被盗以后，客人直接通知公安局有关部门。"报失"，是指客人未向公安局报案，而是向酒店反映丢失情况。"报案"由当地公安部门处理；"报失"则由酒店处理。

客人反映客房失窃时，如果是一般失窃（价值不大），应详细了解丢失的物品的原放位置，何时发现丢失。个别客人因事务繁忙，有时用过的东西一下想不起放在哪里就以为是失窃。因此，先请客人仔细回忆一下是否用过后存放在别处，或者不小心掉在什么地方，特别是细小的东西。如果确定找不到要及时通知保安部。如果是重大的失窃，应立即保护现场，报告公安部门。必要时，要将客人的外出、该房间的来访等情况提供给有关部门，协助调查处理。

同步案例7-2

一起"入室偷窃案"

背景与情境： 一天，某酒店客房部田主管例行查房。当他巡查至1021房门口时，听见房间里边有响声，而房门却虚掩未锁。细心的田主管随即查看了一名服务员的客房消扫日报表，表上显示该房间是空房。为何门未锁，而里边又有响声呢？田主管便轻轻地推开门，循声四下察看，当推开卫生间门时，听到门后有响动，侧身一看，门后靠墙藏着一名男子。田主管立即返身将门锁上，然后拨通保卫处电话报警。保卫处马上赶到1021房间，将这名男子带走。后经审查，此人系外地的流窜作案分子。他供认，到了10楼走出电梯后，见一房门虚掩未锁，便大着胆子推门而入。见房内无人时，偷窃了房间小酒吧的酒水和毛巾。那么客房门为什么虚掩而未锁呢？经查，在清扫完毕这间客房后，客房清扫员为补齐房内各种客用品，便去库房取用品而未将房门锁上。她认为这是间空房，又觉得每次用钥匙开门麻烦，于是便发生了上述这起"入室偷窃案"。

问题： 造成上述这起"入室偷窃案"的主要原因是什么？酒店应如何避免？

分析提示： 作为客房服务员，在清扫客房时，无论是什么房态，都应将门打开，而不应将门关上，清扫完毕应及时将门锁好。即便是补充客房用品，也要做到随出随锁，并准确记录进出客房的时间和工作内容。另外，酒店对客房钥匙的使用也要有明确规定及制度。本案例中的客房服务员，无视规章制度，严重违反了操作规程要求，为偷窃分子提供了作案机会，后果十分严重。

7.2.3 其他安全事故管理

1）防自然灾害

自然灾害，是不可预料和无法抗拒的，包括水灾、台风、地震、暴风雪等。酒店应针对所在地区的地理、水文、气候等特点，制订出本店预防和应付可能发生的自然灾害的安全计划。计划的内容应包括：

（1）客房部及各工作岗位在发生自然灾害时的职责与具体任务。

（2）配备应对自然灾害的设备与器材，并定期检查，以便使其处于完好的状态。

（3）制定发生自然灾害时的紧急疏散措施。

教学互动7-1

停电了

12月22日下午5时左右，客房部小李正如往常一样给所在楼层的房间开夜床，这时突然停电了，不一会儿楼道里传来了一阵嘈杂之声。

互动问题：如果你是小李，你会怎么做？应该如何安抚客人？

要求：同"教学互动1-1"的"要求"。

2）宾客意外受伤的处理

住客在客房内遭受的伤害大多数与客房内的设备用品有关：一是设备用品本身有故障；二是住客使用不当，应保证客房内设备用品的使用安全。

（1）客房内电器应无漏电危险。

（2）家具稳固，无木刺，无尖钉。

（3）卫生间的地面、浴缸应有防滑措施。

（4）杯具不能有破裂缺口并切实消毒。

（5）热水龙头和冷水龙头要有标记，如果卫生间内的自来水未达到直接饮用的标准，应在水龙头上标有"非饮用水"的标记。

（6）在客房的醒目处还应展示有关安全问题的专门告示和须知，告诉宾客如何使用客房内的设备与装置，包括专用的安全装置，出现紧急情况时所用的联络电话号码及应采取的行动。

当发生宾客负伤、生病等紧急情况时，必须向管理人员报告，同时应及时采取救护措施：

（1）开房门发现宾客倒在地上时，应注意宾客是否在浴室倒下；是否因病（贫血或其他疾病）倒地；是否在室内倒地时碰到家具；倒地附近是否有大量的血迹；应判明是否因病不能动弹，是否已死亡。

（2）在发生事故后，应立即安慰宾客，稳定伤（患）者的情绪，注意观察病情变化，在医生来到之后告知病情。

（3）服务人员在医护人员来到之前，也可以进行临时性应急处置。如果伤处出血时，应用止血带进行止血，如果不能缠绕止血带时，用手按住出血口，待医生到达后即遵医嘱。

（4）如果是轻度烫伤，先用大量干净水进行冲洗；对于重度烫伤，不得用手触摸伤处或弄破水泡，应听从医生的处理。

（5）如果是四肢骨折，应先止血后用夹板托住；如果是肋骨骨折，应在原地放置不动，立即请医生处置。

（6）如果是头部受了伤，在可能的情况下要小心进行止血，并立即请医生或送往医院。

（7）如果杂物飞进眼睛，应立即上眼药或用清水冲洗眼睛。

3）客人食物中毒的处理

食物中毒多是因为食品、饮料保洁不当所致，其中毒症状多见于急性肠胃炎，如恶心、呕吐、腹痛、腹泻等。为了保障所有来店宾客人身安全，必须采取以下措施：

（1）采购人员把好采购关，收货人员把好验货关，仓库人员把好仓库关，厨师把好制作关。

（2）客房服务人员发现客人食物中毒时马上报告总机讲明自己的身份，所在地点，食物中毒人员国籍、人数、中毒程度症状等。

（3）做好记录，并通知医务室和食品检验室、总经理、副总经理、保安部、餐饮部、公关部、行李房、车队到达食物中毒现场。

4）宾客死亡处理

宾客死亡是指宾客在酒店内因病死亡、自杀、他杀或原因不明的死亡。

（1）发现者不得大声喧哗、惊慌失措。应立即报告客房部管理人员和酒店安全部门，由其向公安机关报案。保护好现场，严禁无关人员接近，可待公安人员处理。

（2）对宾客死亡情况，除向公安机关和上级管理部门报告外，不得向外（包括其他部门的员工）透露。

（3）如死者系外国人，应由管理人员通知所属国驻华使馆或领事馆。

教学互动7-2

客人的意外死亡

上午11时许，清扫员小高见1517房门紧闭且挂着"请勿打扰"的牌子，便询问服务台值班员客人是否已出去了。服务台值班员告诉他说未见客人出房间。

下午2时许，小高仍见该房间挂着"请勿打扰"牌子，便走到房间门口，仔细倾听，房间内依然没有响动。他便把此情况向领班作了汇报。领班先打电话进房，无人接听，就和小高一同来到1517房间。在多次敲门仍无客人应答后，即用工作钥匙开了门。他们见床上卧具凌乱不堪，客人半张着嘴，闭着眼睛一动不动地趴在地毯上，脸色很难看，可能已经死亡……此客人系东亚某国公民。

互动问题：客房领班和服务员应该怎么做？为什么？

要求：同"教学互动1-1"的"要求"。

7.3 员工职业安全

客房部的员工职业安全管理也是客房安全管理的重要内容。客房部员工在日常工作中需要大量接触清洁设备、化学清洁剂等可能造成安全问题的设备用品，如有疏忽或使用不当则可能会对员工安全带来一定的威胁，给酒店造成损失。因此，客房管理者必须对客房员工进行职业安全培训，培养员工的职业安全意识，在工作中注意劳动保护，严格遵守有关规程。

7.3.1 事故发生的原因分析

一般来说，影响员工安全的因素主要包括三个方面：

第一，由于设备问题或操作不当造成伤害。

第二，由于劳动保护措施不到位引起各种职业疾病。

第三，人为造成的伤害。如个别无理取闹的客人对员工造成的伤害等。

业务链接7-2

女服务员的自我保护

在星级酒店的顾客中，客观地存在着一些低素质的消费群体。其主要特征是缺乏教养与礼貌，自大又死要面子，更有甚者对女服务员进行骚扰，从言语到行为，给酒店的服务与管理带来了极大的麻烦。面对低素质的客人，酒店应该采取什么样的服务与管理策略呢？当低素质的客人出现类似言行时，酒店敢不敢向他们说"不"呢？酒店服务人员尤其是女服务员如何自我保护呢？

第一，酒店规定半夜时分客人如有服务要求，女服务员以不进入客房为原则，特殊情况应两人同行或通知保安、维修人员配合，防止侵害与骚扰事件的发生。

第二，如果服务员单独进入房间，应让房门一直敞开，如果是清洁整理房间，应将房务工作车停在打开的客房门口，成为醒目的标志，同时也给那些有不良企图的客人以暗示，使其打消恶念。

第三，服务员在房间为客人服务时应站立服务，与客人保持距离，不要去坐房间的椅子或床铺以免引起客人的误解。

第四，如果遇到侵犯骚扰事件发生，服务员一定要沉着、冷静、机智，要勇于同坏人做斗争，并利用一切有利条件保护自己。

7.3.2 员工职业安全管理

1）合理地安排人力

科学、合理地安排劳力，培养员工的合作精神，可以有效地提高工作效率，减小劳动强度。例如，计划卫生时要求进行客房床下的彻底吸尘，长期一人操作很容易造成腰部受伤，而由两人配合着进行则要方便、省力得多。管理者在安排这类工作时应充分考虑这方面因素。

2）改善工作条件

酒店工作条件的好坏不仅影响员工的工作热情和工作效率，而且也关系到员工的身心健康。所以，改善工作条件，既可以有效预防职业疾病，也可以提高员工的工作效率，防止安全事故的发生。管理者对工作条件的改善应从以下几个方面进行：

（1）改善劳动环境

如果一名员工长期在嘈杂、阴暗、潮湿、高温等环境下工作将会导致一些职业病的发生。目前许多酒店的洗衣房等场地的劳动环境应引起足够的注意。尤其在夏季，高温是影响员工健康的一个重要因素，管理者应设法改善，尽量提供一个有益于员工健康的工作环境。

（2）科学设计制服

员工制服是员工在岗期间必须穿着的服装，在设计时应充分考虑操作的方便和安全。如客房员工的制服不适宜过长或太多装饰，对一些需要搬运和弯腰操作的岗位，如清扫员裤装比裙装更适合。

（3）配备劳保用品

当使用一些可能会对员工健康造成影响的用品时，必须配备相应的劳保用品，并督促员工正确使用。如使用清洁剂时要求员工必须戴上橡胶手套方可操作，以免化学剂腐蚀皮肤。另外，在所有操作规程制定中，管理者应切实考虑员工的劳动保护问题。一些具有危险性的工作，应进行专业化的培训，并督导员工正确地进行操作。

3）建立健康档案

管理者应为员工建立健康档案，注意对员工进行定期健康检查，了解员工的健康状况。还应特别注意保护和保障女员工的健康。女员工由于生理特点，比男员工更容易疲劳和患病，所以为了保护女员工的健康，应视具体情况实施必要的特殊政策。

本章概要

□内容提要与结构

▲内容提要

●所谓客房安全，是指客人在客房范围内人身、财产、正当权益不受侵害，也不存在可能导致侵害的因素。

●顾客安全管理包括客房消防安全、客房财务安全以及其他安全事故管理。其中火灾是酒店最大的致命伤，其发生率虽然很低，但后果极其严重，会给酒店带来经济和声誉上的双重损失。

●员工职业安全管理也是客房安全管理的重要内容。客房员工在日常工作中需要大量接触清洁设备、化学清洁剂等可能造成安全问题的设备用品，如有疏忽或使用不当则可能会对员工安全带来一定的威胁，给酒店造成损失。加强员工职业安全管理要做到合理地安排人力、改善工作条件并建立健康档案。

▲内容结构

本章内容结构如图7-1所示。

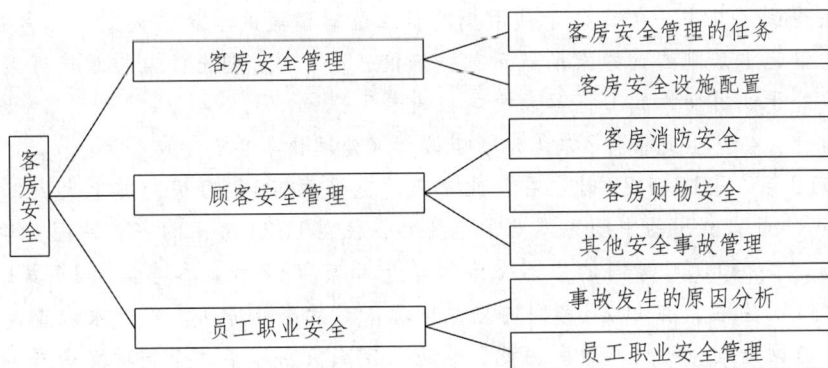

图7-1 本章内容结构

□主要概念和观念

▲主要概念

客房安全 火灾 自然灾害 报案 报失

▲主要观念

客房安全 火灾 "报案" "报失" 自然灾害

□重点实务与操作

▲重点实务

警报器的识别和使用　灭火器材的识别和使用　火灾事故的处理

▲重点操作

客房安全管理

基本训练

□理论题

▲简答题

1）客房安全的含义是什么？

2）顾客安全管理的内容是什么？

3）员工职业安全管理的内容是什么？

▲讨论题

1）你认为客房安全是宾客下榻酒店的一个最基本的需求吗？

2）你认为客房部的员工职业安全管理也是客房安全管理的重要内容吗？

□实务题

▲规则复习

1）简述客房安全管理工作的任务。

2）简述发现火情时的处理程序。

3）简述报警器的使用方法。

▲业务解析

1）2010年11月的一天，酒店接待了"涨涨涨"股票研讨会，第三天中午接到一位参会客人投诉：她放在客房的笔记本电脑不见了！听到这个消息，管理人员都紧张了起来，保安部经理会同客房部经理立即到监控室查看录像，与此同时，排查当天客房服务的员工，很快得到了其中一位还处于试用期的员工临时请假的消息，大家的心紧张了起来，因为客人的笔记本是刚购置的索尼最新款，价值2万余元。调出的监控录像证实了大家的担心：那位处于试用期的员工将客人的电脑偷走了！

酒店为什么会发生此事件？你认为酒店该如何处理该事件？

2）2012年7月13日23时左右，北京凯迪克大酒店1020房间发生火灾，造成住在1022房间两名赴京旅游的中国香港女学生死亡，住在1021房间的一名韩国女学生受伤。

据调查，住在1020房间的中国香港男学生邓某（12岁）和李某（14岁）承认，7月13日22：40左右，在1020房间内划火柴玩，然后离开房间。经专家调查，鉴定这起火灾的起火原因是人为明火所致。由此，警方认定火灾由邓某、李某玩火造成。凯迪克大酒店发生火灾以后，一些宾馆酒店汲取事故教训，要求客房不为客人提供火柴，未成年人入住必须有监护人陪同并负责其安全行为等。

你认为这样的做法能解决问题吗？谈谈你的看法？

□案例题

▲案例分析

客人在客房内滑倒要求赔偿

背景与情境：

国外一位舞蹈演员K女士来我国内地探亲后，准备很快从某大口岸城市出境回国。当她到某家涉外酒店办好住宿手续，被领进客房时，发现房间并未打扫好，于是把行李放下，到航空公司去拿飞机票并去商场购买纪念品，直到晚上才回来。看到床上的被单和浴室里的浴巾已换上干净的，但地板、废纸篓、烟灰缸还没有清扫整理干净，她本想叫服务员来清扫，但感到时间已不早，人也疲倦了，于是熄灯入睡了。第二天清晨，她刚醒来，朦胧地感觉有人在房间内拖地板，但马上又翻身入睡。不知过了多少时间，忽然听见有人敲门。她匆忙披衣起来，没有立稳，就急着去开门，由于地板擦好的蜡尚未干，使她一下子滑倒在地，脚后跟摔了一下，感到很疼痛。经过服务员向经理室汇报后，客房部经理来到客房向K女士口头作了慰问和道歉，并同意请一位医生来为她检查治疗。此时K女士感到不满意，进一步提出申诉索赔说："如果医生检查后发现伤势严重，无法走动，一切住院医疗费用应由你店负责。此外，我原本决定在后天回国，如果因受伤而不能演出的话，一切经济损失也要由你店负责赔偿！"客房部经理顿时手足无措，不知如何是好。总算是不幸中之大幸，医生检查后说幸而没有引起骨折……

（资料来源　佚名.旅游服务案例分析100例[EB/OL].[2011-12-29].http://wenku.baidu.com）

问题：

1）本案例中存在的问题是什么？

2）解决问题的方法和措施是什么？

分析要求：同第1章本题型的"分析要求"。

▲善恶研判

燕赵大酒店火灾

背景与情境：

2004年12月20日，保定市燕赵大酒店由于房客卧床吸烟引发火灾，烧毁房间内装修、家具、电器、门窗及个人物品，直接经济损失25 000余元。这起火灾虽然不大，但一些经验和教训却值得总结。

自动喷水灭火系统未能自动喷水灭火。着火楼层设在58米长的内走道里的14个喷头和设在电梯间敞开式前室的两个喷头，除一个未爆破外其余全部爆破，但当第一出动的消防人员赶到时仍未喷水，待手动启动供水泵后才开始喷水控火。如果能够自动喷水，正对着火房间门口的喷头，最多加上邻近的两个喷头便能够控制住高温烟气的蔓延。

酒店工作人员缺乏消防常识和消防技能。服务员发现着火后，看到了走道里的消火栓，接上水带水枪，打开阀门，发现消火栓没水，但他不知道按下消火栓箱里的启泵按钮启动消防水泵。当第一发现火灾报警的保安人员提着一个灭火器乘电梯冲到着火楼层（12层）时，走道里的烟还很少，当他用脚踹开着火房间的门后，发现房间里的烟很大，进不去，就返回一楼消防控制室戴呼吸器，但他没戴呼吸器却只戴了一个防毒面罩就又冲上了着火楼层，这时走道里的烟已经很大，他又不得不再次返回一楼戴呼吸器。如果他第一次冲到着火楼层后，按下消火栓启泵按钮用水枪射水驱烟灭火，或许就把火扑灭了，如果他第二次冲上着火楼层是戴着呼吸器上去的，也能够利用消火栓扑灭火灾，但他都没能做到这一点，贻误了灭火时机。

排烟口设置位置不当。排烟口设在防烟楼梯间和消防电梯间合用前室内的墙壁上，影响了排烟效果。

（资料来源　佚名.燕赵大酒店火灾案例[EB/OL].[2013-03-06].http：//wenku.baidu.com）

问题：

1）火灾发生的主要原因是什么？

2）当火灾发生时，服务人员应该采取的措施是什么？需要注意什么？

3）试对上述问题作出你的善恶研判。

研判要求： 同第1章本题型的"研判要求"。

□实训题

"酒店客房安全管理"业务胜任力训练。

【实训目的】

见本章"章名页"中"学习目标"中的"实训目标"。

【实训内容】

专业能力训练：其"领域"、"技能点"、"名称"和操作"规范与标准"见表7-1。

表7-1　　　　　　　**专业能力训练领域、技能点、名称及其参照规范与标准**

能力领域	技能点	名称	参照规范与标准
酒店客房安全管理	技能1	警报器的识别和使用技能	（1）能够正确识别使用烟感、热感等自动警报器 （2）能够正确使用报警铃、电话等手动报警器
	技能2	灭火器材的识别和使用技能	（1）能识别喷淋装置、消防栓和便携式灭火器等灭火器材 （2）能正确地使用常用灭火器
	技能3	火灾事故处理技能	（1）掌握火灾处理的正确程序 （2）掌握火灾逃生要领
	技能4	撰写《酒店客房安全管理实训报告》技能	（1）能正确设计《酒店客房安全管理实训报告》，结构合理，层次分明 （2）能依照商务应用文的规范撰写《酒店客房安全管理实训报告》 （3）本教材"网络教学资源包"的《学生考核手册》中表7-2所列各项"考核指标"和"考核标准"

职业核心能力和职业道德训练：其内容、种类、等级与选项见表7-2，各选项的操作"规范与标准"见本教材附录三的附表3和和附录四的附表4。

表7-2　　　　　　**职业核心能力与职业道德训练内容、种类、等级与选项表**

内容	职业核心能力							职业道德						
种类	自我学习	信息处理	数字应用	与人交流	与人合作	解决问题	革新创新	职业观念	职业情感	职业理想	职业态度	职业良心	职业作风	职业守则
等级	中级	中级	中级	中级	中级	中级	中级	认同级	认同级	认同级	认同级	认同级	认同级	认同级
选项		√		√	√	√	√	√			√	√	√	√

【组织形式】

将班级学生分成若干实训小组，根据实训内容和项目需要进行角色划分。

【实训任务】

（1）对表7-1所列专业能力领域各技能点，依照其"参照规范与标准"实施应用相关知识的基本训练。

（2）对表7-2所列职业核心能力选项，依照本教材附录三的附表3的"参照规范与标准"实施应用相关知识的"中级"强化训练。

（3）对表7-2所列职业道德选项，依照本教材附录四的附表4的"规范与标准"实施"认同级"相关训练。

【实训要求】

（1）实训前学生要了解并熟记本实训的"目标"、"能力与道德领域"、"任务"与"要求"；了解并熟记本教材网络教学资源包中《学生考核手册》考核表7-1和考核表7-2的"考核指标"与"考核标准"内涵，将其作为本实训的操练点和考核点来准备。

（2）通过"实训步骤"，将"实训任务"所列三种训练整合并落实到本实训的"活动过程"和"成果形式"中。

（3）实训后，学生要对本次"客房安全管理"的实训活动进行总结，在此基础上撰写实训报告。

【情境设计】

将学生分成若干实训组，分别选择不同的酒店（或本校专业实习基地），运用客房安全管理知识，参与其客房安全管理实训，完成本实训的各项实训任务。各实训组对所选酒店（或本校专业实习基地）的客房安全管理实训体验进行总结、并对其本次实训的成功经验和存在的问题进行分析，提出改进方案或建议，最后撰写《××酒店客房安全管理实训报告》。

【指导准备】

知识准备：

（1）火灾的预防设施。

（2）常用灭火器使用方法与注意事项。

（3）预防火灾的具体措施。

（4）火灾事故的处理。

（5）火灾逃生要领。

（6）本教材"附录一"的附表1中"职业核心能力"选项的"知识准备参照范围"中所列知识。

（7）本教材"附录三"的附表3和"附录四"的附表4中，涉及本章"职业核心能力领域'强化训练项'"各技能点和"职业道德领域'相关训练项'"，需要对学生事先培训的"规范与标准"知识。

操作指导：

（1）教师向学生阐明"实训目的"、"能力与道德领域"和"知识准备"。

（2）教师就"知识准备"中的第（6）、（7）项，对学生进行培训。

（3）教师指导学生就操练项目进行调研、资料收集与整理。

（4）教师指导学生撰写《××酒店客房安全管理实训计划》。

（5）教师指导学生实施《××酒店客房安全管理实训计划》，并就操练项目进行现场指导。

（6）教师指导学生撰写《××酒店客房安全管理实训报告》。

【实训时间】

本章课堂教学内容结束后的双休日和课余时间，为期一周。

【实训步骤】

（1）将班级每8～10位同学分成一组，每组确定1人负责。

（2）分配各组实训任务，确定每个组实训的酒店。

（3）各实训组参与所选酒店（或本校专业实习基地）的客房安全管理实训。

（4）各组对实训操作的实际情况进行总结。

（5）各组在此基础上，总结实训酒店（或本校专业实习基地）客房安全管理的成功之处和不足之处，并提出改进建议。

（6）各实训组在实施上述训练的过程中，融入对"信息处理"、"与人交流"、"与人合作""解决问题"和"革新创新"等职业核心能力各"技能点"的"中级"强化训练（突出其"知识准备参照范围"所列知识的学习和应用）和对"职业观念"、"职业态度"、"职业良心"、"职业作风"和"职业守则"等职业道德各"素质点"的"认同级"相关训练。

（7）撰写作为最终成果形式的《××酒店客房安全管理实训报告》。

（8）在班级交流、讨论各组的《××酒店客房安全管理实训报告》。

（9）根据交流、讨论结果，各组修订其《××酒店客房安全管理实训报告》，并使之各具特色。

【成果形式】

实训课业：《××酒店客房安全管理实训报告》。

课业要求：

（1）本课业应包括学生对所选酒店（或本校专业实习基地）的客房安全管理情况的全面总结为基本内容，并分析本次运作中的问题与不足，最后提出改进建议，并包括"关于'能力与道德领域'其他训练的补充说明"等内涵。

（2）报告格式与体例参照本教材"课业范例"的范例综-3。

（3）各组的《××酒店客房安全管理实训报告》初稿必须先经小组讨论，然后才能提交班级交流、讨论；

（4）经过班级交流、讨论的《××酒店客房安全管理实训报告》由各小组进一步修改与完善。

（5）《××酒店客房安全管理实训报告》定稿后，在其标题下注明"项目组长姓名"和"项目组成员姓名"。

（6）将附有"教师点评"的优秀实训报告在班级展出，并纳入本校该课程的教学资源库。

▬ 单元考核 ➔➔

考核要求：同第1章"单元考核"的"考核要求"。

═ 综合训练 ═➤

□ 理论题

▲ 简答题

1）个性服务的含义和内容是什么？

2）简述客房卫生逐级检查制度的内容。

3）客房成本控制的方法主要有哪几种？

▲ 讨论题

1）如何理解客房部与前厅部业务关系的密切性？

2）如何理解环境气氛在顾客购买过程中起着相当重要的作用，环境气氛是旅客在酒店购买的"核心产品"之一？

□ 实务题

▲ 规则复习

1）简述总台接待业务流程。

2）简述客房日常清洁整理的工作内容。

3）简述劳动力成本控制应注意哪些方面。

▲ 业务解析

1）李先生入住某饭店，那天早上8：00结账离店，原来的房间已出租给了黄先生。10：00时他急匆匆回到酒店，找到楼层服务员小张，说自己有一份资料忘在房间里了。小张看他很着急，也没有多想，就用楼层万能钥匙为他开了门。李先生急忙进去找到了自己的资料。这时，新入住的黄先生正好外出归来，看到小张带着李先生在自己房间里找东西，很是恼火，就打电话投诉到总经理办公室。总经理办公室派小宋来解决客人的投诉。小宋到后，一言不发，耐心地倾听了黄先生的投诉，一直到黄先生没话讲了，才向黄先生道歉，并当着黄先生的面严肃地批评了小张，小张也向黄先生当面认了错，黄先生才满意。小宋和小张及李先生退出房间。

小张应该怎样做？小宋运用了什么样的投诉处理技巧？

为什么会出现此类问题？收银员的做法是否正确？为什么？

2）某日，一位韩国客人和他的翻译白先生来到某酒店的前台收银处，办理退房。收款员小林热情地予以了接待，并迅速打印出房费账单，递给客人。

白先生看过账单后疑惑不解地问："我们只住了一间客房，为何要付两间房费？"小林请客人稍等，立即核实这两间客房，发现其中一间客房客人确实未曾入住。小林向大堂经理汇报，大堂经理通过了解，发现客人抵店入住登记时，总台接待员小王询问客人客房间数，双方语言表达误会，实际上客人只要一间客房，小王却为客人错开了两间客房；虽然客人在酒店A楼总台办理了入住登记，但住房在B楼，所以客人到B楼总台只领取了一张客房房卡。

情况已经清楚，大堂经理立即通知前台收银员只收取一间客房的费用，同时向客人表示歉意，取得了客人谅解，客人满意地离店。

该酒店为什么会错开两房？失误在谁？

□案例题

▲案例分析

日本客人的尴尬

背景与情境： 一对日本夫妇在某新开张的饭店大堂，要求提供双人客房。总台接待小姐请这对日本客人出示结婚证件。日本客人解释说，日本人结婚没有结婚证，但在所持的护照上是有注明的，而且从姓氏上也可以得到反映（日本妇女出嫁后一般都随夫姓）。但接待小姐既不懂日语，又对眼前这位日本男客的真实身份有所怀疑。因为这位男客能说一口相当不错的汉语，又足蹬一双"火炬牌"运动鞋。其实，这位男性客人正在中国某名牌大学攻读汉语硕士学位，这次在日本的妻子利用丈夫暑假，专程来华探亲并观光旅游。面对如此窘况，接待小姐言之凿凿，举证前几日住店的法国人都是持有结婚证书的，想以此来证明所有外国人都有结婚证书。最后僵持到不得不由经理出面，才算给日本客人解决了问题。接待小姐事后还辩称，日本男客穿的是国产旅游鞋，谁能保证他不是中国人呢？第二天一早，这对日本客人便结账离店。

（资料来源　佚名.前台接待常见案例分析[EB/OL].[2012-03-31].http：//www.canyin168.com/glyy/qtgl/qtal/201203/40744_4.html）

问题：

1）本案例反映了什么问题？

2）这位接待小姐的责任在哪里？为什么？

分析要求： 同第1章本题型的"分析要求"。

▲善恶研判

华强北格兰德大酒店遗留包裹

背景与情境： 2007年2月13日，华强北格兰德大酒店的客房服务员小齐在收拾客房时，发现一个外国客人遗留下的包裹，里面共有32个MP3和MP4。小齐立刻将物品交到酒店前台。转眼半年已过，物品仍不见人来认领。总经理批示"32件电子产品不能作失物处理，留待日后员工活动用"，并得到了员工同意。11月30日，员工蓦然发现这批贵重物品被私分：各部门主管分得MP3，部门经理分得MP4。员工们对酒店事先没有征求他们的意见表示强烈不满，称分配不合理。酒店为何没有兑现承诺？总经理的解释是：因为11月底酒店人事变动，另有一批人接手管理，他不再直接参与，考虑这期间不会有搞活动的机会，于是才把遗留物品发放给酒店中层，理由是这些人平时工作太辛苦，算是酒店福利。那事先征求员工意见了吗？总经理称主管有权力作出决定，也曾召开部门负责人会议，但没有征求员工意见。

（资料来源　佚名.遗留物品处理[EB/OL].[2013-07-24].http：//wenku.baidu.com）

问题：

1）本案例中存在哪些道德伦理问题？

2）试对上述问题作出你的善恶研判。

3）通过网上或图书馆调研等途径搜集你作善恶研判所依据的行业规范。

研判要求：同第1章本题型的"研判要求"。

□实训题

"前厅客房服务与管理综合运作"业务胜任力训练

【实训目的】

引导学生参加"前厅客房服务与管理综合运作"业务胜任力的实践训练。在其了解和把握本实训所涉"能力与道德领域"相关技能点的"规范与标准"的基础上，通过切实体验"前厅客房服务与管理综合实践"各实训任务的完成、系列技能操作的实施、《××酒店前厅客房服务与管理综合运作实训报告》的准备与撰写等有质量、有效率的活动，培养其"前厅客房服务与管理综合运作"的专业能力，强化其"自我学习"、"信息处理"、"与人交流"、"与人合作"、"解决问题"和"革新创新"等职业核心能力（中级），并通过"认同级"践行"职业观念"、"职业理想"、"职业态度"、"职业良心"、"职业作风"、"职业守则"等规范，促进其健全职业人格的塑造。

【实训内容】

专业能力训练：其"领域"、"技能点"、"名称"和操作"规范与标准"见表1。

表1　　　　　专业能力训练领域、技能点、名称及其参照规范与标准

能力领域	技能点	名称	参照规范与标准
前厅客房服务与管理综合运作	技能1	前厅客房预订与销售应用实践	（1）能够受理预订业务并处理超额预订过度 （2）能正确运用客房销售技能进行客房销售 （3）能正确运用客房房价管理的技能进行房价管理
	技能2	总台接待应用实践	（1）能较有效地做好总台接待准备工作 （2）能正确运用总台接待技能进行不同类型客人的总台接待 （3）能正确运用总台客房分配与销售技能进行客房分配与销售
	技能3	前厅系列服务应用实践	（1）能正确运用礼宾服务技能进行宾客迎送，散客、团体的行李服务以及委托代办服务。 （2）能正确运用问询留言服务技能进行问询服务、留言服务、邮件处理服务
	技能4	客房清洁卫生应用实践	（1）能正确运用客房清洁整理的技能进行客房清理并做好客房卫生质量控制 （2）能正确运用公共区域清洁保养的技能进行公共区域清洁保养 （3）能正确运用清洁设备及清洁剂管理控制技能，使用清洁设备及清洁剂并进行有效的管理控制
	技能5	撰写《酒店前厅客房服务与管理综合运作实训报告》技能	（1）能正确设计《酒店前厅客房服务与管理综合运作实训报告》，结构合理，层次分明 （2）能依照商务应用文的规范撰写《酒店前厅客房服务与管理综合运作实训报告》 （3）网络教学资源包中《学生考核手册》表综-2所列各项"考核指标"和"考核标准"

职业核心能力和职业道德训练：其内容、种类、等级与选项见表 2，各选项的操作"规范与标准"见本教材附录三的附表 3 和和附录四的附表 4。

表 2　　　　职业核心能力与职业道德训练内容、种类、等级与选项表

内容	职业核心能力							职业道德						
种类	自我学习	信息处理	数字应用	与人交流	与人合作	解决问题	革新创新	职业观念	职业情感	职业理想	职业态度	职业良心	职业作风	职业守则
等级	中级	中级	中级	中级	中级	中级	中级	认同级	认同级	认同级	认同级	认同级	认同级	认同级
选项	√	√		√	√	√	√	√		√	√	√	√	√

【组织形式】

将班级学生分成若干实训小组，根据实训内容和项目需要进行角色划分。

【实训任务】

（1）对表 1 所列专业能力领域各技能点，依照其"参照规范与标准"实施应用相关知识的基本训练。

（2）对表 2 所列职业核心能力选项，依照本教材附录三的附表 3 的"参照规范与标准"实施应用相关知识的"中级"强化训练。

（3）对表 2 所列职业道德选项，依照本教材附录四的附表 4 的"规范与标准"实施"认同级"相关训练。

【实训要求】

（1）实训前学生要了解并熟记本实训的"目标"、"能力与道德领域"、"任务"与"要求"；了解并熟记本教材网络教学资源包中《学生考核手册》考核表综-1、考核表综-2 的"考核指标"与"考核标准"内涵，将其作为本实训的操练点和考核点来准备。

（2）通过"实训步骤"，将"实训任务"所列三种训练整合并落实到本实训的"活动过程"和"成果形式"中。

（3）实训后学生要对本次"前厅客房服务与管理综合运作"实训活动进行总结，在此基础上撰写实训报告。

【情境设计】

将学生分成若干实训组，运用前厅客房服务与管理综合知识，分别选择一家酒店的前厅客房服务与管理综合运作项目进行实训。各实训组对通过所选酒店前厅客房服务与管理综合运作情况调查、对其成功经验和存在的问题分析、对其后续运作提出改进方案或建议，完成本实训操练题的各项实训任务，并撰写《××酒店前厅客房服务与管理综合运作实训报告》。

【指导准备】

知识准备：

（1）该酒店的前厅客房服务与管理相关知识。

（2）前厅客房预订与客房销售的理论与实务知识。

（3）总台接待的理论与实务知识。

（4）前厅系列服务的理论与实务知识。

（5）客房清洁卫生的理论与实务知识。

（6）客房设备用品管理、客房安全管理的理论与实务知识。

（7）本教材"附录一"的附表1中"职业核心能力"选项的"知识准备参照范围"中所列知识。

（8）本教材"附录三"的附表3和"附录四"的附表4中，涉及本章"职业核心能力领域'强化训练项'"各技能点和"职业道德领域'相关训练项'"，需要对学生事先培训的"规范与标准"知识。

操作指导：

（1）教师向学生阐明"实训目的"、"能力与道德领域"和"知识准备"。

（2）教师就"知识准备"中的第（7）、（8）项，对学生进行培训。

（3）教师指导学生就操练项目进行调研、资料收集与整理。

（4）教师指导学生撰写《××酒店前厅客房服务与管理综合运作实训计划》。

（5）教师指导学生实施《××酒店前厅客房服务与管理综合运作实训计划》，并就操练项目进行现场指导。

（6）教师指导学生撰写《××酒店前厅客房服务与管理综合运作实训报告》。

【实训时间】

课堂教学内容结束后安排两周时间和寒暑假期进行前厅客房服务与管理综合运作实训。

【实训步骤】

（1）将班级每8~10位同学分成一组，每组确定1人负责。

（2）分配各组实训任务，确定每个组实训的酒店。

（3）各实训组参与所选酒店（或本校专业实习基地）的前厅客房服务与管理综合运作实训。

（4）各组对实训操作的实际情况进行总结。

（5）各组在此基础上，总结实训酒店（或本校专业实习基地）前厅客房服务与管理综合运作的成功之处和不足之处，并提出改进建议。

（6）各实训组在实施上述训练的过程中，融入对"自我学习"、"信息处理"、"与人交流"、"与人合作"、"解决问题"、"革新创新"等职业核心能力各"技能点"的"中级"强化训练（突出其"知识准备参照范围"所列知识的学习和应用）和对"职业观念"、"职业理想"、"职业态度"、"职业良心"、"职业作风"、"职业守则"等职业道德各"素质点"的"认同级"相关训练。

（7）撰写作为最终成果形式的《××酒店前厅客房服务与管理综合运作实训报告》。

（8）在班级交流、讨论各组的《××酒店前厅客房服务与管理综合运作实训报告》。

（9）根据交流、讨论结果，各组修订其《××酒店前厅客房服务与管理综合运作实训报告》，并使之各具特色。

【成果形式】

实训课业：《××酒店前厅客房服务与管理综合运作实训报告》。

课业要求：

（1）本课业应包括学生对所选酒店（或本校专业实习基地）的前厅客房服务与管理

综合运作的全面总结为基本内容，并分析本次运作中的问题与不足，最后提出改进建议，并包括"关于'能力与道德领域'其他训练的补充说明"等内涵。

（2）报告格式与体例参照本教材"课业范例"的范例综-3。

（3）各组的《××酒店前厅客房服务与管理综合运作实训报告》初稿必须先经小组讨论，然后才能提交班级交流、讨论。

（4）经过班级交流、讨论的《××酒店前厅客房服务与管理综合运作实训报告》由各小组进一步修改与完善。

（5）《××酒店前厅客房服务与管理综合运作实训报告》定稿后，在其标题下注明"项目组长姓名"和"项目组成员姓名"。

（6）将附有"教师点评"的优秀实训报告在班级展出，并纳入本校该课程的教学资源库。

➡ 综合考核 ➡

考核要求：同第1章"单元考核"的"考核要求"。

范例综-1

□案例分析

"It will do" 与 "It won't do" 的错位

背景与情境： 一天，一位美国客人到内地某宾馆总台登记住宿，顺便用英语询问接待服务员小杨："贵店的房费是否包括早餐（指欧式计价方式）？"小杨英语才达到 C 级水平，没有听明白客人的意思便随口回答了个 "It will do"（行得通）。次日早晨，客人去西式餐厅用自助餐，出于细心，又向服务员小贾提出了同样的问题。不料小贾的英语亦欠佳，只得穷于应付，慌忙中又回答了 "It will do"（行得通）。

几天以后，美国客人离店前到账台结账。服务员把账单递给客人，客人一看吃了一惊，账单上对他每顿早餐一笔不漏！客人越想越糊涂：明明总台和餐厅服务员两次答 "It will do"，怎么结果变成了 "It won't do"（行不通）了呢？他百思不得其解。经再三追问，总台才告诉他："我们早餐历来不包括在房费内。"客人将初来时两次获得 "It will do" 答复的原委告诉总台服务员，希望早餐能得到兑现，但遭到拒绝。客人于无奈中只得付了早餐费，然后怒气冲冲地向饭店投诉。

最后，饭店重申了总台的意见，加上早餐收款已做了电脑账户，不便更改，仍没有同意退款。美国客人心里不服，怀着一肚子怒气离开了饭店。

（资料来源 佚名.酒店管理文档[EB/OL].[2010-11-26].http：//www.xxdoc.com/view-all-zb1zf6zb9zd-dzb7zfe）

问题：

1) 本案例反映了什么问题？

2) 总台和饭店对客人申诉和投诉的处理是否得当？为什么？

3) 假如此项业务由你来处理，你将如何改进？

分析要求： 同第 1 章本题型的"分析要求"。

"'It will do' 与 'It won't do' 的错位" 案例分析提纲

一、案例综述

本案例反映了内地某饭店两位服务员外语水平过不了关，直接影响了饭店的服务质量。

二、问题分析

本案例中总台和饭店对客人申诉和投诉的处理是不妥当的。以错为对，满足客人的要求，这才是正确做法。

三、总结与结论

饭店应尽快制订外语培训计划，对各部门服务管理人员进行强化培训，务必过关。

"'It will do'与'It won't do'的错位"案例分析报告

（组长：苗世伟　　　　组员：李香香　牛晓雨）

一、案例综述

本案例反映了内地某饭店两位服务员外语水平过不了关，将"It won't do"答成"It will do"，给客人造成意外的困惑和麻烦，直接影响了饭店的服务质量，实际上在我国整个饭店业中有一定的代表性和普遍意义，值得深入反思。

二、问题分析

本案例中总台和饭店对客人申诉和投诉的处理是不妥当的。诚然，该饭店确实是"餐费历来不包括在房费内"的，但是，既然饭店总台、餐厅的服务员已两次答复客人房费包括早餐费为"It will do"，就是代表饭店对客人作了承诺。以错为对，满足客人的要求，这才是弥补服务员工"It will do"与"It won't do"错位的正确做法，何况为了这区区几顿早餐费，带来饭店信誉的损害和回头客的流失，也是完全得不偿失的。

三、总结与结论

随着我国旅游业的迅速发展，我国涉外旅游饭店的涉外成分日益增加，越来越多的外国客人进入了我国涉外旅游饭店。更好地掌握外语（主要是英语）这个中外交往的基本交际工具，已成为我国涉外旅游饭店服务员工日益迫切的任务。

为了能适应我国涉外旅游业这一变化形势，各地饭店要有一种紧迫感，尽快制订既有超前意识而又切实可行的外语培训计划，对各部门特别是前台服务管理人员进行强化培训，务必过关；否则，语言不通，软件不硬，将会极大地拖我国涉外旅游业的后腿。

范例综-2

□善恶研判

不能入住的客人

背景与情境： 晚上22：00左右，一位客人来到某酒店总台，声称是酒店老总的朋友并有预订要求入住，总台接待员查询之后发现并没有客人的预订，于是告诉客人，"先生，对不起，我的老总并未给您预订房间，您需要和老总联系之后我才可以让您入住。"客人见状强调是酒店的常客，要享受折扣价。但总台接待员查其客史的房价为200元，于是告知客人不能确定其折扣等级，劝其与老总联系。"现在已经太迟了，你先让我住下，明天我再和你们老总联系。"客人提议说。"对不起，我们酒店有规定入住之后的房价就无法更改了，现在我确实不知道您的房价，实在不能让你入住，要不您还是联系一下吧。"接待员回答客人说。事情的结果可想而知，最后客人非常生气，并进行了投诉。

资料来源　佚名.前厅服务与管理案例[EB/OL].[2009-10-06].http：//www.100guanli.com/detail.aspx?id=215971)

问题：

1）本案例中存在哪些道德伦理问题？

2）试对上述问题作出你的善恶研判。

3）通过网上或图书馆调研等途径搜集你作善恶研判所依据的行业规范。

研判要求： 同第1章本题型的"研判要求"。

"不能入住的客人"善恶研判提纲

本案例的善恶研判包括三个部分：第一，分析客人不能入住的原因，以及总台接待员可以采用的处理方法；第二，依据行业规范，判断总台接待员存在的道德伦理问题，以及发生这种问题的原因；第三，针对出现的问题，总结总台接待员和酒店应该加强和改进的方面。

"不能入住的客人"善恶研判报告

（组长：肖文　　　　　组员：邢菲　权艳丽　辛建梅）

1）案例综述

本案例中前台接待员没有把满足客人需要作为客房销售的第一要务，以提供优质的产品、热心周到的服务以及切实站在客人角度为客人解决问题为工作重点而获得市场。这既是一个总台接待员必须遵守的职业操守和道德，也是总台客房销售成功的基石。

2）问题分析

（1）本案例中存在的道德伦理问题包括：

本案例中客人可能没有预定并且谎称自己有预定，总台接待员可以先让客人按照客史价入住，收取部分押金，次日请示领导。

总台接待员的行为，第一，违背了客房销售的根本目的——根据客人的实际需求，为客人推荐客房，使其尽快入住；第二，违背了职业伦理的基本要求——对于客人假借老总朋友要求享受折扣，经查询发现客人说谎时，直接当面揭穿；第三，客人的实际消费能力有区别，在对客销售过程中没有注意语言的艺术性。

（2）总台接待员的行为，究其根本是因为虽然遵守工作程序，坚持酒店的原则，维护酒店的利益，但是无法同时满足客人的需要，处理问题时不能灵活应变，照搬硬套、墨守成规；怠慢客人，让客人产生一种不受尊重的感觉。

（3）研判依据有二：其一，不能理解客人真正的需求，灵活、独立的应对遇到的各种客人和状况有违"职业观念"的基本规范；不尊重客人是"职业态度"的基本问题。

（4）从以上研判来看：总台接待员拒绝客人入住，导致客房销售失败和客人生气投诉，总台接待员的"职业观念"和"职业态度"的某些要素连"顺从级"都未达到。

3）研判总结

（1）"职业观念"和"职业态度"是每一位总台接待员应该遵守的行为规范和准则，是总台接待员的职业基本操守和立身之本。

（2）总台接待员的道德因素在客房销售过程中发挥着重要作用，需要熟悉并努力地践行。

（3）本道德研判对我们有很好的教育启示意义。总台接待员道德的提升既提高了自身修养，也是酒店培养其职业心态的最基本内容。

➡ **范例综-3** ➡

□实训题

"客房部基础运作"业务胜任力训练。

【实训目的】

引导学生参加"前客房部基础运作"业务胜任力的实践训练。在其了解和把握本实训所及"能力与道德领域"相关技能点的"规范与标准"的基础上，通过切实体验"客房部基础运作"各实训任务的完成、系列技能操作的实施、《××酒店客房部基础运作实训报告》的准备与撰写等有质量、有效率的活动，培养其"客房部基础运作"的专业能力，强化其"自我学习"、"信息处理"、"与人交流"、"与人合作"、"解决问题"和"革新创新"等职业核心能力（中级），并通过"认同级"践行"职业观念"、"职业理想"、"职业态度"、"职业良心"、"职业作风"、"职业守则"等规范，促进其健全职业人格的塑造。

【实训内容】

专业能力训练：其"领域"、"技能点"、"名称"和操作"规范与标准"见表1。

表1 专业能力训练领域、技能点、名称及其参照规范与标准

能力领域	技能点	名称	参照规范与标准
客房部基础运作	技能1	完成客房部工作任务	（1）能够把握客房部的工作任务 （2）能够有针对性地采取相应方式做好客房部工作
	技能2	履行客房部的主要岗位及其职责	（1）能把握客房部的主要岗位及其职责 （2）能较好地履行岗位职责
	技能3	处理客房部与其他部门业务关系	（1）能把握客房部与其他部门的业务关系 （2）能有效地与其他部门协调沟通 （3）能提出可供选择的处理客房部与其他部门业务关系的建议
	技能4	撰写《××酒店客房部基础运作实训报告》	（1）能合理设计《××酒店客房部基础运作实训报告》的结构，层次较分明 （2）能依照商务应用文的规范撰写《××酒店客房部基础运作实训报告》 （3）本教材"网络教学资源包"的《学生考核手册》中表6-2所列各项"考核指标"和"考核标准"

职业核心能力和职业道德训练：其内容、种类、等级与选项见表2，各选项的操作"规范与标准"见本教材附录三的附表3和和附录四的附表4。

表2 职业核心能力与职业道德训练内容、种类、等级与选项表

内容	职业核心能力							职业道德						
种类	自我学习	信息处理	数字应用	与人交流	与人合作	解决问题	革新创新	职业观念	职业情感	职业理想	职业态度	职业良心	职业作风	职业守则
等级	中级	中级	中级	中级	中级	中级	中级	认同级	认同级	认同级	认同级	认同级	认同级	认同级
选项	√	√		√	√	√	√	√	√	√	√	√	√	√

【组织形式】

将班级学生分成若干实训小组，根据实训内容和项目需要进行角色划分。

【实训任务】

（1）对表1所列专业能力领域各技能点，依照其"参照规范与标准"实施应用相关知识的基本训练。

（2）对表2所列职业核心能力选项，依照本教材附录三的附表3的"参照规范与标

准"实施应用相关知识的"中级"强化训练。

（3）对表2所列职业道德选项，依照本教材附录四的附表4的"规范与标准"实施"认同级"相关训练。

【实训要求】

（1）实训前学生要了解并熟记本实训的"目标"、"能力与道德领域"、"任务"与"要求"；了解并熟记本教材网络教学资源包中《学生考核手册》考核表综-1、考核表综-2的"考核指标"与"考核标准"内涵，将其作为本实训的操练点和考核点来准备。

（2）通过"实训步骤"，将"实训任务"所列三种训练整合并落实到本实训的"活动过程"和"成果形式"中。

（3）实训后，学生要对本次"客房部基础运作"的实训活动进行总结，在此基础上撰写实训报告。

【情境设计】

将学生分成若干实训组，运用客房部基础运作知识，分别选择一家酒店的客房部基础运作进行实训。各实训组对通过所选酒店客房部基础运作情况调查、对其成功经验和存在的问题分析、对其后续运作提出改进方案或建议，完成本实训操练题的各项实训任务，并撰写《××酒店客房部基础运作实训报告》。

【指导准备】

知识准备：

（1）"客房部工作任务"的理论与实务知识。

（2）"客房部主要岗位及其职责"的理论与实务知识。

（3）"客房部与其他部门业务关系"的理论与实务知识。

（4）本教材"附录一"的附表1中"职业核心能力"选项的"知识准备参照范围"中所列知识。

（5）本教材"附录三"的附表3和"附录四"的附表4中，涉及本章"职业核心能力领域'强化训练项'"各技能点和"职业道德领域'相关训练项'"，需要对学生事先培训的"规范与标准"知识。

操作指导：

（1）教师向学生阐明"实训目的"、"能力与道德领域"和"知识准备"。

（2）教师就"知识准备"中的第（4）、（5）项，对学生进行培训。

（3）教师指导学生就操练项目进行调研、资料收集与整理。

（4）教师指导学生撰写《××酒店客房部基础运作实训计划》。

（5）教师指导学生实施《××酒店客房部基础运作实训计划》，并就操练项目进行现场指导。

（6）教师指导学生撰写《××酒店客房部基础运作实训报告》。

【实训时间】

课堂教学内容结束后安排两周时间和寒暑假期进行客房部基础运作实训。

【实训步骤】

（1）将班级每8~10位同学分成一组，每组确定1人负责。

（2）分配各组实训任务，确定每个组实训的酒店。

（3）各实训组参与所选酒店（或本校专业实习基地）的客房部基础运作实训。

（4）各组对实训操作的实际情况进行总结。

（5）各组在此基础上，总结实训酒店（或本校专业实习基地）客房部基础运作的成功之处和不足之处，并提出改进建议。

（6）各实训组在实施上述训练的过程中，融入对 "自我学习"、"信息处理"、"与人交流"、"与人合作"、"解决问题"、"革新创新" 等职业核心能力各 "技能点" 的 "中级" 强化训练（突出其 "知识准备参照范围" 所列知识的学习和应用）和对 "职业观念"、"职业理想"、"职业态度"、"职业良心"、"职业作风"、"职业守则" 等职业道德各 "素质点" 的 "认同级" 相关训练。

（7）撰写作为最终成果形式的《××酒店客房部基础运作实训报告》。

（8）在班级交流、讨论各组的《××酒店客房部基础运作实训报告》。

（9）根据交流、讨论结果，各组修订其《××酒店客房部基础运作实训报告》，并使之各具特色。

【成果形式】

实训课业：《××酒店客房部基础运作实训报告》。

课业要求：

（1）本课业应包括学生对所选酒店（或本校专业实习基地）的客房部基础运作的全面总结为基本内容，并分析本次运作中的问题与不足，最后提出改进建议，并包括"关于'能力与道德领域'其他训练的补充说明"等内涵。

（2）报告格式与体例参照本教材"课业范例"的范例综-3。

（3）各组的《××酒店客房部基础运作实训报告》初稿必须先经小组讨论，然后才能提交班级交流、讨论。

（4）经过班级交流、讨论的《××酒店客房部基础运作实训报告》由各小组进一步修改与完善。

（5）《××酒店客房部基础运作实训报告》定稿后，在其标题下注明"项目组长姓名"和"项目组成员姓名"。

（6）将附有"教师点评"的优秀实训报告在班级展出，并纳入本校该课程的教学资源库。

"××酒店客房部基础运作"实训报告

（项目组长：于利飞   项目组成员：范金娜   赵娜   王园园   刘玉科）

本次实训地点为涉外四星级商务酒店，其主要业务包括客房、餐饮、娱乐等。项目组通过客房部基础运作的全程参与和体验，基本完成了同一课题的实训操练任务，并独立完成了如下实训报告。

1）××酒店概况

酒店住店的多为商务客人以及一些旅游散客，有国内客人也有国外客人。酒店总共有12层，地下室为员工食堂和更衣室，1楼为酒店大堂和咖啡吧，2楼为鲁餐厅，3楼至12楼为客房。客房共有169间，其中标准单人房27间，标准双人房46间，商务单人房37间，商务双人房32间，商务套房19间，商务景观房7间，豪华套房1间。通常，出租率最高的是商务房，因为光线、通风较好。

2）本次实训的主要内容——房务中心文员

客房部的管理层分为经理、主管、领班。房务中心文员有3人，班次分为两种：早班和晚班。

早班，主要负责退房事宜，做好与前台、保安等部门的沟通工作以及当日下午的房态记录工作。首先，退房流程是：（1）客人致电前台提出退房要求；（2）前台来电房务中心，报出退房号；（3）用对讲机联系客房服务员进行查房；（4）根据服务员的上报，通知前台是否可以结账放客。其次，服务员在下班前上交当日做房报表，我们要做好统计工作，这关系到她们每月工资的发放。我们下班前要将当日迷你吧的消费单和客衣清洗单进行统计、打印、整理，以备次日与财务部进行校对。白班有主管和经理在，有突发事件等可以有照应。

夜班，工作量较大，一个人要应付所有客人的需求。凌晨三四点有客人从外面回来，要我们给开房间门。有一回夜里天不停地下着小雨，虽然入春，可夜里还是凉飕飕的。一个晚上不停有客人致电说要加被子。除了这些内容外，还要制作五张报表：一份是当日入住统计表，一份是夜审过后入住房态表，一份是次日领班房态检查表，一份是次日服务员的排班表，一份是服务员每日做房报表。

3）××酒店客房部基础运作存在的问题

（1）员工操作过程中熟练度不够，服务技巧性欠缺。与其他星级酒店相比，存在经验上的差距，服务规范化还可以，但灵活性、个性化的服务相对缺乏，而星级酒店特别需要这种服务。

（2）部门间、岗位间的配合还不够默契，缺乏沟通。

（3）工程遗留及维修问题仍未得到彻底解决，造成部分客房产品不合格。

（4）基本物品配置未到位，造成客房产品不完善，房间显得单调。

（5）员工素质参差不齐，员工的年龄跨度很大。年龄和文化程度的差异，决定了酒店在效率上的差异，如客房服务员的英语水平普遍不高，在客人需要某些客房服务时，他们往往听不懂其要求而要前台或者房务中心同事的帮助，将电话转来转去耽误了时间，还会造成客人的不满。

4）××酒店客房部基础运作的改善建议

（1）深化服务，完善设施，确保对客服务质量。

①深入认识服务的内涵，培养员工主动为客人着想的服务意识，养成"好客、善良、为他人着想"的行为习惯。

②在领导支持和工程部配合下进一步做好客房服务设备设施的维修保养工作，提高对客服务效率，提升整体的档次和竞争力。

（2）制订培训计划。

开展各岗位的标准化、程序化培训。对员工进行"怎样留住客人"的专题培训，对领班进行"如何做成功的领班"的专题培训，做好新员工的入职培训。搜集日常服务过程中出现的典型案例做成培训案例对员工进行培训。每月对各岗位的案例进行总结、分析、讨论。部门内部做好交叉培训。请销售部等其他相关部门负责人进行业务知识的交叉培训。

（3）定期召开客房、前厅、财务等部门的每月协调会。

每月由部门负责人轮流主持，欢迎员工参加，不同部门员工之间提出问题，相关部门做好协调。协调会后，主持部门把协调内容以备忘录的形式下发至相关部门，日后以制度执行。

①客房部管理人员利用日常客房管理工作中出现的问题进行探讨，提高学习的积极性，钻研业务，培养过硬的操作技术和扎实的工作作风，进一步巩固和提高整体管理水平。

②做好管理人员之间、员工之间的交流和协调，互相交换意见，以寻求相互理解、相互支持、相互帮助，达到共同进步的目的。

5）关于"能力与道德领域"其他训练的补充说明

实训前，我们对列入本章"实训题"指导准备中"知识准备"的那些专业知识进行了必要复习，参加了"知识准备"第（4）、（5）项的培训，接受了指导老师的全部"操作指导"。我们了解了本章涉及的"专业能力"各项技能、"职业核心能力"和"职业道德"选项的"规范与标准"，对实训过程中的目标和要求了然于胸并跃跃欲试。

在本实训中，我们在体验本章"专业能力"基本训练的同时，也体验到了"与人合作"、"解决问题"和"革新创新"等"职业核心能力"强化训练和"职业观念"、"职业理想"、"职业态度"和"职业守则"等"职业道德"的相关训练，使我们收获很多。要提高我们的"学习迁移能力"和"可持续发展能力"，这些训练是必不可少的。我们相信，通过本课程和后读课程的学习和训练，在我们建构"职业胜任力"的过程中，我们的"与人合作"能力将不断提高，帮助我们顺利地开展工作，为以后职业生涯的发展打下良好基础，我们的"职业观念"、"职业理想"、"职业态度"和"职业守则"也将不断由"他律"变为"自律"。

当我们的"专业能力"和"职业核心能力"（特别是"问题思维"与"革新创新"）由陌生变为熟练，我们的"职业道德"由"自律"内化为"职业道德素质"时，我们将更加成功！

附 录

附录一 职业核心能力强化训练"知识准备"参照范围

附表1

领域	等级	技能点	"知识准备"参照范围
自我学习	初级	确定短期学习目标	激发学习动力的方法，学习的基本原理，确定目标的原则和方法，编写学习计划的基本规则，取得他人帮助和支持的方法与技巧
		实施短期学习计划	学习的基本原理，学习的方法和技巧，计划落实、控制和调整的方法和技巧，节约时间的诀窍
		检查学习进度	学习方法与学习效果的关系，检查目标进度的方法和技巧（总结、归纳、测量），成功学的基本要求
	中级	确定中期学习目标	学习的基本原理，确定目标的原则和方法，编写学习计划的基本规则，取得他人帮助和支持的方法或技巧
		实施中期学习计划	学习的基本原理，学习的方法和技巧，计划落实、控制和调整的方法和技巧，关于方法的知识，时间管理的诀窍
		检查学习进度	成功学的基本要点，项目目标检查、总结、归纳的方法，学习迁移的原理与应用知识，学习的观察、认知记忆及提高效率的规律，养成良好学习习惯的方法
	高级	确定长期学习目标	收集和运用信息的方法，有效资源利用的策略，项目论证和测评的方法，编写计划和检查调控计划执行的方法，团队合作的策略和方法
		实施长期学习计划	学习的方法和技巧，有关学习与实践关系的原理，计划落实、控制和调整的方法和技巧，关于思维方法的知识，目标管理的诀窍
		检查学习进度	成功学的基本要点，项目目标检查、总结、归纳的方法，学习迁移的原理与应用知识，学习的观察、认知记忆及提高效率的规律，养成良好学习习惯的方法
信息处理	初级	获取信息	信息的含义、特征与种类，信息收集的原则、渠道和方式，文献和网络索引法，一般阅读法，计算机和网络相关知识
		整理信息	信息的分类方法与原则，信息筛选方法与要求，信息资料手工存储方法，计算机信息存贮方法，计算机其他相关知识
		传递信息	信息传递的种类与形式，口语和文字符号的信息传递技巧，现代办公自动化技术，计算机和网络相关技术

续表

领域	等级	技能点	"知识准备"参照范围
信息处理	中级	获取信息	信息的特征与种类，信息收集的范围、渠道与原则，信息收集方法（观察法、询访法），计算机相关知识，网络相关知识
		开发信息	信息筛选、存储的方法与原则，信息资料的分析、加工的方法，新信息生成或信息预测的方法
		展示信息	口语和文字符号信息展示的技巧，多媒体制作与使用技术，计算机相关应用技术
	高级	获取信息	调查研究的方法和原理，信息收集的范围、方法（问卷法、检索法、购买法、交换法）和原则，信息收集方案选择，计算机和网络相关技术
		开发信息	信息资料鉴别方法，信息资料核校方法，信息资料分析方法，信息资料编写方法（主题提炼、标题选择、结构安排、语言组织），信息资料加工方法，计算机信息生成知识
		展示信息	口语和文字符号的信息表达技巧，多媒体制作技术，科学决策知识，信息反馈方式与要求，网页设计与网络使用知识，知识产权知识
数字应用	初级	采集、解读数据信息	获取数据的方法（测量法、调查法、读取法）；数的意义（整数、小数、分数及百分数）；常用测量器具的功能与使用方法，常用单位，单位的换算；近似的概念与精度；图表（数表扇形统计图、条形统计图、示意图）知识
		进行数字计算	计算方法（笔算、口算、珠算、计算器计算）；整数、分数四则运算；近似计算法；验算（逆算法、估算法、奇偶对应法）
		展示和使用数据信息	评价指标；最大值，最小值；平均值；精度
	中级	解读数据信息	获取数据信息的渠道与方法（测量法、调查法、读取法）；数的意义（整数、分数、正数、负数）；总量与分量，比例；误差、精度、估计；复合单位（如速度、速率等）；图表（数表、扇形统计图、条形统计图、折线图、示意图）知识
		进行数据计算	计算方法（笔算、计算器计算、查表、Excel等软件）；整式、分式四则运算、乘方、开方；近似计算（误差估计）；验算（逆算法、估算法、奇偶对应法）
		展示和使用数据信息	评价指标；最大值，最小值；平均值，期值，方差；绝对误差，相对误差；图表的制作
	高级	解读数据信息	数据信息源的筛选原则（多样性、代表性、可靠性）；数据的采集方案；图表（数表、坐标、比例尺）；频率、频率稳定性；平均、加权平均；误差分析、估算
		进行数据计算	计算方法（笔算、计算器计算，查表，编程计算，Excel等软件）；整式、分式四则计算，乘方、开方；函数（幂函数、指数函数、对数函数、三角函数、反三角函数、复合函数）；近似计算（误差分析）；验算（逆算法、估算法）
		展示和使用数据信息	评价指标；最大值，最小值；平均值，期值，方差；绝对误差，相对误差；图表的制作

领	等	技能点	"知识准备"参照范围
与人交流	初级	交谈讨论	与人交谈主题相关的信息和知识；正确使用规范语言的基本知识；口语交谈方式和技巧；身体语言运用技巧
		阅读和获取资料	资料查询和搜索的方法；一般阅读的方法；文件资料归类的方法；词典类工具书的功能和使用方法；各种图表的功能；网上阅读的方法
		书面表达	与工作任务相关的知识；实用文体的应用；图表的功能和应用；素材选用的基本方法；写作的基本技法；逻辑和修辞初步技法
	中级	交谈讨论	与交谈主题相关的知识和信息；正确使用规范语言的基本知识；口语交谈的技巧；身体语言运用技巧；掌握交谈心理的方法；交谈的辅助手段或多媒体演示技术；会谈和会议准备基本要点
		简短发言	与发言主题相关的知识和信息；当众讲话的技巧（包括运用身体语言的技巧）；简短发言的辅助手段或多媒体演示技术
		阅读和获取资料	资料查询和搜索方法；快速阅读的原理与方法；文件归类的方法；各种图表的功能
		书面表达	与工作任务相关的知识；实用文体的应用；图表的功能和应用；素材选用的基本方法；文稿排版和编辑的技法；写作的基本技法；逻辑和修辞常用技法
	高级	交谈讨论	与会谈主题相关的知识和信息；语言交流的艺术和技巧；交谈的辅助手段或多媒体演示技术；总结性话语运用的技巧；谈判的心理和技巧；会议准备的基本要点；主持会议的相关程序
		当众讲演	与发言主题相关的知识和信息；演讲的技巧和艺术；演讲辅助手段或多媒体演示技术
		阅读和获取资料	资料查询和搜索方法；快速阅读的技巧；各种图表的功能
		书面表达	与工作任务相关的知识；实用文体的应用；图表的功能和应用；素材选用的基本方法；文稿排版和编辑的技法；写作的基本技法；逻辑和修辞技法
与人合作	初级	理解合作目标	活动要素的群体性与分工合作的关系；职业团队的概念、特征与种类,组织的使命、目标、任务;自身的职业价值,个人在组织中的作用
		执行合作计划	服从的基本概念,指令、命令的含义；求助的意义,人的求助意识;职业生活的互助性,帮助他人的价值
		检查合作效果	工作进度的概念,影响工作进度的因素;工作进程的检查,调整工作程序;工作汇报的程序和要领

续表

领域	等级	技能点	"知识准备"参照范围
与人合作	中级	制订合作计划	聚合型团队、松散型团队和内耗型团队的特征；组织内部的冲突情况，剖析内耗型团队的心理根源；合作双方的利益需求和社会心理需求
		完成合作任务	民族、学历、地域、年龄等差异；人的工作和生活习惯、办事规律；宽容的心态，容忍的方法
		改善合作效果	使他人接受自己意见、改变态度的策略；在会议上提出意见和建议的规则；改变自己的态度，接受他人批评指责的心理准备
	高级	调整合作目标	领导科学与管理方法；组织文化的形成与发展；目标管理与时间管理
		控制合作进程	人际交往与沟通的知识和相关能力；有效激励的方法与技巧；批评的途径、方法和注意事项
		达到合作目标	信息的采集与整理，组织经济效益的统计学知识；员工绩效测评的基本方法和程序；合作过程的风险控制意识和防范
解决问题	初级	分析问题提出方案	分析问题的方法；归纳问题的方法；对比选择的方法；判断和决策的方法；关于相关问题本身的专业知识和发展规律的认识
		实施计划解决问题	撰写工作计划的相关知识；信息检索、文献查询的有关方法；逻辑判断、推理的相关知识；解决问题的技巧
		验证方案改进方式	分析和检查问题的方法；跟踪调查的方法；工作总结的规则和写作方法
	中级	分析问题提出方案	分析问题的方法；归纳问题的方法；对比选择的方法；判断和决策的方法；关于相关问题本身的专业知识和变化规律的认识
		实施计划解决问题	应用写作学中关于撰写工作计划的相关知识；信息检索、文献查询的有关方法；逻辑判断、推理的相关知识；解决问题的技巧；与他人合作的知识和方法
		验证方案改进计划	分析和检查问题的方法；跟踪调查的方法；工作总结的规则和写作方法
	高级	分析问题提出对策	决策科学的系统知识；形式逻辑、辩证逻辑思维的系统知识和方法；分析问题的系统知识和技巧；群体创新技法的系统知识；数学建模方法；关于相关问题本身的专业知识和变化规律的认识
		实施方案解决问题	关于撰写工作计划的系统知识；信息检索、文献查询的系统知识和方法；有关价值工程、现场分析和形态分析的知识；解决问题的技巧；有关进度评估的知识；与人合作的系统知识和方法
		验证方案改进计划	分析和检查问题的方法；跟踪调查的方法；工作总结的规则和写作方法；创新技法

续表

领域	等级	技能点	"知识准备"参照范围
革新创新	初级	揭示不足提出改进	关于思维和创造思维的一般知识；关于思维定势和突破思维障碍的知识；关于相关事物本身的专业知识和发展规律的认识
		做出创新方案	列举类技法和设问类技法的原理、特点、适用范围和具体操作的知识；有关分解类技法、组合类技法、分解组合类技法的原理、特点、适用范围和具体操作方法的知识；收集信息、案例的知识和方法
		评估创新方案	有关创新成果价值评定的知识；可行性分析的知识；撰写可行性报告的知识
	中级	揭示不足提出改进	有关思维障碍形成的知识；横向、逆向、灵感思维的知识；换向、换位思维的知识；逻辑判断和推理知识；关于相关事物本身的专业知识和发展规律的认识
		做出并实施创新方案	有关类比类技法和移植类技法的知识；有关德尔斐法和综摄法的知识；有关还原法、换向思考类技法的知识
		评估创新方案	有关项目可行性测评的技术；有关最佳方案评估的知识；撰写评估报告的知识
	高级	揭示不足提出改进	创新能力构成和提升的知识；有关事物运动、变化和发展的知识；灵活运用各种思维形式的知识；关于相关事物本身的专业知识和发展规律的认识
		做出并实施创新方案	有关价值工程、现场分析和形态分析的知识；针对不同事物运用不同创新方法的知识；综合运用各种创新方法的知识
		评估创新方案	可持续创新的知识；有关创新原理的知识；有关知识产权的知识；技术预测和市场预测知识

资料来源　中华人民共和国劳动和社会保障部职业技能鉴定中心：《职业核心能力培训测评标准》（试行）（共7册），北京，人民出版社，2007。本表参照"资料来源"所列文献相关内容提炼与编制。

附录二　案例分析训练考核参照指标与规范

附表2

考核指标		考核内容	分项成绩
形成性考核 Σ50	个人准备 Σ20	案例概况；讨论主题；问题理解；揭示不足；创新意见；决策标准；可行性方案	
	小组讨论 Σ15	上课出席情况；讨论发言的参与度；言语表达能力；说服力大小；思维是否敏捷	
	班级交流 Σ15	团队协作；与人交流；课堂互动等方面的满意度；讨论参与的深度与广度	
课业考核 Σ50	分析依据 Σ8	分析依据的客观性与充分性	
	分析步骤 Σ8	分析步骤的恰当性与条理性	
	理论思考 Σ8	理论思考的正确性、深刻性与全面性	
	解决问题 Σ8	理解问题与解决问题能力的达标性	
	革新创新 Σ10	揭示不足与提出改进能力的达标性	
	文字表达 Σ8	文字表达能力的强弱性	
总成绩Σ100			
教师评语		签名：　　　　　　　　　　　　　　　20　　年　　月　　日	
学生意见		签名：　　　　　　　　　　　　　　　20　　年　　月　　日	

附录三　职业核心能力训练考核参照规范与标准

附表3

领域	等级	基本要求	技能点	规范与标准
自我学习	初级	具备学习的基本能力，在常规条件下能运用这些能力适应工作和学习要求	确定短期学习目标	能明确学习动机和目标，并计划时间、寻求指导
			实施短期学习计划	能按照行动要点开展工作、按时完成任务，使用不同方式、选择和运用不同的学习方法实现目标，并能对计划及时做出调整
			检查学习进度	能对学习情况提出看法、改进意见和提高学习能力的设想
	中级	主要用理解式接受法，对有兴趣的任务可以用发现法掌握知识信息；在更广泛的工作范围内灵活运用这些能力以适应工作岗位各方面需要	确定中期学习目标	能明确提出多个学习目标，列出实现各目标的行动要点，确定实现目标的计划，并运筹时间
			实施中期学习计划	能开展学习和活动，通过简单的课程和技能训练，提高工作能力
			检查学习进度	能证明取得的学习成果，并能将学到的东西用于新的工作任务
	高级	能较熟练灵活地运用各种学习法在最短时间内掌握急需知识信息；能广泛地搜集、整理、开发和运用信息，善于学习、接受新的事物，以适应复杂工作和终身发展的要求	确定长期学习目标	能根据各种信息和资源确定要实现的多个目标及途径，明确可能影响计划实现的因素，确认实现目标的时限，制订行动要点和时间表，预计困难和变化
			实施长期学习计划	能保证重点、调整落实、处理困难、选择方法，通过复杂的课程和技能训练提高工作能力
			检查学习进度	能汇总学习成果、成功经验和已实现的目标，证明新学到的东西能有效运用于新选择的职业或工作任务
信息处理	初级	具备进入工作岗位最基本的信息处理能力，在常规条件下能收集、整理并传递适应既定工作需要的信息	获取信息	能通过阅读、计算机或网络获取信息
			整理信息	能使用不同方法、从多个资源中选择、收集和综合信息，并通过计算机编辑、生成和保存信息
			传递信息	能通过口语、书面形式，用合适的版面编排、规范的方式展示、电子手段传输信息
	中级	在更广泛的工作范围内获取需要的信息，进行信息开发处理，并根据工作岗位各方面的需要展示组合信息	获取信息	能定义复杂信息任务，确定搜寻范围，列出资源优先顺序，通过询访法和观察法搜寻信息
			开发信息	能对信息进行分类、定量筛选、运算分析、加工整理，用计算机扩展信息
			展示信息	能通过演说传递信息，用文字图表、计算机排版展示组合信息，用多媒体辅助信息传达
	高级	广泛地搜集、深入地整理开发、多样地传递、灵活地运用信息，以适应复杂的工作需要；具备信息处理工作的设计与评估能力，并表现出较强的组织与管理能力	获取信息	能分析复杂信息任务，比较不同信息来源的优势和限制条件，选择适当技术、使用各种电子方法发现和搜寻信息
			开发信息	能辨别信息真伪，定性核校、分析综合、解读与验证资料，建立较大规模的数据库，用计算机生成新的信息
			展示信息	能用新闻方式发布、平面方式展示、网络技术传递，利用信息预测趋势、创新设计，搜集信息反馈，评估使用效果

续表

领域	等级	基本要求	技能点	规范与标准
数字应用	初级	具备进入工作岗位最基本的数字应用能力；在常规条件下能运用这些能力适应既定工作的需要	采集、解读数据信息	能按要求测量并记录结果；准确统计数目；解读简单图表；读懂各种数字；并汇总数据
			进行数字计算	能进行简单计算并验算结果
			展示和使用数据信息	能正确使用单位；根据计算结果说明工作任务
	中级	在更广泛的工作范围内；灵活地运用数字应用能力以适应工作岗位各方面的需要	解读数据信息	能从不同信息源获取信息；读懂、归纳、汇总数据；编制图表
			进行数字计算	能从事多步骤、较复杂的计算；使用公式计算结果
			展示和使用数据信息	能使用适当方法展示数据信息和计算结果；设计并使用图表；根据结果准确说明工作任务
	高级	具备熟练把握数字和通过数字运算来解决实际工作中的问题的能力；适应更复杂的工作需要	解读数据信息	能组织大型数据采集活动；通过调查和实验获取、整理与加工数据
			进行数字计算	能从事多步骤的复杂计算；并统计与分析数据
			展示和使用数据信息	能选择合适的方法阐明和比较计算结果；检查并论证其合理性；设计并绘制图表；根据结果做出推论；说明和指导工作
与人交流	初级	具备进入工作岗位最基本的与人交流能力；在常规条件下能运用这些能力适应既定工作的需要	交谈讨论	能围绕主题；把握讲话的时机、内容与长短；倾听他人讲话；多种形式回应；使用规范易懂的语言、恰当的语调和连贯的语句清楚地表达意思
			阅读和获取资料	能通过有效途径找到所需资料；识别有效信息；归纳内容要点；整理确认内容；会做简单笔记
			书面表达	能选择基本文体；利用图表、资料撰写简单文稿；并掌握基本写作技巧
	中级	在更广泛的工作范围内；灵活运用这些能力以适应工作岗位各方面的需要	交谈讨论	能始终围绕主题参与；主动把握讲话时机、方式和内容；理解对方谈话内容；推动讨论进行；全面准确传达一个信息或观点
			简短发言	能为发言作准备；当众讲话并把握讲话内容、方式；借助各种手段说明主题
			阅读和获取资料	能根据工作要求从多种资料筛选有用信息；看懂资料的观点、思路和要点；并整理汇总资料
			书面表达	能掌握应用文体；注意行文格式；组织利用材料；充实内容要点；掌握写作技巧；清楚表达主题；注意文章风格；提高说服力
	高级	在工作岗位上表现出更强的组织和管理能力；通过运用与人交流的能力适应更复杂的工作需要	交谈讨论	始终把握会议主题；听懂他人讲话内容并做出反应；主持会议或会谈；全面准确表述复杂事件或观点
			当众讲演	能为讲演作准备；把握讲演的内容、方式；借助各种手段强化主题
			阅读和获取资料	能为一个问题或课题找到相关资料；看懂资料的思路、要点、价值和问题；分析、筛选和利用资料表达主题
			书面表达	能熟悉专业文书；把握基本要求；有机利用素材；说明内容要点；掌握写作技巧；清楚恰当表达主题；采用适当风格；增强说服力

续表

领域	等级	基本要求	技能点	规范与标准
与人合作	初级	理解个人与他人、群体的合作目标,有效地接受上级指令;准确、顺利地执行合作计划;调整工作进度,改进工作方式;检查工作效果	理解合作目标	能确定合作的基础和利益共同点,掌握合作目标要点和本单位人事组织结构,明确个人在团队中的职责和任务
			执行合作计划	能接受上级指令,准确、顺利地执行合作计划
			检查合作效果	能通过检查工作进展情况,改进工作方式,促进合作目标实现
	中级	与本部门同事、内部横向部门、外部相关部门共同制订合作计划;协调合作过程中的矛盾关系,按照计划完成任务;在合作过程中遇到障碍时提出改进意见,推进合作进程	制订合作计划	能与本部门同事、组织内部横向部门、组织外部相关部门共同制订合作计划
			完成合作任务	能与他人协同工作,处理合作过程中的矛盾
			改善合作效果	能判断合作障碍,表达不同意见,接受批评建议,弥补双方失误
	高级	根据情况变化和合作各方的需要,调整合作目标;在变动的工作环境中,控制合作进程;预测和评价合作效果,达成合作目的	调整合作目标	能发现各方问题,协调利益关系,进行有效沟通,调整合作计划与工作顺序
			控制合作进程	能整合协调各方资源,妥善处理矛盾,排除消极因素,激发工作热情
			达到合作目标	能及时全面检查工作成效,不断改善合作方式
解决问题	初级	具备进入工作岗位最基本的解决问题能力,在常规条件下能根据工作的需要,解决一般简单和熟悉的问题	分析问题提出方案	能用几种常用的办法理解问题,确立目标,提出对策或方案
			实施计划解决问题	能准备、制订和实施被人认可并具有一定可行性的计划
			验证方案改进方式	能寻找方法,实施检查,鉴定结果,提出改进方式
	中级	在有限的资源条件下,根据工作岗位的需要,解决较复杂的问题	分析问题提出方案	能描述问题,确定目标,提出并选择较佳方案
			实施计划解决问题	能准备、制订和实施获得支持的较具体计划,并充分利用相关资源
			验证方案改进计划	能确定方法,实施检查,说明结果,利用经验解决新问题
	高级	在工作岗位上表现出更强的解决问题能力,在多种资源条件下,根据工作需要解决复杂和综合性问题	分析问题提出对策	在提出解决问题的对策时,能分析探讨问题的实质,提出解决问题的最优方案,并证明这种方案的合理性
			实施方案解决问题	在制订计划、实施解决办法时,能制订并实施获得认可的详细计划与方案,并能在实施中寻求信息反馈,评估进度
			验证方案改进计划	在检查问题、分析结果时,能优选方法,分析总结,提出解决同类问题的建议与方案

续表

领域	等级	基本要求	技能点	规范与标准
革新创新	初级	在常规工作条件下，能根据工作需要，初步揭示事物的不足，运用创新思维和创新技法进行创新活动	揭示不足提出改进	能揭示事物不足，提出改进意见
			做出创新方案	能在采纳各方意见的基础上，确定创新方案的目标、方法、步骤、难点和对策，指出创新方案需要的资源和条件
			评估创新方案	能进行自我检查，正确地对待反馈信息和他人意见，对创新方案及实施做出客观评估，并根据实际条件加以调整
	中级	根据工作发展需要，在更广泛的工作范围内揭示事物的不足，较熟练地运用创新思维和创新技法进行创新活动，并对创新成果进行分析总结	揭示不足提出改进	能在新需求条件下揭示事物的不足，提出改进事物的创新点和具体方案
			做出并实施创新方案	能从多种选择中确认最佳方案，并利用外界信息、资源和条件实施创新活动
			评估创新方案	能按常规方式和专业要求，对创新改进方法和结果的价值进行评估，根据实际条件进行调整，并指导他人的创新活动
	高级	在工作岗位上表现出更强的创新能力，在复杂的工作领域，能根据工作需要揭示事物的不足，熟练运用创新思维和创新技法进行创新活动，对创新成果进行理论分析、论证、总结和评估，并指导他人的创新活动	揭示不足提出改进	能通过客观分析事物发展与需求之间的矛盾揭示事物的不足，提出首创性的改进意见和方法
			做出并实施创新方案	能根据实际需要，设计并实施创新工作方案，并在条件变化时坚持创新活动
			评估创新方案	能按常规方式和专业要求，对创新方法和结果进行检测和预测风险；针对问题调整工作方案，总结经验，指导他人，提出进一步创新改进的方法

资料来源　中华人民共和国劳动和社会保障部职业技能鉴定中心：《职业核心能力培训测评标准》（试行）（共7册）及其《训练手册》（共6册），北京，人民出版社，2007。本表参照"资料来源"所列文献相关内容提炼与编制。

附录四　职业道德训练考核参照规范与标准

附表 4

领域	规范与标准
职业观念	对职业、职业选择、职业工作、职业道德和企业伦理等问题具有正确的看法
职业情感	对职业或职业模拟有愉快的主观体验、稳定的情绪表现、健康的心态、良好的心境，具有强烈的职业认同感、职业荣誉感和职业敬业感
职业理想	对将要从事的职业种类、职业方向与事业成就有积极的向往和执著的追求
职业态度	对职业选择或模拟选择有充分的认知与积极的倾向和行动
职业良心	在履行职业义务时具有强烈的道德责任感和较高的自我评价能力
职业作风	在职业模拟、职业实践或职业生活的自觉行动中，具有体现职业道德内涵的一贯表现
职业守则	爱国爱企，自尊自强；遵纪守法，敬业爱岗；公私分明，诚实善良；克勤克俭，宾客至上；热情大度，清洁端庄；一视同仁，不卑不亢；耐心细致，文明礼貌；团结服从，大局不忘；优质服务，好学向上

附录五 能力训练考核参照采分系数

附表 5

系数	达标程度
90%~100%	能依照全部考核要求，圆满、高质地完成此种能力所属各项技能操作，其效率与稳定性俱佳
80%~89%	能依照多数考核要求，圆满、高质地完成此种能力所属各项技能操作，其效率与稳定性较佳
70%~79%	能依照多数考核要求，较圆满、高质地完成此种能力所属各项技能操作，其效率与稳定性一般
60%~69%	能依照多数考核要求，基本完成此种能力所属各项技能操作，其效率与稳定性一般
60%以下	只能依照少数考核要求，基本完成此种能力所属各项技能操作，其效率与稳定性较低

主要参考文献

[1]欧阳驹，沈永青.前厅客房服务与管理[M].武汉：武汉理工大学出版社，2011.

[2]李光宇.前厅客房服务与管理[M].北京：化学工业出版社，2011.

[3]李锦.饭店前厅与客房管理实务[M].北京：对外经济贸易大学出版社，2010.

[4]万雯，郭志敏.饭店前厅客房服务与管理[M].武汉：武汉大学出版社，2010.

[5]沈忠红.现代酒店前厅客房服务与管理[M].北京：人民邮电出版社，2010.

[6]林红梅，等.前厅客房服务与管理[M].北京：电子工业出版社，2009.

[7]蔡登火.前厅与客房管理[M].北京：中国纺织出版社，2009.

[8]王丹红.前厅与客房服务技术[M].北京：中国纺织出版社，2009.

[9]陈云川，等.饭店前厅客房服务与管理[M].北京：机械工业出版社，2008.

[10]费寅.前厅客房服务与管理实训教程[M].北京：中国财政经济出版社，2008.

[11]余宝良，等.酒店服务管理细节[M].北京：中国宇航出版社，2008.

[12]陈文生.酒店经营管理案例精选[M].北京：旅游教育出版社，2007.

[13]刘伟.前厅客房服务与管理[M].北京：高等教育出版社，2007.

[14]王大悟，刘耿大.酒店管理180个案例品析[M].北京：中国旅游出版社，2007.

[15]饭店前厅服务与管理精品课网，http：//ecourse.gdqy.edu.cn/jp_guojiaji/2008/fdqt/News_View.asp?NewsID=63.

[16]中国酒店招聘网，http：//www.hoteljob.cn.

[17]福建美食网，http：//www.fjccc.com.